REVISTA
Conversación sin barreras

José A. Blanco

VISTA®
HIGHER LEARNING

Boston, Massachusetts

Publisher: José A. Blanco

Editorial Development: Judith Bach, Deborah Coffey, Jo Hanna Kurth

Project Management: Kayli Brownstein

Rights Management: Ashley Dos Santos, Annie Pickert Fuller, Caitlin O'Brien

Technology Production: Egle Gutiérrez, Paola Ríos Schaaf

Design: Radoslav Mateev, Gabriel Noreña, Andrés Vanegas

Production: Sergio Arias, Manuela Arango, Oscar Díez

Student Text (Perfectbound) ISBN: 978-1-68005-038-7
Student Text (Loose-leaf) ISBN: 978-1-68005-039-4
Instructor's Annotated Edition ISBN: 978-1-68005-042-4

Library of Congress Control Number: 2016947903

2 3 4 5 6 7 8 9 TC 22 21 20 19 18 17

Printed in Canada.

Getting the Conversation Going with REVISTA

Bienvenido a REVISTA, Fifth Edition, the most innovative and exciting college Spanish conversation program available. With **REVISTA**, you will find a broad range of topics corresponding to each lesson's engaging theme that, we hope, will encourage you to participate in lively conversations in class. **REVISTA** is designed to focus on interpersonal communication, and to support you as you become more comfortable with speaking Spanish.

REVISTA offers abundant discussion starters for you and your classmates. Your Spanish will improve as you put it to use expressing ideas and opinions that are important to you. The themes, readings, films, and exercises in **REVISTA**, along with its magazine-like presentation, were specifically chosen to generate controversy and spark your imagination. After all, people express themselves most genuinely when they feel strongly about something.

When you speak to your friends and family outside the Spanish classroom, you probably don't think about whether your sentences are grammatically correct. Instead, you speak fluidly in order to get your message across. Why should expressing yourself in Spanish be any different? We urge you to participate as much as possible, without worrying about whether your Spanish is "perfect." Keep in mind that we all have opinions, so don't let the fear of making grammar mistakes stand in your way of voicing your ideas. While you will be reviewing grammar in the **Estructuras** section of every lesson, grammar should not be your primary concern when you speak. Enhance your conversations by applying the same strategies to Spanish that you use in English. In other words, don't be afraid to ask follow-up or clarifying questions or ask someone to repeat what he or she has said.

To improve your Spanish, you must also be exposed to the other language skills. These include listening, writing, reading, and socio-cultural awareness. With **REVISTA,** you will practice these skills often as you improve your conversational Spanish. Every lesson opens with a **Cortometraje**, an enthralling short film by an influential or up-and-coming filmmaker from a Spanish-speaking country. **REVISTA** also provides a wealth of readings in different genres by renowned literary figures, and every lesson ends with a written **Composición** and a **Tertulia** debate that put a finishing touch on what you have learned and discussed throughout the lesson. **REVISTA** reinforces each film and reading with comprehension checks and communicative activities in a wide range of formats, all intended to encourage you to bring your personal experiences and unique voice to the conversation. Furthermore, you will be exposed to the cultural diversity of Spanish-speaking countries.

Communicating in a foreign language takes courage, and sometimes even the most outspoken students feel vulnerable. Try to overcome any fears of speaking Spanish, and remember that only through active participation will your communication improve. Most importantly, remember to relax and enjoy the experience of communicating in Spanish.

We hope that **REVISTA** will help you get the conversation going!

	CORTOMETRAJE	ESTRUCTURAS	LECTURAS

TIRA CÓMICA	COMPOSICIÓN	TERTULIA

Fifth Edition Features

REVISTA's hallmark is compelling, authentic films and readings that stimulate meaningful communication. The Fifth Edition retains the trademark features that set it apart from other advanced Spanish conversation texts, while refreshing and updating key content. Here is a list of some features you will find with **REVISTA, Fifth Edition**.

- Four new short films—two from Spain, one from Argentina, and one from Mexico—refresh and improve the very successful **Cortometraje** section.

- Five new readings enhance **REVISTA's** robust and diverse **Lecturas** section.

  Lesson 1 Experiencias: "Los suyos" de Gabriel García Márquez

  Lesson 2 Poema: "La intrusa" de Claribel Alegría

  Lesson 3 Cuento: "¿Me agregás como amiga?" de Hernán Casciari

  Lesson 5 Artículo: "Cuál es el límite del amor" de Maite Nicuesa

  Lesson 6 Cuento: "Los merengues" de Julio Ramón Ribeyro

- One new comic strip enhances the **Tira cómica** section.

  Lesson 5 "El amor es divertido" de Xavier Àgueda

- The all-new **REVISTA, Fifth Edition** Supersite delivers updated content, powerful course management tools, and a simplified user experience for both students and instructors. In addition, it's iPad®-friendly for on-the-go access.

- Five Virtual Chat and Video Partner Chat activities have been added to each lesson—one for each short film, reading, and comic strip. These virtual conversations and live video chats practice conversation skills outside of class.

- New Vocabulary Tools promote personalized learning and study by providing searchable, customizable word lists with multiple practice modes and flashcards with options for English translation and audio.

Supersite

Each section of your textbook comes with activities on the **REVISTA** Supersite, many of which are auto-graded with immediate feedback. Plus, the Supersite is iPad®-friendly, so it can be accessed on the go! Visit **vhlcentral.com** to explore the wealth of exciting resources.

CORTOMETRAJE
- Streaming video of the short film
- Pre- and post-viewing auto-graded textbook activities
- Additional pre- and post-viewing activities for extra practice
- Chat activities for conversational skill-building and oral practice

ESTRUCTURAS
- Grammar explanation from the textbook
- Auto-graded textbook activities

LECTURAS
- All readings from the textbook
- Audio-synced reading of one **Lectura** per lesson
- Pre- and post-reading textbook activities that are auto-graded
- Additional pre- and post-reading activities for extra practice
- Chat activities for conversational skill-building and oral practice

TIRA CÓMICA
- Comic strips from the textbook
- Additional extra practice activities
- Chat activities for conversational skill-building and oral practice

COMPOSICIÓN
- **Plan de redacción** composition activity written and submitted online

TERTULIA
- Online-only writing activity

VOCABULARIO
- Vocabulary list for entire lesson with audio
- Customizable study lists for vocabulary words

Plus! Also found on the Supersite:

- All textbook audio MP3 files
- Communication center for instructor notifications and feedback
- Live Chat tool for video chat, audio chat, and instant messaging without leaving your browser
- vText online interactive student edition with access to Supersite activities, audio, and video

Textbook Icons

Familiarize yourself with these icons that appear throughout **REVISTA**.

Ⓢ	Content available on Supersite	👥	Pair activity
∽	Activity available on Supersite	👥	Group activity
👥	Chat activity		

The REVISTA, Fifth Edition, vText

New to the Fifth Edition, the **REVISTA** Supersite now includes a vText—an interactive, online Student Edition that links directly with Supersite practice activities and other online resources.

- Browser-based electronic text for online viewing

- Links on the vText page to all mouse-icon textbook activities, audio, and video

- Access to all Supersite resources

- Highlighting and note taking

- Easy navigation with searchable table of contents and page number browsing

- iPad®-friendly*

- Single- and double-page view and zooming

- Automatically adds auto-graded activities to the teacher gradebook

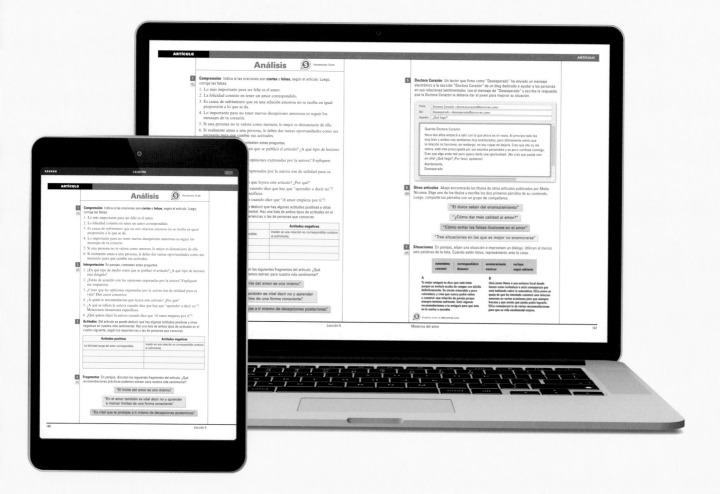

* vText has single-page view only. Students must use a computer for audio recording.

LESSON OPENER

outlines the content and feature of each lesson.

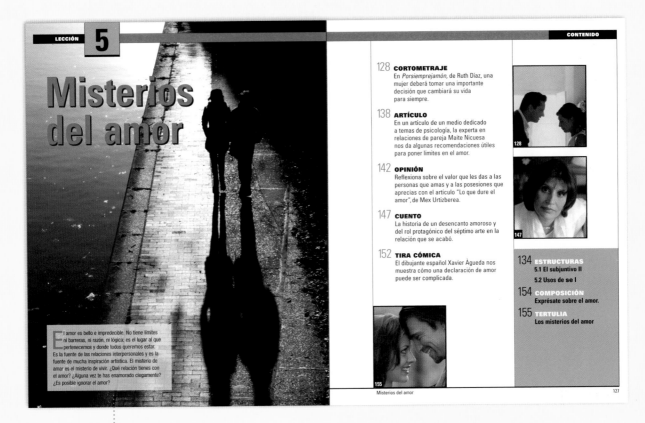

Lesson opener The first two pages introduce students to the lesson theme. Dynamic photos and brief descriptions of the theme's film, culture topics, and readings serve as a springboard for class discussion.

Lesson overview A lesson outline prepares students for the linguistic and cultural topics they will study in the lesson.

Supersite

Supersite resources are available for every section of the lesson at **vhlcentral.com**. Icons show you which textbook activities are also available online, and where additional practice activities are available. The description next to the ⓢ icon indicates what additional resources are available for each section: videos, audio recordings, readings and presentations, and more!

CORTOMETRAJE

features award-winning and engaging short films by contemporary Hispanic filmmakers.

Cortos See and hear Spanish in its authentic context. Films are thematically linked to the lessons.

Preparación Pre-viewing exercises set the stage for the short film.

Vocabulario This feature provides the words and expressions necessary to help you talk about the **cortometraje**, along with exercises in which you will use them actively.

Escenas A storyboard of the short film's plot consisting of captioned film photos prepares you visually for the film and introduces some of the expressions you will encounter.

Análisis Post-viewing activities check comprehension and allow you to discover broader themes and connections.

Supersite

Cortometraje is supported with a wealth of resources online, including streaming video of all short films, textbook activities with auto-grading, additional online-only practice activities, chat activities, and audio recordings of all vocabulary items.

ESTRUCTURAS

succinctly reviews and practices grammar points.

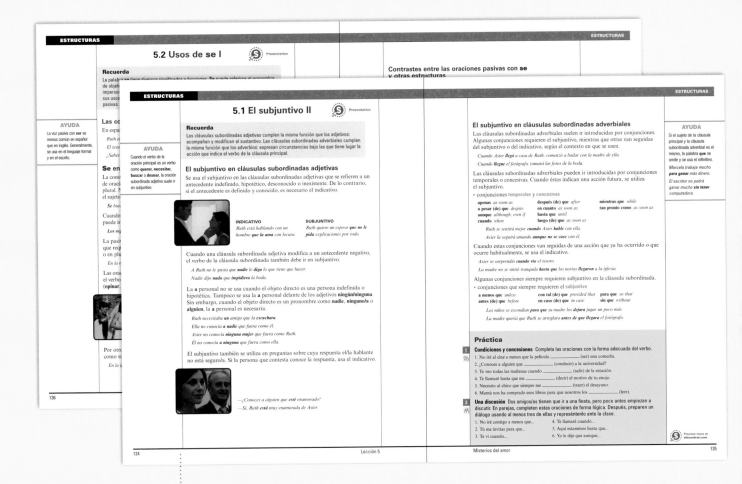

Recuerda A reminder gives a quick framework for the grammar point and its functions.

Visual support Video stills from the lesson's short film are incorporated into the grammar explanation so that you can see the grammar point in meaningful and relevant contexts.

Práctica Directed exercises and open-ended communicative activities help you internalize the grammar point in a range of contexts related to the lesson theme and in a variety of configurations (individual, pair, and group).

Supersite

- Grammar explanations from the textbook
- Textbook activities with auto-grading
- Additional online-only practice activities

LECTURAS

provides a wealth of selections in varied genres and serves as a springboard for conversation.

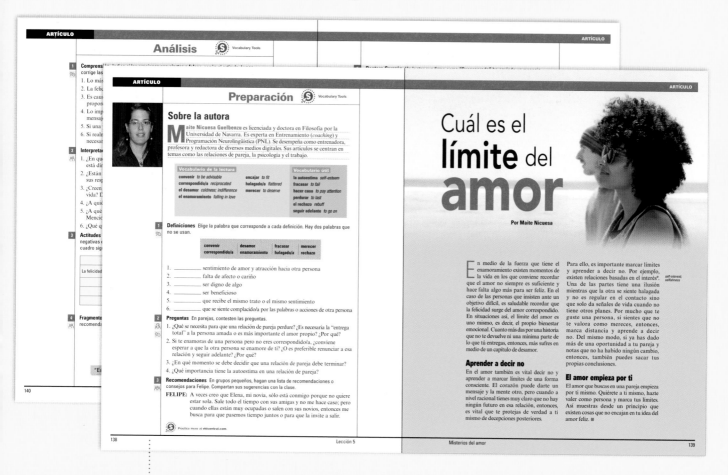

Preparación Learn vocabulary from the reading, as well as words that might prove useful in discussion.

Sobre el autor A brief biography presents key facts about the author, as well as a historical and cultural context for the reading.

Análisis Post-reading exercises check your understanding and motivate you to discuss the topic, express your opinions, and explore how it relates to your experiences.

Lecturas Each reading is presented in the attention-grabbing visual style you would expect from a magazine, along with glosses of unfamiliar words.

Ⓢupersite

- All readings, with audio-sync technology for one reading per lesson
- Textbook activities with auto-grading
- Additional online-only practice activities
- Chat activities for conversational skill-building and oral practice

TIRA CÓMICA

features comic strips that offer clever, thought-provoking insights into lesson themes.

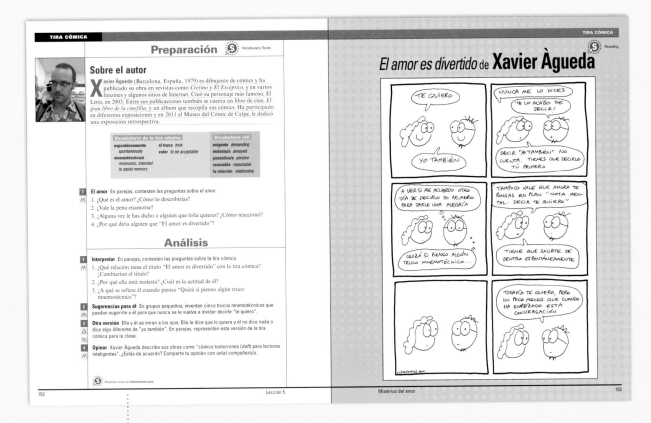

Preparación Lists spotlight key vocabulary from the comic strip, as well as words and expressions useful for discussing it. Preliminary exercises give you the opportunity to reflect on important aspects and the context of the comic strip.

Análisis In these activities, you will work in pairs and groups to react to the comic strip and to consider how its message might apply on a personal, as well as universal, level.

Supersite

- **Tira cómica** readings
- Online-only practice activities
- Chat activities for conversational skill-building and oral practice

COMPOSICIÓN and TERTULIA

activities pull the entire lesson together with a structured writing task and a lively discussion.

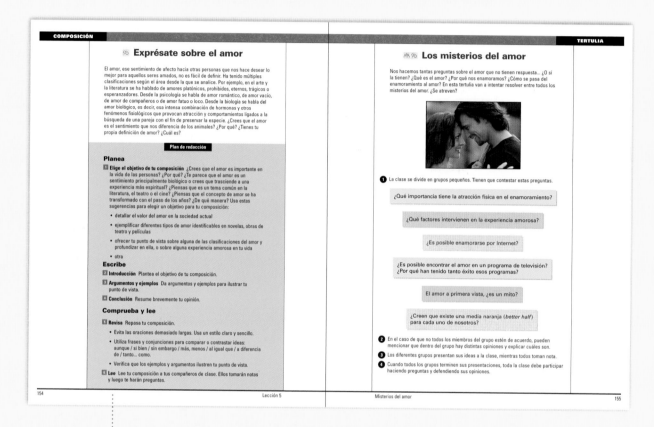

✍ Exprésate sobre el amor

El amor, ese sentimiento de afecto hacia otras personas que nos hace desear lo mejor para aquellos seres amados, no es fácil de definir. Ha tenido múltiples clasificaciones según el área desde la que se analice. Por ejemplo, en el arte y la literatura se ha hablado de amores platónicos, prohibidos, eternos, trágicos o esperanzadores. Desde la psicología se habla de amor romántico, de amor vacío, de amor de compañeros o de amor fatuo o loco. Desde la biología se habla del amor biológico, es decir, esa intensa combinación de hormonas y otros fenómenos fisiológicos que provocan atracción y comportamientos ligados a la búsqueda de una pareja con el fin de preservar la especie. ¿Crees que el amor es el sentimiento que nos diferencia de los animales? ¿Por qué? ¿Tienes tu propia definición de amor? ¿Cuál es?

Plan de redacción

Planea

1 Elige el objetivo de tu composición ¿Crees que el amor es importante en la vida de las personas? ¿Por qué? ¿Te parece que el amor es un sentimiento principalmente biológico o crees que trasciende a una experiencia más espiritual? ¿Piensas que es un tema común en la literatura, el teatro o el cine? ¿Piensas que el concepto de amor se ha transformado con el paso de los años? ¿De qué manera? Usa estas sugerencias para elegir un objetivo para tu composición:

- detallar el valor del amor en la sociedad actual
- ejemplificar diferentes tipos de amor identificables en novelas, obras de teatro y películas
- ofrecer tu punto de vista sobre alguna de las clasificaciones del amor y profundizar en ella, o sobre alguna experiencia amorosa en tu vida
- otra

Escribe

2 Introducción Plantea el objetivo de tu composición.

3 Argumentos y ejemplos Da argumentos y ejemplos para ilustrar tu punto de vista.

4 Conclusión Resume brevemente tu opinión.

Comprueba y lee

5 Revisa Repasa tu composición.

- Evita las oraciones demasiado largas. Usa un estilo claro y sencillo.
- Utiliza frases y conjunciones para comparar o contrastar ideas: aunque / si bien / sin embargo / más, menos / al igual que / a diferencia de / tanto... como.
- Verifica que los ejemplos y argumentos ilustren tu punto de vista.

6 Lee Lee tu composición a tus compañeros de clase. Ellos tomarán notas y luego te harán preguntas.

🏍🏍 Los misterios del amor

Nos hacemos tantas preguntas sobre el amor que no tienen respuesta... ¿O sí la tienen? ¿Qué es el amor? ¿Por qué nos enamoramos? ¿Cómo se pasa del enamoramiento al amor? En esta tertulia van a intentar resolver entre todos los misterios del amor. ¿Se atreven?

1 La clase se divide en grupos pequeños. Tienen que contestar estas preguntas.

> ¿Qué importancia tiene la atracción física en el enamoramiento?

> ¿Qué factores intervienen en la experiencia amorosa?

> ¿Es posible enamorarse por Internet?

> ¿Es posible encontrar el amor en un programa de televisión? ¿Por qué han tenido tanto éxito esos programas?

> El amor a primera vista, ¿es un mito?

> ¿Creen que existe una media naranja (*better half*) para cada uno de nosotros?

2 En el caso de que no todos los miembros del grupo estén de acuerdo, pueden mencionar que dentro del grupo hay distintas opiniones y explicar cuáles son.

3 Los diferentes grupos presentan sus ideas a la clase, mientras todos toman nota.

4 Cuando todos los grupos terminen sus presentaciones, toda la clase debe participar haciendo preguntas y defendiendo sus opiniones.

Plan de redacción A structured writing task allows you to synthesize the vocabulary and grammar of the lesson while using your critical-thinking skills.

Tertulia This final activity assembles you and your classmates for debate and discussion.

ⓈuperSite

Write, submit, and have your instructor grade your **Composición** assignment online.

The **REVISTA** Film Collection

The **REVISTA** Film Collection contains short films by contemporary Hispanic filmmakers that are supported in the **Cortometraje** section of each lesson. These films offer entertaining and thought-provoking opportunities to build your listening comprehension skills and your cultural knowledge of the Spanish-speaking world.

Film Synopses

Lección 1: ***Viaje a Marte*** de Juan Pablo Zaramella (Argentina; 16 minutes)
Viaje a Marte is an animated stop-motion ("claymation") short film. It has won over forty awards in different festivals around the world. The short tells the story of Antonio, a young boy, who is fascinated with space travel. In view of the child's passion, his grandfather decides to take him on a special excursion.

Lección 2: ***Diez minutos*** de Alberto Ruiz Rojo (Spain; 15 minutes)
Winner of over 85 awards around the world, including the GOYA, *Diez minutos* tells the story of Enrique, desperate to get a phone number for a call made from his cell phone. Nuria is a phone company customer service agent who never breaks the rules. Will Enrique be able to persuade her to help him?

NEW! Lección 3: ***Namnala*** de Nacho Solana (Spain; 14 minutes)
The owner of a repair shop is about to close his business. How will an old video camera and tape change his life?

NEW! Lección 4: ***¿Quién es Echegoyen?*** de Sergio Teubal (Argentina; 13 minutes)
A bank employee in Argentina becomes the sole person selling 1978 World Cup tickets. What will the consequences be?

NEW! Lección 5: ***Porsiemprejamón*** de Ruth Díaz (Spain; 24 minutes)
A bride has cold feet and turns to her childhood friend for comfort and advice. Will the wedding go on as planned?

NEW! Lección 6: ***El sándwich de Mariana*** de Carlos Cuarón (Mexico; 10 minutes)
In this film, which is part of an anti-violence campaign in Mexico, Mariana is the victim of a bully at school. How will she respond?

Communicating with REVISTA

People talk! Indeed, human beings can find almost any reason at all to talk. We talk when we're happy and when we're upset. We talk to express agreement and disagreement, or to share our opinions and experiences. Regardless of the circumstances, one thing is always true: we talk about things we are interested in, whether they are aspects of everyday life or fascinating topics that we wish to share.

The classroom setting is no different. **REVISTA** is designed to help conversation flow by providing high-interest topics to talk about. By focusing on communication, **REVISTA** aims to motivate you to discuss, in Spanish, your experiences, opinions, plans, and dreams.

REVISTA offers appealing content and a vibrant page layout. It is our goal that the films, readings, and discussions in **REVISTA** pique your interest, capture your imagination, and inspire a genuine desire to communicate.

In the Classroom

REVISTA offers plenty of opportunities to develop speaking and comprehension skills based on authentic material.

Pair and Group Activities
These activities provide you with the opportunity to work with a partner, in a small group, or as a class to answer questions and share ideas.

---

3 **Inventar** En grupos pequeños, imaginen otro final para la historia, a partir de la viñeta seis.

4 **Otro viaje** En parejas, cuéntense un viaje con el que hayan soñado. Después, compartan el viaje de su compañero/a con la clase.

The **Tertulia** sections that finish every **REVISTA** lesson are designed to synthesize everything the class has learned and discussed, making them ideal for group discussions.

Creadores de realidad

Los videojuegos son una nueva forma de arte, pero, a diferencia de los libros o las películas, llegan a un nivel de interactividad nunca antes conocido. ¿Qué consecuencias puede tener esta posibilidad de crear realidad? ¿Existe el peligro de perder el control? ¿Los límites entre realidad y fantasía pueden desaparecer y generar víctimas reales? ¿Cuáles son los beneficios de esta forma de entretenimiento?

1 La clase se divide en grupos pequeños. Lean las opiniones y elijan la que les parece más acertada. Si tienen experiencia personal con el tema, aporten sus historias para sustentar el punto de vista que defienden.

Outside the Classroom

Video Partner Chats

These activities allow you to find a partner online and conduct a conversation on a given topic.

Virtual Chats

These activities are simulated conversations in which you control the pace as you respond to a series of questions online. This is a confidence builder that exposes you to language as spoken by a native speaker.

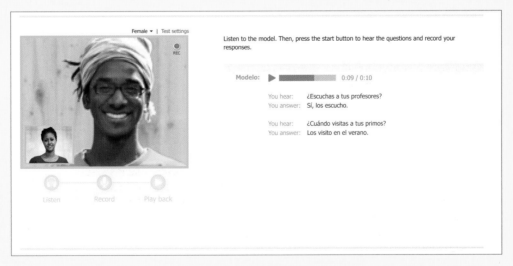

We hope that you will enjoy the experience of communicating in Spanish and that **REVISTA** will support and enhance the experience.

REVISTA, Fifth Edition, is the direct result of reviews and input from students and instructors using the Fourth Edition. Accordingly, we gratefully acknowledge those who shared their suggestions, recommendations, and ideas as we prepared this Fifth Edition. Their ideas played a critical role in helping us to fine-tune all sections of every lesson.

Reviewers

Erika Abarca M.
University of Pittsburgh, PA

Anayansi Aranda-Yee
Marin Academy, CA

Carlos Ardavin
Trinity University, TX

Adam Bailey
Concord Academy, MA

Dr. Lluís Baixauli-Olmos
University of Louisville, KY

María J. Barros García
Saint Xavier University, IL

Rosalba Bellen
Archmere Academy, DE

Adoracion V. Berry
University of Memphis, TN

Joelle Bonamy
Columbus State University, GA

Ruth Brown
University of Kentucky, KY

Hans-Jörg Busch
University of Delaware, DE

Maria Bustos
University of Montana, MT

Gregory A. Clemons
Mars Hill University, NC

Claudia A. Costagliola
University of Florida, FL

Mark R. Cox
Presbyterian College, SC

Antonio Crespo, PhD
Grossmont College, CA

Dr. Esther Daganzo-Cantens
East Stroudsburg University, PA

Verónica Dantán
Allegheny College, PA

William O. Deaver, Jr.
Armstrong State University, GA

David Detwiler
MiraCosta College, CA

Conxita Domènech
University of Wyoming, WY

Elizabeth Dyer
Quincy University, IL

Enrique M. Escalona
Catlin Gabel School, OR

Cristina Escotto
Fredericksburg Academy, VA

Sara Eshelbrenner
Pembroke Hill School, MO

Janan Fallon
Georgia Perimeter College, GA

Ileana Feistritzer
York College of Pennsylvania, PA

Francisco J. Fernández-Rubiera
University of Central Florida, FL

Dr. Paloma Fernández Sánchez
Columbia College, SC

David Fiero
Western Washington University, WA

Dana Flaskerud
Charles Wright Academy, WA

Dolores Flores-Silva
Roanoke College, VA

M. Soledad Forcadell
DePauw University, IN

Dr. Marisela Funes, PhD
University of Maine at Farmington, ME

Wendy S. Gallagher
Metropolitan State University of Denver, CO

Elena Gandia Garcia
University of Nevada, Las Vegas, NV

Sophie Geze
Benet Academy, IL

L. Giacalone
Lynnfield High School, MA

Jill Gibian, PhD
Eastern Oregon University, OR

Jesse Gleason
Southern Connecticut State University, CT

Jorge Gonzalez Casanova
University of Washington, WA

Javier F. González Gimbernat
Augustana University, SD

Charlene M. Grant
Skidmore College, NY

Dr. Marina Guntsche
Ball State University, IN

Susan R Hallstead, PhD
University of Colorado Boulder, CO

Lola Hidalgo-Calle
University of Tampa, FL

Anna E. Hiller, PhD
Idaho State University, ID

Paul J. Hoff
University of Wisconsin–Eau Claire, WI

Marvin L. Huber, Jr.
Mount Marty College, SD

Ady Johnson
Concordia College, MN

Sharon E. Knight
Presbyterian College, SC

Cynthia Korsmo
Cornerstone University, MI

Izaskun Kortazar
Boise State University, ID

Dr. Jeremy Larochelle
University of Mary Washington, VA

Denis R. Leahy
St. Joseph's College, NY

Su Ar Lee
University of Florida, FL

Sonia Lizano
Monterey Peninsula College, CA

Antonio-Sajid López, PhD
University of Florida, FL

Anabel López-García
New York University, NY

Samuel Manickam
University of North Texas, TX

Filiberto Mares Hernandez
Clemson University, SC

Tania Marquez
Palomar College, CA

Carlos Martinez Davis
New York University, NY

Dr. Anne Elizabeth Massey
King's College, PA

Dolores Mercado
University of Central Missouri, MO

Jason Meyler
Marquette University, WI

Seth Michelson, PhD
Washington and Lee University, VA

Solem Minjarez
Arizona State University, AZ

Geoff Mitchell
Maryville College, TN

Jannine Montauban
University of Montana, MT

Luis Mora
Georgia Gwinnett College, GA

Sylvia V. Morin, PhD
University of Tennessee at Martin, TN

Evelyn Nadeau
Clarke University, IA

Dr. Janet A. Núñez
University of Georgia, GA

Heather Nylen
University of Hawaii at Manoa, HI

L.M. Oliva
Sage Hill School, CA

Patricio Orellana
New York University, NY

Mariola Perez
Western Michigan University, MI

Federico Perez-Pineda
University of South Alabama, AL

Brian M. Phillips
Jackson State University, MS

M. Pineda-Volk, PhD
Shippensburg University, PA

Cristina Piras
University of Colorado Boulder, CO

Dr. Dolores Rangel
Georgia Southern University, GA

Dr. Thomas Regele
Montana State University Billings, MT

Antonio Reyes
Washington and Lee University, VA

Mary Rice
Concordia College, MN

Angel Rivera
Worcester Polytechnic Institute, MA

Nilda Rivera
Jesuit High School of New Orleans, LA

Beatriz Rodriguez
Barrington High School, IL

Jorge R. Rodriguez
Southern Connecticut State University, CT

Mariana Romero-Gonzalez
Kent State University, OH

María Luisa Ruiz
Saint Mary's College of California, CA

Miguel R. Ruiz-Avilés
Austin Peay State University, TN

Sergio Ruiz-Perez
Johns Hopkins University, MD

Enrique Salas Durazo
Westminster College, MO

Francisco Salgado-Robles
College of Staten Island-CUNY, NY

German Salinas
Hampden-Sydney College, VA

Terri Salsman de Rodriguex
Los Altos High School, CA

Gabriel Saxton-Ruiz
University of Wisconsin–Green Bay, WI

Leonora Simonovis-Brown
University of San Diego, CA

Nancy N. Smith
Allegheny College, PA

Francisco Solares-Larrave, PhD
Northern Illinois University, IL

Gwen H. Stickney
North Dakota State University, ND

Emily Stokes
Annie Wright Schools, WA

Inma Taboada
University of Illinois at Chicago, IL

Richard Tate
Hawken School, OH

Rita Tejada
Luther College, IA

Joe Terantino, PhD
Kennesaw State University, GA

Andrea Topash-Ríos
University of Notre Dame, IN

Gisela Torres
St. Petersburg High School, FL

Joseph M. Towle
Augsburg College, MN

Deborah Tuck
Springboro High School, OH

Robert Turner
University of South Dakota, SD

P. Valencia
Spelman College, GA

Wilfredo Valentin-Marquez
Millersville University, PA

Anne Walton-Ramirez
Arizona State University, AZ

Michelle Warren, PhD
University of Nebraska at Kearney, NE

Chriselle Waters
Valparaiso High School, IN

Barton Wiest
Utah Valley University, UT

Jennifer Williams
Methodist University, NC

Isabel Zakrzewski Brown
University of South Alabama, AL

FIFTH EDITION

REVISTA

Conversación sin barreras

José A. Blanco

VISTA®
HIGHER LEARNING

Boston, Massachusetts

¿Realidad o fantasía?

Si algo distingue al hombre del resto de los seres es la capacidad que tiene no sólo para observar y analizar la realidad, sino también para imaginar. La imaginación, además de servirnos de entretenimiento, es uno de los instrumentos que utilizamos para comprender, interpretar y modificar la realidad. Por eso es difícil, en ocasiones, diferenciar lo real de lo imaginario.

¿Qué historias de ángeles, fantasmas o extraterrestres conoces? ¿Las crees? ¿Por qué? ¿Crees que nuestro destino está predeterminado o podemos modificarlo? ¿Qué opinan u opinaban tus padres o abuelos sobre esto? ¿Es bueno promover la imaginación de los niños? ¿Por qué?

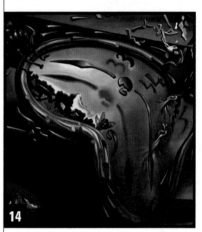

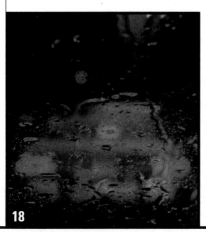

Preparación

Vocabulario del corto

apasionante *exciting*
el/la astronauta *astronaut*
atacar *to attack*
la camioneta *pickup truck*
el cohete *rocket*
concebir *to conceive*
el despegue *launch*
el entrenamiento *training*
el escándalo *racket*
la garra *claw*

la grúa *tow truck*
el hito *milestone*
Marte *Mars*
el monstruo *monster*
la nave *(space)ship*
perder(se) *to miss (out)*
el platillo volador *flying saucer*
el recuerdo *souvenir*
riguroso/a *rigorous*

Vocabulario útil

el aterrizaje *landing*
burlarse de *to make fun of*
el casco *helmet*
el choque *crash*
la decepción *disappointment*
el/la extraterrestre *alien*
jugar a ser *to play make-believe*
el/la marciano/a *Martian*
soñar con *to dream of*
el sueño *dream*

EXPRESIONES

Es un poco a trasmano. *It's a little out of the way.*

Los autos se siguen quedando. *Cars keep breaking down.*

¡Qué humor! *What a mood!*

Ya están por llegar. *They are about to land.*

1

Viaje interplanetario Completa el mensaje electrónico con palabras de la lista de vocabulario.

Para:	Laura
De:	Merche
Asunto:	Viaje interplanetario

Estimada amiga Laura:

Te escribo desde la nave espacial Sirena. Por fin decidí cumplir mi (1) _____ y realizar este viaje interplanetario. El (2) _____ del cohete fue muy (3) _____. ¡Qué emoción! Se encendieron los motores y en pocos segundos casi alcanzamos la velocidad de la luz. Salimos de la base espacial de Barcelona ayer al mediodía y en sólo seis horas experimentaremos el primer (4) _____, ni más ni menos que en ¡Júpiter! Estaremos en ese planeta gigante cuatro días y luego iremos de planeta en planeta en otro (5) _____ todavía más rápido que éste. Todos los miembros de la tripulación (*crew*) son amabilísimos y muy competentes. El proceso de selección es muy (6) _____ y el capitán pasó por cinco años durísimos de (7) _____. Ayer por la noche, vimos *Viaje a la Tierra*, una película sobre un niño (8) _____, específicamente marciano, que (9) _____ con viajar a la Tierra. A mí no me gustó mucho. Había unos (10) _____ feísimos con unas (11) _____ larguísimas que corrían furiosos y rugían (*roared*) y los terrícolas (*earthlings*) atacaban sin miedo (*fearlessly*). Es interesante pensar que hace diez años las (12) _____ espaciales sólo nos permitían llegar a la Luna. Sin duda este viaje es un auténtico (13) _____ en mi vida personal.

Saludos desde las estrellas,
Merche

2 **Juegos de niños** En parejas, conversen sobre estas preguntas.

1. ¿Cómo te divertías cuando eras niño/a? ¿A qué jugabas? ¿Con quién?

2. ¿Mirabas mucho la televisión? ¿Cuáles eran tus programas preferidos?

3. ¿Qué era lo que más te aburría? ¿Qué era lo que más te entusiasmaba?

4. ¿Qué hacías para combatir el aburrimiento?

5. ¿Te contaban tus padres o tus abuelos historias de cuando ellos eran niños?

6. ¿Cómo estaba decorada tu habitación? ¿Qué objetos guardas de tu infancia?

7. ¿Qué importancia tuvo la imaginación en tu infancia? ¿Qué importancia tiene ahora?

8. De esas cosas que hacías de niño/a para divertirte, ¿cuáles sigues haciendo ahora?

3 **Viaje a través de la fantasía** En grupos de tres, túrnense para relatar una anécdota de su infancia relacionada con el mundo de la fantasía. Pueden pensar en uno de los personajes de la lista u otro que conocen. ¿Se la contaron a alguien? ¿Les creyeron? ¿Cómo se sintieron? Añadan todos los detalles que consideren importantes.

- *Bogeyman* **el cuco**
- *Santa Claus* **Papá Noel**
- *Tooth Fairy* **el ratón Pérez**
- *imaginary friend* **un(a) amigo/a imaginario/a**

4 **Hito histórico** En grupos de tres, hablen sobre algún acontecimiento que tuvo lugar cuando ustedes eran pequeños/as y que cambió el curso de sus vidas o de la historia. ¿Lo recuerdan con claridad?

- ¿Cuántos años tenían? ¿Dónde y con quién(es) estaban?
- ¿Qué tipo de acontecimiento fue? ¿Cuándo y dónde ocurrió?
- ¿Quiénes eran los protagonistas? ¿Cómo supieron la noticia?

5 **Anticipar** En parejas, observen los fotogramas e imaginen de qué va a tratar este cortometraje. Consideren las preguntas, el vocabulario y el título del cortometraje para hacer sus predicciones.

- ¿Quién es el protagonista de esta historia?
- ¿Adónde quiere ir? ¿Adónde va? ¿Quién lo lleva? ¿Cómo?
- ¿Es una historia para niños, para mayores o para ambos?
- ¿De qué género creen que es el corto (terror, ciencia ficción, etc.)?
- Lean la nota cultural. ¿Qué les llama la atención? ¿Sobre qué les gustaría aprender más?

 Practice more at **vhlcentral.com**.

Nota CULTURAL

El primer largometraje de dibujos animados fue realizado en 1917 por el ítalo-argentino Quirino Cristiani. Se tituló *El Apóstol*. En 1931, Cristiani fue también el realizador del primer largometraje de animación sonoro, *Peludópolis*.

Desde Cristiani hasta la actualidad, Argentina ha producido muchos animadores. Hoy en día, a los dibujos animados tradicionales, se les suman técnicas como *claymation* (o *stop-motion*) y animación 3D.

un film de **JUAN PABLO ZARAMELLA**

JPStudio

VIAJE A MARTE

- Animation Festival 2005, Brasil: Mejor cortometraje
- Sydney Film Festival 2005, Australia: Mejor cortometraje
- ANIMA 2005, Bélgica: Mejor cortometraje animado, categoría infantil.

guión de **MARIO RULLONI** y **JUAN PABLO ZARAMELLA**

Dirección y Animación Juan Pablo Zaramella   **Guión** Mario Rulloni/Juan Pablo Zaramella
Idea original Mario Rulloni   **Producción** Silvina Cornillón/Alejandra Grimaldi
Diseños, maquetas y modelados Juan Pablo Zaramella y Silvina Cornillón
Edición, sonido y música Juan Pablo Zaramella   **Sonido adicional** Gustavo Cornillón
Dirección de fotografía Juan Pablo Zaramella   **Postproducción** Mario Rulloni
Música adicional
Guitarra, guitarra mía Carlos Gardel/Alfredo Le Pera   *Me duele mi corazón* Juan Pablo Zaramella/Germán Castro

FICHA **Personajes** Antonio niño, mamá de Antonio niño, abuelo, vendedora, Antonio adulto, esposa de Antonio adulto, hijo de Antonio adulto   **Duración** 16 minutos   **País** Argentina   **Año** 2004

ESCENAS Video

Antonio niño Abuelo, quiero ir a Marte.
Abuelo ¿Eh?
Antonio niño Cuando sea grande, voy a ir yo en un cohete a Marte.
Abuelo ¿Un cohete? ¿Y para qué vamos a esperar? Yo te puedo llevar ahora.

Antonio niño Abuelo, yo vi en la tele que iban en platillos voladores y en cohetes.
Abuelo Con grúa también se puede llegar. Ya vas a ver. Ésta es una camioneta especial. Cuando levante velocidad… ffffff… ¡a Marte!

Maestra Y así fue como el hombre llegó a la Luna, y algún día, […] también llegará a Marte y otros planetas.
Antonio niño Señorita, señorita, yo ya estuve en Marte. Me llevó mi abuelo cuando era chico. ¡En serio! ¡En serio!

Locutor ¡Un nuevo hito en la historia de la Humanidad! Otro salto[1] gigante desde que el Hombre puso por primera vez un pie en la Luna. Porque hoy cuatro embajadores de nuestro planeta llegarán a Marte.

Hijo de Antonio Mamá, papá, ¡vengan que ya están por llegar! ¿Viste, pa[2]? Esta noche el Hombre llega a Marte.
Antonio adulto ¡Y, sí! Algún día tenían que llegar, ¿no?
Esposa de Antonio Ay, Antonio, ¡qué humor! Vos cuando eras chico, ¿no querías ser astronauta?

Locutora Los mensajes de nuestros oyentes[3]…
Oyente Sí… El Hombre está llegando a Marte, pero las calles están todas rotas.
Antonio adulto Hola, sí, sí, soy yo, el de la grúa… Sí… Recién pasé por el molino[4]… Hola, sí… y bueno… a la derecha… ¿Hola?… Sí… Disculpe… ¿Qué loma[5]?…

[1]leap [2]dad [3]listeners [4]mill [5]hill

Nota CULTURAL

Viaje a Marte evoca un espectacular paisaje natural de Argentina, conocido como el **Valle de la Luna**. En sus casi 63.000 hectáreas se encuentra uno de los yacimientos (*sites*) paleontológicos más importantes del mundo. Caprichosas (*Fanciful*) formaciones rocosas, producto de siglos y siglos de constante erosión, dan a este desolado territorio un aire de ciencia ficción. Una gama (*range*) infinita de colores, luces y sombras realza (*enhances*) la belleza natural de este mágico paisaje, declarado en 2000 Patrimonio Natural de la Humanidad por la UNESCO.

- ¿El paisaje del cortometraje les recuerda algún lugar de su región o país? ¿Cuál? ¿Por qué?
- ¿Hay algún paisaje en su región o país que proyecte un aire de ciencia ficción? Descríbanlo.

EN PANTALLA

Indica quién dijo estas frases en el cortometraje.

1. ¡Baja un poco ese televisor! (madre de Antonio/ abuelo de Antonio)
2. Señora, ¿esto es Marte? (abuelo de Antonio/Antonio)
3. ¡Escuchen un poquitito! (Antonio/maestra)
4. Una travesía extraordinaria… (esposa de Antonio/locutor)
5. ¡Te vas a perder la llegada! (hijo de Antonio/ esposa de Antonio)
6. ¡Bienvenido! (señora del kiosco/astronautas)

Análisis

1

Comprensión Contesta las preguntas.

1. ¿Qué está haciendo Antonio al principio del corto?

2. ¿Cuál es su sueño? ¿A quién se lo dice?

3. ¿Quién lo lleva a Marte? ¿Cómo?

4. ¿Qué hace Antonio de camino a (*on his way to*) Marte?

5. ¿Por qué se burlan de él sus compañeros de clase?

6. ¿Qué hace Antonio cuando regresa a casa de la escuela?

7. ¿En qué etapa de su vida está Antonio cuando anuncian que el Hombre está a punto de llegar a Marte? ¿Qué tiene que hacer el protagonista en ese momento?

8. ¿Dónde está Antonio cuando la llegada del Hombre a Marte es transmitida por televisión? ¿Dónde están su hijo y su esposa?

2

Interpretación En parejas, contesten las preguntas.

1. ¿Por qué Antonio quiere ir a Marte cuando es niño?

2. ¿Por qué Antonio esconde el casco debajo de la cama? ¿Cómo se siente?

3. Cuando Antonio se hace adulto, ¿se considera una persona exitosa? ¿Por qué?

4. ¿Pierde el entusiasmo de la infancia y la capacidad de soñar? Justifiquen su respuesta.

5. ¿Por qué Antonio nunca le contó a su esposa su viaje fantástico de la infancia?

6. ¿Qué creen que pasa por la mente del hijo cuando ve que su papá está en la tele?

7. ¿A qué "problema" se refiere el astronauta?

8. ¿Cómo interpretan el final de la historia?

3

Contextos En grupos de tres, digan quién dice cada cita, en qué momento y a quién se la dice. Después compartan con la clase sus opiniones sobre el significado de estas afirmaciones en la historia.

1. "Cuando sea grande, voy a ir yo en un cohete a Marte."

2. "Yo vi en la tele que iban en platillos voladores y en cohetes."

3. "Y con grúa también se puede llegar. Ésta es una camioneta especial."

4. "Sí, ¡bienvenido!"

5. "¡Qué humor! Vos cuando eras chico, ¿no querías ser astronauta?"

6. "Sí, el Hombre está llegando a Marte, pero las calles están todas rotas."

7. "*Houston, we have a problem.*"

4

Preguntas centrales En grupos de tres, contesten las preguntas. Cada uno/a debe dar su opinión. Después, compartan sus opiniones con la clase.

- ¿Creen que Antonio realmente fue a Marte?

- ¿Por qué creen que el director eligió este paisaje tan particular? ¿En qué otro paisaje se podría haber inspirado?

5 **Poderosa imaginación** En grupos de tres, expliquen si están de acuerdo con estas afirmaciones. Intenten relacionarlas con el argumento del cortometraje.

> "La imaginación nos llevará a menudo a mundos que no existieron nunca, pero sin ella no podemos llegar a ninguna parte." *Carl Sagan*

> "La imaginación sirve para viajar y cuesta menos." *George William Curtis*

> "El que tiene imaginación, con qué facilidad saca de la nada un mundo." *Gustavo Adolfo Bécquer*

> "La imaginación es más importante que el conocimiento." *Albert Einstein*

> "Todo lo que una persona puede imaginar, otras pueden hacerlo realidad." *Julio Verne*

6 **Sueños de infancia** En grupos pequeños, sigan estos pasos.

1. Hagan una lista de las profesiones que soñaban estudiar cuando eran niños.

2. Discutan qué elementos y características tienen en común todas esas profesiones.

3. Intercambien su lista con la de otro grupo y discutan qué elementos y características tienen en común las profesiones. ¿Tienen las listas algunas profesiones en común?

4. Ahora juntos, dialoguen y amplíen sus opiniones sobre las listas que escribieron. ¿Cuántos de ustedes todavía persiguen su sueño de infancia? ¿Cuántos lo han abandonado? ¿Por qué?

5. ¿Creen que a todos los niños y niñas de distintas generaciones les gusta lo mismo? ¿Pierden la capacidad de imaginar cuando son mayores?

8 **Situaciones** En parejas, elijan una de las situaciones (A o B) e improvisen un diálogo. Utilicen al menos seis palabras de la lista. Cuando estén listos, represéntenlo delante de la clase.

acontecimiento	concebir	monstruo
astronauta	decepción	nave
aterrizaje	despegue	platillo volador
burlarse	entrenamiento	recuerdo
cohete	hito	velocidad

A

Un niño le cuenta a un amiguito de la escuela que cuando era más pequeño su abuelo lo llevó a Marte en una camioneta. Su amiguito se burla de él. El niño insiste en que es verdad; el otro insiste en que es mentira.

B

Dos amigos discuten acaloradamente (*heatedly*). Uno está convencido de que existe vida en otros planetas. El otro está convencido de que eso es imposible. Cada uno explica y expone sus teorías de manera persuasiva.

 Practice more at **vhlcentral.com**.

1.1 Los verbos **ser** y **estar**  Presentation

Usos de **ser**

El verbo **ser** se usa:

- para **definir** o **identificar** algo o a alguien.

    *Antonio es **un niño** con mucha imaginación.*

- para hablar del **origen** o de la **procedencia** de algo o alguien.

    *El director del cortometraje **es argentino**.*

- para indicar el **material** del que están hechas las cosas.

    Los muñecos de Viaje a Marte **son de plastilina**.

- para hablar de **profesiones**. Recuerda que se suele omitir el artículo antes de la profesión indicada.

    *Antonio **es mecánico**, como su abuelo.*

- para indicar cuándo o dónde tiene lugar un **evento**.

    *El despegue de la nave **fue en Cabo Cañaveral**. La llegada **será transmitida a las 5 de la tarde**.*

- para expresar **posesión**.

    *La camioneta mágica **es del abuelo de Antonio**.*

- para hacer **generalizaciones**.

    *Todos los avances tecnológicos **son beneficiosos**.*

Usos de **estar**

El verbo **estar** se usa:

- para **ubicar** o **localizar** algo o a alguien.

    *La camioneta **estaba en el jardín.***

- para hablar de **estados de ánimo** y de **estados físicos**.

    *El hijo de Antonio **estaba emocionado** esperando la llegada del Hombre a Marte.*

- para hablar de la **salud**.

    *Alejandra **está enferma** esta semana.*

- con ciertas expresiones sobre el **clima**: estar despejado, estar soleado, estar nublado, etc.

    *Afortunadamente el cielo **estuvo despejado** durante todo el día.*

- con el gerundio, para indicar **acciones continuas**.

    ***Estoy estudiando** para mi examen de biología.*

- con el participio, para indicar el **resultado** de una acción.

    *El banco **está cerrado**.*

Ser y estar con adjetivos

La mayoría de los adjetivos descriptivos pueden usarse tanto con **ser** como con **estar**, pero según cuál se use cambiará el sentido de la oración.

María **es** muy alta y elegante.
*María **is** very tall and elegant.*

María **está** muy alta y elegante con esos zapatos de tacón.
*María **looks** very tall and elegant in those high-heeled shoes.*

AYUDA

Ser generalmente se traduce al inglés como *to be*, mientras que **estar** suele traducirse con otros verbos más específicos dependiendo del contexto en que aparece.

- Algunos adjetivos cambian de significado al usarse con **ser** o con **estar**.

ser + [*adjetivo*]	**estar** + [*adjetivo*]
La película **es aburrida**.	**Estoy** muy **aburrida** en casa.
*The movie is **boring**.*	*I'm very **bored** at home.*
Carlos **es** muy **listo**.	Los chicos **están listos**.
*Carlos is very **smart**.*	*The guys are **ready**.*
La actriz **es mala**.	Marta **está mala**.
*The actress is **bad**.*	*Marta is **sick**.*
Esteban **es rico**.	El queso **está** muy **rico**.
*Esteban is **rich**.*	*The cheese is **delicious**.*
Este coche **es seguro**.	No **estoy seguro** de eso.
*This car is **safe**.*	*I'm not **sure** about that.*
Esas manzanas **son verdes**.	Esas manzanas **están verdes**.
*Those apples are **green**.*	*Those apples are **not ripe**.*
La niña **es** muy **viva**.	El autor **está vivo**.
*The girl is very **clever**.*	*The author is **alive**.*
Carla **es** una mujer **libre**.	Carla **está libre** esta tarde.
*Carla is a **free** woman.*	*Carla is **available** this evening.*

Práctica

1

Un día especial Completa la historia con la forma correcta de **ser** o **estar**.

La llegada del supertelescopio al observatorio del pueblo de Javier causó mucho revuelo (*commotion*). El inventor (1) _____ de nacionalidad alemana. Cuando murió, lo donó a la organización "Telescopios viajeros", que presta telescopios a observatorios pequeños en lugares remotos. Ayer Javier (2) _____ listo para ir con su abuelo al observatorio. Cuando llegaron, Javier vio que todos sus compañeros de escuela también (3) _____ allí. "(4) _____ tan emocionado. Esto va a (5) _____ una experiencia inolvidable", pensó Javier. ¡Y efectivamente lo (6) _____! Javier salió maravillado. La próxima semana, el telescopio (7) _____ en otra ciudad y (8) _____ el deleite de otros niños.

2

Veinte preguntas Trabajen en grupos de cuatro o cinco. Un integrante de cada grupo piensa en una persona famosa, un lugar o un objeto. El resto debe hacer preguntas usando **ser** y **estar** para adivinar la persona, el lugar o el objeto. Sólo pueden hacer preguntas que se respondan con "**sí**" o "**no**".

1.2 Las preposiciones

 Presentation

Recuerda

Las preposiciones se usan para establecer relaciones entre los elementos de una oración.

Preposiciones del español

Éstas son las preposiciones de mayor uso en español.

a *to, at, into*	**en** *in, on, at, into*	**según** *according to, depending on*
ante *in front of, before, facing*	**entre** *between*	**sin** *without*
bajo *below, under*	**excepto/salvo** *except*	**sobre** *about, on, over, on top of*
con *with*	**hacia** *toward, about, around*	
contra *against*	**hasta** *as far as, until, up to*	**tras** *behind, after*
de *of, about, from, as*	**mediante** *by means of*	**versus** *against, versus*
desde *from*	**para** *for, to, in order to, by*	**vía** *via, through*
durante *during*	**por** *because of, by, by means of, for, through, down, up, along*	

Verbos seguidos de preposición

Algunos verbos en español requieren preposición. Si la preposición va seguida de un verbo, éste siempre es en infinitivo.

- **verbos seguidos de a** + [*infinitivo*]

acostumbrarse a *to become accustomed to*	**ayudar a** *to help*	**invitar a** *to invite to*
aprender a *to learn to*	**comenzar a** *to begin to*	**ir a** *to be going to*
atreverse a *to dare to*	**decidirse a** *to decide to*	**negarse a** *to refuse to*

- **verbos seguidos de de** + [*infinitivo*]

acabar de *to have just*	**arrepentirse de** *to regret*	**encargarse de** *to take charge of*
acordarse de *to remember to*	**cansarse de** *to get tired of*	**olvidarse de** *to forget to*
alegrarse de *to be glad to*	**dejar de** *to stop*	**tratar de** *to try to*

- **verbos seguidos de en** + [*infinitivo*]

consistir en *to consist of*	**pensar en** *to think about*
insistir en *to insist on*	**quedar en** *to agree on*

Preposiciones compuestas

En español, como en inglés, las preposiciones se pueden combinar con otras palabras para formar preposiciones compuestas.

acerca de *about*	**de acuerdo con** *in accordance with*	**en contra de** *against*
además de *as well as*		**en medio de** *in the middle of*
al lado de *next to*	**debajo de** *below*	
alrededor de *around*	**delante de** *in front of*	**frente a** *opposite; facing*
antes de *before* (tiempo)	**dentro de** *within; inside of*	**fuera de** *outside of*
a partir de *starting from*	**después de** *after* (tiempo)	**junto a** *next to; close to*
cerca de *near*	**detrás de** *behind*	**lejos de** *far from*
con respecto a *regarding*	**encima de** *on top of*	

AYUDA

Recuerda que cuando la preposición **con** va seguida de **mí** o **ti** forma las palabras **conmigo** y **contigo**.

—*¿Quieres venir en la nave **conmigo**?*

—*Claro que quiero ir **contigo**.*

Consigo es la contracción de **con** + **sí**, equivalente al inglés *with himself/herself/ yourself* o *with themselves/ yourselves*. Suele ir seguida del adjetivo **mismo/a**.

*El marciano no está feliz **consigo mismo**.*

• • •

Algunos verbos pueden ir seguidos por **de** y un sustantivo: **acordarse de la lista, alegrarse de la visita, encargarse de la limpieza**, etc.

Por y para

Las preposiciones **por** y **para** se suelen traducir al inglés como *for*, pero sus usos varían, por lo que no son intercambiables. En general, **por** expresa motivo o causa, mientras que **para** indica destino o propósito.

AYUDA

• Expresiones con **por**:

por casualidad *by chance/ accident*

por cierto *by the way*

por fin *finally*

por lo general *in general*

por lo menos *at least*

por lo tanto *therefore*

por lo visto *apparently*

por otro lado/otra parte *on the other hand*

por primera vez *for the first time*

por si acaso *just in case*

por supuesto *of course*

• Expresiones con **para**:

no estar para bromas *to be in no mood for jokes*

no ser para tanto *not to be so important*

para colmo *to top it all off*

para que sepas *just so you know*

para siempre *forever*

Usos de por
La preposición **por** se usa para expresar:

• **Movimiento**
*Pasearon **por** Madrid.*
• **Duración**
*Estuvieron perdidos **por** una hora.*
• **Causa** o **razón**
*Él estudiaba astrofísica **por** ella.*
• **Medio**
*Habla **por** teléfono.*
• **Intercambio** o **sustitución**
*Ella pagó **por** la cena.*
• **Unidades de medida**
*La camioneta va a setenta millas **por** hora.*
• **Agente en la voz pasiva**
*El extraterrestre fue fotografiado **por** Ana.*

Usos de para
La preposición **para** se usa para expresar:

• **Destino**
*Sale a las tres **para** el aeropuerto.*
• **Destinatario**
*El regalo es **para** Carlos.*
• **Opiniones** o **contrastes**
***Para** él, ella tiene demasiados sueños.*
• **Empleador**
*Pedro trabaja **para** una gran empresa.*
• **Meta**
*Estudia español **para** conseguir el empleo.*
• **Propósito**
*Se pone el vestido **para** la cena.*
• **Fecha específica**
*Este trabajo tiene que terminarse **para** el viernes.*

Práctica

1

Sucesos paranormales En parejas, completen el mensaje electrónico con las preposiciones **a**, **de**, **en**, **para** y **por**. Después, narren detalladamente la historia que Ramón contó en la radio.

Estimado señor Ángel García:

Le escribo (1) _____ pedirle que considere incluir mi historia (2) _____ su prestigioso programa de radio *Sucesos paranormales*. Iba (3) _____ llamarlo (4) _____ teléfono (5) _____ contársela, pero prefiero hacerlo (6) _____ correo electrónico. Resulta que mi hermano y yo estábamos (7) _____ casa (8) _____ una amiga ayer (9) _____ las 10 de la noche cuando vimos pasar un platillo volador no muy lejos (10) _____ la casa. Iba (11) _____ lo menos a 70 millas (12) _____ hora. El platillo fue fotografiado (13) _____ mi amiga y me gustaría llevar la foto al programa y explicar la historia con más detalles. ¿Qué le parece?

Un saludo,

Ramón Ramírez

P.D.: (14) _____ cierto, acabo (15) _____ publicar mi última novela (16) _____ ciencia ficción y se la voy a mandar. Espero que le guste.

2

Oraciones En parejas, túrnense para elegir una preposición de la página 12. Pídele a tu compañero/a que te diga una oración usando la preposición.

Practice more at vhlcentral.com.

Preparación

 Vocabulary Tools

Sobre el autor

El escritor uruguayo **Eduardo Hughes Galeano** (1940-2015) comenzó trabajando en diferentes periódicos como *El Sol, Marcha* y *Época*. En 1973 tuvo que irse a vivir a Argentina por razones políticas. Fundó la revista *Crisis* durante su exilio en ese país. Posteriormente, vivió en España hasta 1985, año en que regresó a Uruguay. Sus libros están marcados por la realidad político-social latinoamericana, que se refleja en su gusto por la narración histórica, la crónica y los artículos periodísticos. El relato "Celebración de la fantasía" pertenece a *El libro de los abrazos*, publicado en 1994.

Vocabulario de la lectura	Vocabulario útil
atrasar *to be slow*	**conmovido/a** *(emotionally) moved*
los bichos *animals; bugs*	**el encuentro** *meeting*
correrse la voz *to spread the news*	**enterarse** *to find out*
de buenas a primeras *suddenly*	**la magia** *magic*
exigir *to demand*	**la pobreza** *poverty*
el fantasma *ghost*	
la muñeca *wrist*	
rodear *to surround*	
el suelo *ground*	

1

Vocabulario Completa las oraciones con palabras de la lista de vocabulario.

1. Cuando dos amigos se ven por casualidad y toman un café, es un _____ .

2. Nuestros pies tocan el _____ casi todo el tiempo.

3. Los cinco policías lograron _____ a los ladrones.

4. La _____ une la mano con el brazo.

5. De _____ a primeras, me llamó un primo con quien no hablaba hacía diez años.

6. Muchos niños les tienen miedo a los _____ .

2

De niño En parejas, contesten las preguntas.

1. Cuando eran niños/as, ¿tenían más imaginación que ahora?

2. ¿Qué cosas creían que eran ciertas y luego descubrieron que no lo eran?

3. ¿Creen que es bueno tener mucha imaginación? ¿Por qué?

3

El autor En parejas, conversen sobre el autor.

1. ¿De qué manera la vida en el exilio puede haber tenido influencia en los temas elegidos por el autor?

2. En una entrevista, Eduardo Galeano dijo que escribió desde el punto de vista "de los que no salieron en la foto". ¿A quiénes creen que se refiere?

 Practice more at **vhlcentral.com**.

S Reading

Celebración de la **fantasía**

Eduardo Galeano

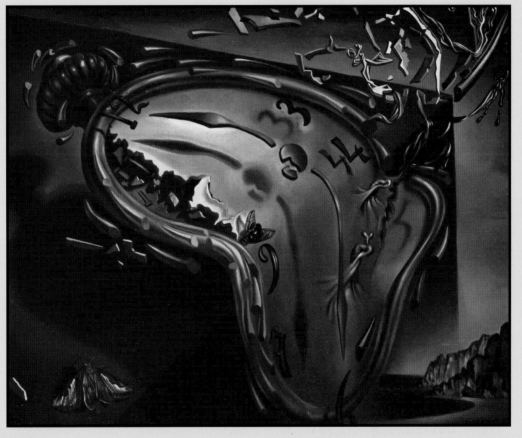

Fue a la entrada del pueblo de Ollantaytambo, cerca del Cuzco. Yo me había despedido de un grupo de turistas y estaba solo, mirando de lejos las ruinas de piedra, cuando un niño del lugar, enclenque°, haraposo°, se acercó a pedirme que le regalara una lapicera°. No podía darle la lapicera que tenía, porque la estaba usando en no sé qué aburridas anotaciones, pero le ofrecí dibujarle un cerdito° en la mano.

Súbitamente, se corrió la voz. De buenas a primeras me encontré rodeado de un enjambre° de niños que exigían, a grito pelado°, que yo les dibujara bichos en sus manitas cuarteadas de mugre° y frío, pieles de cuero quemado°, había quien quería un cóndor y quien una serpiente, otros preferían loritos o lechuzas° y no faltaban los que pedían un fantasma o un dragón.

Y entonces, en medio de aquel alboroto°, un desamparadito° que no alzaba° más de un metro del suelo, me mostró un reloj dibujado con tinta negra en su muñeca:

—*Me lo mandó un tío mío, que vive en Lima* —dijo.

—*¿Y anda bien?* —le pregunté.

—*Atrasa un poco* —reconoció. ∎

frail
ragged
pen

little pig

swarm

at the top of their lungs

chapped by dirt/ burnt leather skins

little parrots or owls

*commotion / defenseless kid
who didn't reach*

¿Realidad o fantasía?

Análisis

 Comprensión Contesta las preguntas.

1. ¿Dónde estaba el narrador?

2. ¿Qué quería el primer niño?

3. ¿Por qué el narrador no podía dársela?

4. ¿Por qué los niños rodearon al narrador?

5. ¿Qué querían los niños?

6. ¿Qué tenía el niño en la muñeca?

7. Según el niño, ¿quién le regaló el reloj?

8. ¿Andaba bien el reloj?

 Ampliación En parejas, contesten las preguntas y compartan sus opiniones con la clase.

1. ¿Cómo son los niños de la historia?

2. ¿Qué importancia tiene la descripción de los niños en la historia?

3. Relacionen el título de este relato con el breve diálogo con el que termina. Justifiquen su respuesta.

4. En una entrevista, Eduardo Galeano afirmó que "es a través de las pequeñas cosas que puede acercarse uno a las grandes". Expliquen el significado de esta afirmación y su relación con el relato.

Personajes En parejas, contesten las siguientes preguntas.

1. ¿Cuáles son los personajes favoritos de la imaginación infantil (*children's*)? Hagan una breve lista.

2. ¿Qué tipo de personajes son importantes en la imaginación de los adultos? Preparen una lista.

3. ¿Qué diferencias hay entre las dos listas? ¿Por qué?

4. ¿Qué aportan (*bring*) estos personajes de ficción a nuestras vidas? Expliquen el porqué de sus respuestas.

Los juguetes En parejas, lean estas opiniones sobre los juguetes. ¿Están de acuerdo? ¿Les parecen exageradas? ¿Por qué? Defiendan sus opiniones con ejemplos de su infancia o de la infancia de sus padres y abuelos.

> Los juguetes muy realistas coartan (*inhibit*) la imaginación de los niños.

> La tecnología permite el desarrollo de juguetes más educativos e interactivos.

> Los videojuegos son directamente responsables del aumento de la obesidad entre niños pequeños en los países más desarrollados.

> Los niños no necesitan juguetes. Cualquier objeto sirve para jugar.

> Deberían prohibirse las armas de juguete porque promueven la violencia.

5 **Imaginar** Trabajen en grupos de tres para imaginar cómo sería la vida si en lugar de ir de niños a viejos, fuéramos de viejos a niños. Consideren estas sugerencias.

- Cómo serían nuestros primeros años de vida
- En qué cambiarían los años universitarios
- En qué cambiaría el trabajo
- A qué edad se elegiría pareja
- A qué edad se tendrían hijos
- Cómo sería la relación entre padres e hijos
- Cómo sería la relación entre amigos

6 **Ensalada de cuentos**

A. En parejas, comparen las palabras clave de un cuento muy conocido y las de una leyenda mapuche. ¿Qué tienen en común las dos listas? ¿Qué otros cuentos tienen temas o palabras clave similares?

Palabras clave de Blancanieves	Palabras clave de la leyenda mapuche de La Calchona
bruja, princesa, reina, bosque, veneno (*poison*), enanitos (*dwarfs*), príncipe	bruja, ungüento (*ointment*), hechizo (*spell*), oveja, zorro, noche, Chile

B. Inventen un cuento nuevo basado en una mezcla de palabras clave de los cuentos de la parte **A.** Usen los verbos **ser** y **estar**. Después, compartan su cuento con la clase.

C. Busquen en Internet distintas versiones de la leyenda de La Calchona y escriban un resumen de la versión más interesante.

7 **Situaciones** En parejas, elijan una de las situaciones e improvisen un diálogo. Utilicen al menos seis palabras o expresiones de la lista. Cuando estén listos, represéntenlo delante de la clase.

acontecimiento	**de buenas a primeras**	**extraterrestre**
atacar	**decepción**	**imaginario/a**
burlarse	**encuentro**	**inocencia**
conmovido/a	**enterarse**	**magia**
correrse la voz	**exigir**	**rodear**

A
Dos amigos están acampando un fin de semana. Uno de ellos le dice al otro que es un superhéroe en realidad. El otro no lo cree; exige demostraciones.

B
Dos amigos están discutiendo sobre política. Uno de ellos piensa que el presidente tiene que ser imaginativo. El otro dice que tiene que ser práctico. Los dos tienen que defender sus opiniones.

Practice more at **vhlcentral.com**.

Preparación Vocabulary Tools

Sobre el autor

Luis R. Santos (Santiago de los Caballeros, República Dominicana, 1954). Realizó sus estudios en el Instituto Superior de Agricultura, donde estudió agronomía, y luego en la Universidad Nordestana. En su carrera como escritor, ha trabajado como columnista para los diarios dominicanos *Hoy, El Siglo* y *El Nacional.* Ha sido premiado por sus cuentos en la Alianza Cibaeña y en Casa de Teatro. Varios de estos cuentos han sido incluidos en antologías nacionales e internacionales. Entre sus obras se destacan *Noche de mala luna,* serie de cuentos publicada en 1993, *En el umbral del infierno,* novela de 1996 y *Tienes que matar al perro,* cuentos publicados en 1998.

Vocabulario de la lectura		Vocabulario útil
la amargura *bitterness*	**insólito/a** *unusual*	**la aparición (de un fantasma)** *apparition (of a ghost)*
animar *to cheer up*	**la lentitud** *slowness*	**asustarse** *to be frightened*
arrebatar *to snatch*	**moribundo/a** *dying*	**escéptico/a** *skeptical*
el aspecto *appearance*	**el presagio** *omen*	**inmortal** *immortal*
la cicatriz *scar*	**el relámpago** *lightning*	**el miedo** *fear*
descuidado/a *careless*	**temer** *to fear*	**la sangre** *blood*
dilatar *to prolong*	**la tormenta** *storm*	
disiparse *to clear*	**la venganza** *revenge*	
hendido/a *cleft, split*		

1 **Definiciones** Empareja cada palabra con su definición.

_____ 1. presagio   a. se dice de un acontecimiento poco frecuente e inexplicable

_____ 2. temer   b. marca que permanece en la piel después de tener una herida

_____ 3. arrebatar   c. tener miedo

_____ 4. cicatriz   d. quitar algo a alguien de un modo violento

_____ 5. insólito   e. señal que anuncia algo que va a suceder

2 **Historias del más allá** En parejas, háganse las preguntas y luego compartan sus respuestas con la clase.

1. ¿Han leído, visto u oído alguna vez una historia de fantasmas? Relaten el argumento.

2. ¿Creen en los fenómenos paranormales? Justifiquen sus respuestas.

3. ¿Les gustan las historias fantásticas? ¿Por qué?

4. Si no les gustan las historias fantásticas, ¿qué tipo de historias prefieren?

3 **Diálogo** En parejas, improvisen un breve diálogo entre un taxista extraño y un pasajero. Usen palabras de la lista. Después, represéntenlo delante de la clase.

amargura	asustarse	inmortal	miedo	temer
aspecto	cicatriz	insólito/a	presagio	tormenta

 Practice more at **vhlcentral.com.**

El otro círculo

Luis R. Santos

Audio:
Dramatic Reading

Dilatar la vida de los hombres es dilatar su agonía y multiplicar el número de sus muertes.

Jorge Luis Borges

Hay fechas que bajo ninguna circunstancia pueden ser borradas° de la memoria. Era un 24 de diciembre de 1976 y los hechos que acaecieron° durante aquella noche, dramáticos, insólitos e inexplicables, contribuyeron de forma notable a su imborrabilidad.

Mientras la ciudad se preparaba para iniciar los festejos tradicionales de Navidad yo estaba allí derrumbado°, cavilando° sobre lo más importante que había acontecido y que acontecería por muchos años: la muerte repentina° de mi esposa. Se murió así, sin que pudiera hacer algo; yo, que había salvado tantas vidas, me sentí en extremo frustrado al no poder contribuir en lo más mínimo con la sobrevivencia de mi joven mujer. Eso había sucedido apenas una semana atrás. Pero tres meses antes la vida me había hecho uno de esos tantos regalitos con los que muchas veces obsequia a la gente: la muerte de mi madre en un accidente.

Para esos días sentía que todo lo que tenía lo había perdido, que no tenía muchos motivos para seguir en este mundo. Ni siquiera mi brillante profesión de médico, que, sin jactancias°, era una carrera en rápido crecimiento, con un nombre hecho y respetado, me parecía importante. Sólo me interesaba encontrar una respuesta al ensañamiento° de la vida (o de la muerte) en mi contra. Porque si yo vivía constantemente arrebatándole vidas a la muerte, ¿por qué

erased
happened
devastated/pondering
sudden
boasting
cruelty

no pude arrebatarle, por lo menos, la de mi esposa? ¿Sería una conspiración? ¿Una absurda venganza?

Lo más injusto de todo fue el instante en que sucedió la tragedia, exactamente después de haber pasado el período de prueba, ese lapso de adaptación doloroso, esa incómoda transición que se vive al pasar de soltero a hombre casado. Yo, que era un hombre empedernido° con mi soltería°, que decía que no cambiaba mi libertad por ninguna mujer, aunque baste decir que° mi libertad consistía en llegar todos los días a las tres de la madrugada a casa, y acostarme con tres mujeres distintas por semana. Pero ya me había olvidado de mi "libertad" y me había acostumbrado muy bien a la cálida° rutina del matrimonio, a esa placidez monótona del hogar y, precisamente, después de todo eso, ella comete el abuso de morirse.

Sumido° en esas pesarosas° meditaciones me sobresaltó° el estruendo° de una descarga° eléctrica en lo alto de la atmósfera, señal que anunciaba, con certeza, una inminente tormenta. Acto seguido°, a las 11:00 P.M. sonó el teléfono.

—Doctor Espinosa, venga seguido, se me muere mi padre —me comunicó una voz femenina y temblorosa.

—Es difícil salir esta noche —respondí.

—Es una emergencia, por amor de Dios, venga rápido, doctor.

—No tengo auto disponible, excúseme, llame a otro médico o a una ambulancia...

—Llame un taxi, doctor Espinosa, se lo ruego°, por favor.

Yo estaba consciente de que lo del transporte no era más que un pretexto. Los recuerdos me pesaban demasiado aquella noche y no quería salir de mi refugio. No obstante, los ruegos de mi interlocutora y su tono suplicante terminaron por convencerme. Le pregunté la forma en que había averiguado° mi número telefónico y me dijo que había sido su padre moribundo

quien se lo había susurrado°. No encontré nada extraño en aquel dato°, pues, mi nombre estaba en la guía médica. Anoté la dirección y me disgusté°, contrariado°, al comprobar que para trasladarme° hasta aquel sector sería preciso atravesar la ciudad de extremo a extremo, y mucho más desagradable se hacía dicha travesía en una noche tan lluviosa como aquella.

Llamé el taxi y mientras aguardaba su arribo encendí un cigarrillo más. Fumar era de lo poco que me atraía en aquellos días; veía, a través del humo, disiparse un poco mi amargura. La lluvia dejó de ser lluvia y se convirtió en tormenta. Las descargas eléctricas terminaron por interrumpir el servicio eléctrico. La claridad de las luces de los relámpagos inundaba por instantes el recinto° oscurecido; era una luz inusual, como cargada de presagios.

Escuché el toque en la puerta, me incorporé° y tomé el maletín° que contenía el instrumental médico necesario para estos casos.

—Buenas noches, doctor Espinosa —me saludó el taxista.

—Buenas noches, señor. ¿Cómo sabe que soy el doctor Espinosa?

—La operadora me informó: vaya a esta dirección y recoja al doctor Espinosa.

—Bueno —dije— es a esta dirección hacia donde nos dirigimos.

—Y lo difícil que es trasladarse a esa zona; las calles deben estar inundadas° con toda el agua caída —concluyó el taxista.

Avanzábamos con lentitud, pues seguía precipitándose una lluvia pesada y rabiosa°. A poco se detuvo el auto.

—Perdóneme un segundo, doctor, se desconectó el limpiavidrios° —me informó el taxista.

—Okey, pero dese prisa, que es una emergencia.

—¡Ah!, una emergencia —dijo mi acompañante—, la gente siempre tiene una emergencia cuando cree que va a morir.

> No obstante, los ruegos de mi interlocutora y su tono suplicante terminaron por convencerme.

Marginal glosses (left column):
- *hardened/bachelorhood* (empedernido°/soltería°)
- *suffice it to say* (baste decir que°)
- *cozy* (cálida°)
- *Immersed/sorrowful/startled/din, crash/discharge* (Sumido°/pesarosas°/sobresaltó°/estruendo°/descarga°)
- *Right after* (Acto seguido°)
- *I'm begging you* (se lo ruego°)
- *had found out* (averiguado°)

Marginal glosses (right column):
- *whispered* (susurrado°)
- *information* (dato°)
- *I got upset/annoyed/put out/to go, to get* (me disgusté°/contrariado°/trasladarme°)
- *area* (recinto°)
- *I sat up/case* (me incorporé°/maletín°)
- *flooded* (inundadas°)
- *furious* (rabiosa°)
- *windshield wipers* (limpiavidrios°)

I bet Apuesto° que fue el enfermo quien dijo: "Díganle que es una emergencia, para que venga rápido". Y quizás lo que tiene es un simple dolorcito de estómago. Lo que sucede es que los hombres le tememos demasiado a la muerte.

—Es posible que así sea; y usted, ¿no le teme?

—¡Que le voy a temer! Total, temiéndole o no temiéndole... fíjese, fíjese bien en esta cicatriz que tengo en la frente, mire mi boca, mi labio inferior, específicamente, está hecho una mierda. Eso fue un fatal accidente que tuve; me abrieron la cabeza para operarme; me vi *I was hanging on by a thread* en un hilito° y nunca sentí temor; es más, hasta pienso que hubiera sido mejor morir, mire qué aspecto tengo. Mucha gente me *reject/ make a face* rechaza°, y hace una mueca° fea cuando me ve.

—Pero el aspecto exterior no es lo importante —le dije, para animarlo.

—Sí, doctor, pero ese rechazo continuo a un ser humano, por el simple hecho de tener *face* el rostro° desfigurado, le va creando a uno *shell* una coraza°, un resentimiento contra todos, un estado de amargura permanente que da al traste con lo poquito bueno que pueda uno tener, y ese es mi caso, doctor; la gente, con su desdén y desprecio, me ha transformado. Así que la muerte, a veces, es la mejor solución.

—Pero usted puede recomponerse ese *surgery* aspecto, con una cirugía° de esas que se hacen los artistas; es más, yo prometo ayudarlo.

—Ya es demasiado tarde, doctor.

Después de escuchar aquellas sentencias, seguimos nuestra lenta marcha; había *died down/ drizzle* mermado° la tormenta y sólo una llovizna° *lazily* menuda se precipitaba haraganamente°. *I resumed* Encendí un cigarrillo y reanudé° el diálogo.

—¿Por qué dice usted que es demasiado tarde? —le pregunté.

—No desespere, doctor, más tarde lo sabrá —me respondió.

Ahí mismo escuché cuando el taxista exclamó:

—¡Qué joder! Creo que se pinchó una *a tire went flat* goma°, bajaré a verificar.

En ese instante, un relámpago alumbró *face* la faz° del taxista y pude ver el aspecto un tanto monstruoso de ésta, con su marcada cicatriz en la frente y el labio inferior hendido; sentí una profunda conmiseración *wretched* por aquel desgraciado° ser.

—Parece que todo está en contra del enfermo —comentó el taxista—. Ahora perderemos de veinte a veinticinco minutos más.

—Ojalá lo encontremos vivo —apunté—, según la persona que me habló por teléfono era grave el asunto.

Se tomó dieciocho minutos, exactamente, para sustituir el neumático *damaged tire* averiado°.

—La verdad es que usted es un gran tipo, doctor.

—¿Por qué?

—Imagínese, salir de su casa a las 11 de la noche, un 24 de diciembre, bajo lluvia y dejando a su esposa sola en casa.

—Es el deber, aunque a veces a uno le dan ganas de mandar el deber a la porra°.

—Así es, doctor; yo, últimamente, al deber lo he agarrado por las greñas° y lo he arrojado a la basura, y hasta a Dios lo he mandado al carajo.

Cuando escuché estas expresiones, sentí que algo me unía a aquel desconocido. Tuve una especie de acercamiento, solidaridad o empatía con alguien que me había punzado° allá, en lo más hondo con sus palabras. Porque últimamente yo también había estado en un cuestionamiento permanente de Dios a raíz de las muertes de mi madre y mi esposa. ¿Me merezco esto, Dios?, le he preguntado. ¡No te conformas con una, sino que me quitas a las dos!, le he increpado°. ¿O tú no eres más que un engaño? ¿Un fraude, un truco, una invención? ¡Dime! ¡Háblame! ¡Respóndeme!

—Falta poco para que lleguemos —interrumpió él mis oscuros pensamientos.

—Por suerte —le dije—. Quiero que me recojas luego de concluida la consulta.

—Será un gusto, doctor.

Unos instantes después, el motor del auto detuvo la marcha.

—¡Otra y van tres! —protestó el taxista.

—¿Qué pasa ahora?

—Se terminó la gasolina.

—No faltaba más.

—No se preocupe, ya casi llegamos, la lluvia ha cesado, usted puede llegar a pie, la Duarte es en la próxima esquina.

—De acuerdo, pero trate de conseguir combustible para el regreso y no sea tan descuidado.

—Está bien, doctor, pero recuerde que llegan momentos en que ya nada resuelve nada.

Esas últimas palabras me intrigaron, no lo niego.

Caminé de prisa, ahora bajo un viento fresco y húmedo. Llegué a la esquina, busqué en un bolsillo el papel donde estaba anotada la dirección y vi escrito: "Calle Duarte #106". Fui identificando los números hasta que llegué a la casa con la numeración buscada. La puerta estaba abierta, había mucho movimiento en la sala, alguien lloraba en un rincón°.

Me recibió una joven con el rostro compungido°, que me dijo: "Doctor, llega usted tarde, hace apenas cinco minutos que el enfermo falleció°."

De inmediato, entré al cuarto donde estaba el muerto y, efectivamente, yacía° sobre la cama un hombre con una horrible cicatriz en la frente y el labio inferior hendido. ■

throw duty out the window

hair

wounded

I railed

corner

sorrowful

passed away

lay

Análisis

1

Comprensión Contesta las preguntas.

1. ¿Qué evento importante marcó la vida del doctor antes de la noche del 24 de diciembre de 1976?

2. ¿Qué le sucedió al doctor tres meses antes de la muerte de su esposa?

3. ¿Por qué estaba frustrado el doctor después de la muerte de su esposa?

4. ¿Por qué le pareció injusto el momento en que ocurrió la tragedia?

5. ¿Cómo era la vida del doctor cuando era soltero?

6. ¿Quién llamó al doctor por teléfono? ¿Qué le pidió esa persona?

7. ¿Cómo había conseguido la mujer el número de teléfono del doctor?

8. ¿Qué tiempo hacía esa noche?

9. Cuando el doctor viajaba en el taxi, ¿qué complicaciones tuvo para llegar?

10. ¿Cómo era el aspecto del taxista a causa del accidente que tuvo?

11. ¿Qué pensaba el taxista sobre la muerte?

12. ¿Con qué se encontró el doctor Espinosa al llegar a la casa del moribundo?

2

Ampliación En parejas, contesten las preguntas.

1. ¿Por qué el taxista tiene tantos inconvenientes para llevar al doctor a su destino?

2. ¿Por qué el moribundo quería que fuera el doctor Espinosa y no otro el que lo fuera a visitar?

3. ¿Creen que el taxista va a recoger al doctor a la casa del paciente para llevarlo de regreso a su casa? Expliquen sus respuestas.

4. ¿Por qué creen que el cuento se llama "El otro círculo"?

5. ¿Qué indicios (*signs*) se dan a lo largo de la historia que nos permiten saber que algo extraño va a ocurrir?

6. El doctor está deprimido por la muerte de su madre en un accidente; el taxista, por su parte, está deprimido por haber sobrevivido a un cruel accidente. ¿Creen que el punto de vista del doctor cambia después de su encuentro con el taxista?

7. ¿Creen que la historia tiene una moraleja (*moral*)? ¿Cuál es?

3

Analizar En grupos de cuatro, digan qué personaje dice cada cita, en qué circunstancias y expliquen la importancia que tienen en el desenlace (*ending*) de la historia. Después, entre todos, digan qué tienen en común el doctor y el taxista.

1. "Si yo vivía constantemente arrebatándole vidas a la muerte, ¿por qué no pude arrebatarle, por lo menos, la de mi esposa?"

2. "Lo que sucede es que los hombres le tememos demasiado a la muerte."

3. "No desespere, más tarde lo sabrá."

4. "De acuerdo, pero trate de conseguir combustible para el regreso y no sea tan descuidado."

5. "Está bien, pero recuerde que llegan momentos en que ya nada resuelve nada."

4 **Interpretar** En grupos de cuatro, expliquen por qué el relato comienza con la cita de Jorge Luis Borges. ¿Qué relevancia tiene esta idea en el contexto del cuento? ¿Alguno de los personajes de la historia estaría de acuerdo con Borges? ¿Quién(es)? Den ejemplos del texto.

5 **Adivinar** En grupos pequeños, elijan una película o novela fantástica. Cada miembro del grupo tiene que contar algo de lo que pasa en la historia y el resto de la clase tiene que adivinar de qué película o novela se trata.

6 **Clichés** Las "historias de miedo" suelen compartir en general una estructura y unos elementos típicos que se pueden considerar clichés.

A. En parejas, conversen sobre estas preguntas.

- ¿Qué convenciones o clichés observaron en "El otro círculo" (por ejemplo, el hecho de que es de noche)? Hagan una lista.
- ¿Qué otras convenciones o clichés han observado en novelas, cuentos y películas de este género?

B. Compartan y discutan los clichés que identificaron en la parte **A** con el resto de la clase. ¿Qué técnicas consideran más efectivas?

7 **Situaciones** En parejas, elijan una de las situaciones e improvisen un diálogo basado en ella. Usen al menos seis palabras de la lista. Cuando lo terminen, represéntenlo delante de la clase.

aparición	cicatriz	sangre
arrebatar	inmortal	sueño
aspecto	insólito/a	temer
asustarse	miedo	venganza

A
Un fantasma se le aparece a una persona escéptica y la tiene que convencer de que es real. La persona no le cree y discuten.

B
Es el día de bodas de una pareja de enamorados. El novio tiene que confesarle a su amada que es un vampiro. Él quiere que ella se convierta en vampira, pero ella se resiste.

 Practice more at **vhlcentral.com**.

Preparación  Vocabulary Tools

Sobre el autor

Gabriel García Márquez (1927-2014) nació en Aracataca, Colombia. Se dedicó desde muy joven al periodismo y a la literatura. Participó como periodista en varias revistas y diarios hasta que en 1955 publicó su novela *La hojarasca*. Desde entonces se convirtió en uno de los autores más importantes del panorama literario mundial. Su obra *Cien años de soledad* ayudó a popularizar el género llamado "realismo mágico", en el que la realidad se mezcla con la fantasía. En 1982, García Márquez recibió el Premio Nobel de Literatura. Otras de sus obras son *El amor en los tiempos del cólera, Crónica de una muerte anunciada, Doce cuentos peregrinos* y *Vivir para contarla*.

Vocabulario de la lectura		**Vocabulario útil**
asomarse *to peek*	**la seguridad** *security; certainty*	**el aprendizaje** *learning*
el cordón *cord*		**la incertidumbre** *uncertainty*
inquietar *to trouble*	**seguro/a** *confident*	**la influencia** *influence*
el recuerdo *memory*	**las tinieblas** *darkness*	**influir en** *to influence*
	la zozobra *anxiety*	

1 **Sinónimos y antónimos** Encuentra un sinónimo para cada palabra de la columna A y un antónimo para cada palabra de la columna B. Usa las palabras del vocabulario.

A

1. preocupar _____
2. protección _____
3. ansiedad _____
4. memoria _____
5. oscuridad _____

B

1. ignorancia _____
2. indeciso _____
3. luces _____
4. olvido _____
5. tranquilizar _____

2 **Completar** Completa cada oración con la palabra adecuada.

1. Anoche escuchamos sirenas en la calle y nos _____ por la ventana para ver lo que pasaba.

2. Como hay pocas oportunidades laborales, a los jóvenes les _____ su futuro económico.

3. Cuando era joven, García Márquez leyó a autores como Hemingway y Faulkner; sus obras tienen mucha _____ de la literatura estadounidense.

4. Cuando era niña, no me gustaba que la casa quedara en _____.

5. El periodista habló con _____; se nota que sabe del tema.

3 **Recuerdos** En parejas, contesten las preguntas.

1. ¿Tienes sueños sobre tu infancia? ¿Cómo son? ¿Cuáles son los recuerdos más recurrentes de tu infancia?

2. ¿Qué personas marcaron tu infancia? ¿Sus enseñanzas todavía tienen influencia en tu vida? Menciona ejemplos específicos.

3. Cuando eras niño/a, ¿visitabas a tus abuelos? ¿Qué recuerdas de la personalidad de tus abuelos? ¿Cómo era su casa?

 Practice more at vhlcentral.com.

Los suyos

Gabriel García Márquez

El fragmento a continuación pertenece al capítulo "Los suyos" del libro de conversaciones *El olor de la guayaba* (1982). En éste, Gabriel García Márquez habla a su amigo Plinio A. Mendoza, escritor y diplomático colombiano, sobre sus experiencias.

—Mi recuerdo más vivo y constante no es el de las personas sino el de la casa misma de Aracataca donde vivía con mis abuelos. Es un sueño recurrente que todavía persiste. Más aún: todos los días de mi vida despierto con la impresión, falsa o real, de que he soñado que estoy en esa casa. No que he vuelto a ella, sino que estoy allí, sin edad y sin ningún motivo° especial, como si nunca hubiera salido de esa casa vieja y enorme. Sin embargo, aun en el sueño, persiste el que fue mi sentimiento predominante durante toda aquella época: la zozobra nocturna. Era una sensación irremediable que empezaba siempre al atardecer°, y que me inquietaba aun durante el sueño hasta que volvía a ver por las hendijas° de las puertas la luz del nuevo día. No logro° definirlo muy bien, pero me parece que aquella zozobra tenía un origen concreto, y es que en la noche se materializaban todas las fantasías, presagios y evocaciones de mi abuela.

reason

dusk

cracks

am not able to

> De día, el mundo mágico de la abuela me resultaba fascinante, vivía dentro de él, era mi mundo propio. Pero en la noche me causaba terror.

Esa era mi relación con ella: una especie de cordón invisible mediante el cual nos comunicábamos ambos con un universo sobrenatural. De día, el mundo mágico de la abuela me resultaba fascinante, vivía dentro de él, era mi mundo propio. Pero en la noche me causaba terror. Todavía hoy, a veces, cuando estoy durmiendo solo en un hotel de cualquier lugar del mundo, despierto de pronto agitado por ese miedo horrible de estar solo en las tinieblas, y necesito siempre unos minutos para racionalizarlo y volverme a dormir. El abuelo, en cambio, era para mí la seguridad absoluta dentro del mundo incierto de la abuela. Sólo con él desaparecía la zozobra, y me sentía con los pies sobre la tierra y bien establecido en la vida real. Lo raro°, pensándolo ahora, es que yo quería ser como el abuelo —realista, valiente, seguro—, pero no podía resistir a la tentación° constante de asomarme al mundo de la abuela. ∎

strange

temptation

Análisis

1 **Comprensión** En parejas, indiquen si las oraciones son **ciertas** o **falsas**. Luego corrijan las falsas.

1. Cuando era niño, García Márquez vivía en la misma casa con sus abuelos.

2. El recuerdo más vivo y constante de García Márquez es el de las personas que lo rodeaban en su infancia.

3. La sensación de zozobra del niño comenzaba al amanecer.

4. Los comentarios de la abuela ayudaban al niño a dormir bien en la noche.

5. Cuando García Márquez era adulto, todavía lo afectaba la misma zozobra nocturna de su infancia.

6. El mundo mágico de su abuela le resultaba fascinante al niño.

7. Para el niño García Márquez, su abuelo significaba una figura de incertidumbre.

8. Para García Márquez, su abuela representaba la fantasía y su abuelo la realidad.

2 **Interpretación** En parejas, contesten estas preguntas.

1. ¿Por qué creen que García Márquez tenía sueños recurrentes sobre la casa de Aracataca?

2. ¿Cuál era el origen de la zozobra nocturna de García Márquez niño?

3. ¿Esa sensación de zozobra era diaria o de vez en cuando? ¿Desapareció cuando él se hizo adulto?

4. Al hablar sobre la relación con su abuela, el autor dice que tenían "una especie de cordón invisible mediante el cual nos comunicábamos ambos con un universo sobrenatural". ¿A qué se refiere con ese "cordón invisible"?

5. El autor dice que se "sentía con los pies sobre la tierra" cuando estaba con su abuelo. ¿Qué quiere decir con esta expresión?

6. Según algunos críticos, los abuelos de García Márquez han tenido influencia en su obra y en el desarrollo del llamado "realismo mágico". ¿Están de acuerdo con esta opinión? ¿Qué aspectos de la personalidad de sus abuelos y de su relación con ellos permiten afirmarlo?

3 **Comentario literario** En grupos de tres, lean este comentario de Dasso Saldívar, biógrafo de García Márquez y úsenlo, además de la lectura, para conversar sobre las influencias tempranas de García Márquez.

> Cuando, después de la muerte del abuelo en 1937, García Márquez salió de Aracataca para vivir con sus padres en Barranquilla, contaba diez años y llevaba en su memoria los hechos, lugares, personajes e historias esenciales que habrían de nutrir gran parte de sus cuentos y novelas.

4 **Los abuelos** Entre todos, lean las citas y digan si están de acuerdo o no. Respalden (*Support*) sus respuestas con ejemplos de la lectura, experiencias personales o anécdotas que conozcan.

> "Los abuelos son los ángeles de los nietos". *Martín Breton*

> "Los abuelos, al igual que los héroes, son tan necesarios para el crecimiento de los niños como las vitaminas". *Joyce Allston*

> "Nadie puede hacer por los niños lo que hacen los abuelos. Salpican una especie de polvo de estrellas sobre sus vidas". *Alex Haley*

> "Algunos de los mejores educadores del mundo son los abuelos". *Charles W. Shedd*

5 **La infancia** En parejas, conversen sobre la infancia. ¿Cuáles son las cosas o lugares que más recuerdan? ¿Y cuáles son las personas que más recuerdan? ¿Por qué? ¿Qué influencias tuvieron las personas mayores (como los abuelos o los tíos)? Cuando sentían algún miedo, ¿sus padres o familiares les enseñaban cómo enfrentarlo?

6 **Debate** Conformen dos grupos. El **Grupo A** debe defender esta opinión: lo más importante para un escritor son las ideas fantásticas, los sueños y el pensamiento mágico. El **Grupo B** debe defender esta otra opinión: un escritor debe basar toda su escritura en la realidad, en lo concreto, sin muchas referencias a la fantasía. Encuentren argumentos convincentes para su posición y puntos débiles en la posición contraria, y debatan qué criterio sobre la literatura les parece más acertado. ¿Pueden encontrar un término medio que concilie las dos posiciones?

Grupo A: Los escritores deben referirse sobre todo a la imaginación y la fantasía.

Grupo B: Los escritores deben referirse sobre todo a la realidad, a lo concreto.

7 **Situaciones** En parejas, desarrollen estas situaciones e improvisen un diálogo. Usen algunas de las palabras que aparecen a continuación. Al terminar de prepararlo, represéntenlo frente a la clase.

asustarse	miedo	sueño
incertidumbre	presagio	temer
influencia	recuerdo	tinieblas
inquietar	soñar	zozobra

A
Últimamente, un(a) amigo/a tuyo/a tiene dificultades para conciliar el sueño (*get to sleep*) y te pide consejo. Tú recuerdas que tuviste el mismo problema y que utilizaste algunas estrategias para volver a dormir bien. Dile a tu amigo/a cómo puede conciliar el sueño y dormir mejor.

B
Un(a) paciente va a ver a un(a) psicólogo/a. El/La paciente le describe sus miedos (a la oscuridad, a los bichos, a los fantasmas, a los monstruos, a las alturas, etc.) y el/la psicólogo/a le hace preguntas y le da consejos.

 Practice more at **vhlcentral.com**.

Preparación Vocabulary Tools

Sobre el autor

Las obras del argentino **Joaquín Salvador Lavado**, conocido como Quino, se comenzaron a publicar en 1954 en Buenos Aires. Después de diez años de publicar dibujos de humor gráfico, Quino creó a Mafalda, su personaje más querido. A través de Mafalda, una niña que vivía en la Argentina de los años 60 y 70, Quino reflexionaba sobre la situación política y social del mundo. En 1973, Quino dejó de publicar Mafalda y empezó a dibujar otras historias con un humor que, según las palabras del propio dibujante, quizás fuera "menos vivaz pero tal vez algo más profundo".

Vocabulario de la tira cómica	Vocabulario útil	
	aplastar *to squash*	**matar** *to kill*
	aterrizar *to land*	**la nada** *nothingness*
podrido/a *fed up*	**la cueva** *cave*	**el pasadizo** *passage*
el ratón *mouse*	**deshabitado/a** *uninhabited*	**el recogedor** *dustpan*
	la escoba *broom*	**la viñeta** *comic panel*
	la linterna *flashlight*	

1 **Adivinar** En parejas, miren la primera viñeta de la tira cómica e imaginen qué va a pasar. Después, compartan sus predicciones con la clase.

2 **Otros mundos** ¿Creen que sin imaginación hubiera sido posible realizar viajes espaciales? ¿Por qué?

Análisis

1 **Narrar** En parejas, cuéntense qué ocurre en la tira cómica. Usen palabras de la lista de vocabulario.

2 **Un poco de fantasía** En parejas, contesten las preguntas sobre la tira cómica. Sean creativos.

1. ¿Qué año es?
2. ¿De dónde es el astronauta?
3. ¿Qué misión tiene?
4. ¿A qué planeta ha llegado?
5. ¿Cómo es la vida en ese planeta?
6. ¿Cómo son sus habitantes?

3 **Inventar** En grupos pequeños, imaginen otro final para la historia, a partir de la viñeta seis.

4 **Otro viaje** En parejas, cuéntense un viaje con el que hayan soñado. Después, compartan el viaje de su compañero/a con la clase.

 Practice more at **vhlcentral.com**.

Viaje espacial de **Quino**

¿(Para)normal y (sobre)natural?

A veces, los periódicos presentan noticias extrañas. Algunos creen que esas noticias relatan hechos paranormales o sobrenaturales. Otros piensan que hablan de farsas o de acontecimientos que tienen una explicación lógica o científica. ¿Cuál es tu posición? ¿Cómo presentarías una de estas noticias al público?

El Mundo

Buscan establecer relación entre ovnis y la sequía

Excursionistas sorprendidos por hombre lobo

¿Abuela muerta salva a su nieta de ahogarse?

Plan de redacción

Planea

1 **Elige el tema y tu posición** Lee los tres titulares del periódico. Escribe un artículo periodístico correspondiente a uno de ellos. ¿Existe una explicación lógica o se trata de un hecho sobrenatural o paranormal? ¿Existen antecedentes de hechos similares? Relata la información de manera clara y concisa. Utiliza los verbos **ser** y **estar** y las preposiciones que necesites.

Escribe

2 **Introducción** Presenta a los protagonistas y describe los hechos.

3 **Desarrollo** Explica lo sucedido, incluyendo antecedentes y citas de especialistas.

4 **Conclusión** Resume brevemente tu postura y saca conclusiones.

Comprueba y lee

5 **Revisión** Lee tu artículo periodístico para mejorarlo.

- Asegúrate de que el estilo corresponda a un artículo periodístico.

- Si es necesario, cambia el titular para indicar cuál es tu postura.

6 **Lee** Lee el artículo a tus compañeros de clase. Ellos tomarán notas y luego te harán preguntas.

⚊⚊ Creadores de realidad

Los videojuegos son una nueva forma de arte, pero, a diferencia de los libros o las películas, llegan a un nivel de interactividad nunca antes conocido. ¿Qué consecuencias puede tener esta posibilidad de crear realidad? ¿Existe el peligro de perder el control? ¿Los límites entre realidad y fantasía pueden desaparecer y generar víctimas reales? ¿Cuáles son los beneficios de esta forma de entretenimiento?

1 La clase se divide en grupos pequeños. Lean las opiniones y elijan la que les parece más acertada. Si tienen experiencia personal con el tema, aporten sus historias para sustentar el punto de vista que defienden.

"Existe una profunda desconfianza puritana por la fantasía, que experimentan aquellos que confunden la fantasía —que en sentido psicológico es una facultad universal y esencial de la mente humana— con el infantilismo y la regresión patológica." Ursula K. Le Guin

"Con los videojuegos puedes hacer las cosas más peligrosas, porque sabes que no arriesgas el pescuezo. Es el mejor invento para liberar la ira sin hacerte daño ni lastimar a nadie." Marisa Castillo

"Por culpa de los videojuegos hay más violencia en la calle y en las escuelas, y a los niños matar les parece un juego." Jorge González

"Con los videojuegos, la gente se vuelve un robot. Creen que, con apretar un botón, todo se arregla, y sin consecuencias para nadie. Pero en la vida real no es así." Marta Bernal

"Para hacerse los pacifistas, los políticos acusan a los videojuegos, pero mandan a los jóvenes a la guerra sin ningún problema. No conozco a ningún aficionado a los videojuegos que sea realmente violento." Pablo Ramírez

"Está probado que los videojuegos te pueden volver adicto, igual que las drogas. Además, los que juegan a esas cosas son niños que nunca crecen, como Peter Pan." Claudia Iraola

2 Cada grupo presenta a la clase la opinión que eligieron y las razones por las que lo hicieron. En el caso de que no todos los miembros del grupo estén de acuerdo, expliquen las distintas opiniones que hay dentro del grupo.

3 Presten atención a los argumentos de los otros grupos, porque pueden mostrar algún aspecto que no habían visto antes. Hagan las preguntas que sean necesarias y cuestionen los argumentos que les parezcan débiles o disparatados.

4 Intenten llegar a una conclusión final. Analicen qué aspectos generan más desacuerdo y cuáles obtienen más acuerdo o aprobación.

Una cuestión de personalidad

La personalidad se suele definir como el conjunto de características que distinguen a un individuo de otro. Estos rasgos y conductas determinan la manera que tiene una persona de relacionarse con los demás y de enfrentarse al mundo.

¿Cómo eres? ¿Está tu comportamiento guiado por tu personalidad? ¿De qué forma? Da algunos ejemplos. ¿Cuál sería la personalidad ideal?

Preparación

 Vocabulary Tools

Vocabulario del corto

atropellar *to run over*
el cajón *drawer*
el capricho *whim*
la consulta *inquiry*
el DNI (Documento Nacional de Identidad) *ID*
facilitar *to provide*
la factura *bill*

hueco/a *hollow*
el ordenador (Esp.) *computer*
superar *to exceed*
suplicar *to plead*
el (teléfono) móvil (Esp.) *cell (phone)*
el/la usuario/a *customer*
vaciar *to empty*

Vocabulario útil

comportarse *to behave*
conmover *to move (emotionally)*
los datos personales *personal information*
desesperar(se) *to become exasperated; to despair*
desistir *to give up*
la esperanza *hope*
la (in)comprensión *(lack of) understanding*
intransigente *unyielding*
luchar por *to fight for*

EXPRESIONES

Ahora te la paso. *Here she is./ I'll put her on. (on the phone)*

dar de baja *to cancel (a service)*

Figúrate qué ambientazo. *Imagine the mood.*

Indicarle que… *I must inform you that . . .*

¿Me pones con un supervisor? *Can I speak with a supervisor?*

no constar *to be unavailable; to not appear*

saltarse una norma *to break a rule*

1

Crucigrama Completa el crucigrama con palabras de la lista de vocabulario.

Horizontal

2. cuenta con los precios de los artículos vendidos o los servicios realizados
4. quien usa un servicio
5. exceder un límite
7. mover fuertemente a alguien
9. sacar el contenido
10. pedir con humildad

Vertical

1. abandonar
3. deseo pasajero
6. actuar bien
8. que tiene vacío el interior

2

Rebelde con causa Trabajen en grupos de tres. Cada uno/a debe compartir una experiencia en la cual no pudo convencer a otra persona de que le hiciera un favor.

- ¿Con quién hablaron?
- ¿Qué favor pidieron?
- ¿Cómo reaccionaron? ¿Se desesperaron?
- ¿Desistieron o insistieron?
- ¿Qué recursos de persuasión emplearon para conseguir lo que querían?
- ¿Cómo se sintieron cuando la conversación terminó?

3

La paradoja de la comunicación Trabajen en grupos de tres y digan si están de acuerdo con estas afirmaciones. Expliquen sus respuestas.

1. Hablando se entiende la gente.
2. A veces, el silencio mejora la comunicación.
3. Es más fácil comunicarse con un ordenador que con una persona.
4. La personalidad de los individuos tiene un papel importante en la comunicación.
5. Las nuevas tecnologías afectan de manera negativa las relaciones personales.

4

Atención al cliente En grupos, conversen sobre sus experiencias con el servicio de atención al cliente de alguna empresa.

- ¿Han llamado ustedes alguna vez al servicio de atención al cliente? ¿Cómo fue la experiencia?
- ¿Cómo suele ser la personalidad de los operadores? ¿De qué forma su comportamiento está restringido debido a las normas de las compañías?
- ¿Cómo prefieren ustedes comunicarse con el servicio de atención al cliente? ¿Por teléfono? ¿Por *chat*? ¿Cara a cara?
- ¿Alguna vez les ha frustrado hablar con el servicio de atención al cliente? ¿Por qué?
- ¿Piensan que las normas para los trabajadores de estos servicios son extremas? ¿En qué circunstancias sería justificable saltarse las normas?

5

Anticipar En parejas, observen los fotogramas y contesten las siguientes preguntas.

Nuria: operadora

Enrique: usuario

- ¿Qué relación hay entre los dos personajes principales de esta historia?
- ¿Quién llama a quién? ¿Cuál es el propósito de la llamada?
- ¿Por qué piensan que se llama *Diez minutos*?
- ¿Creen que tiene un final feliz? ¿Tiene moraleja (*moral*)?

 Practice more at **vhlcentral.com**.

FICHA **Personajes** Nuria y Enrique **Duración** 16 minutos **País** España **Año** 2004

ESCENAS Video

Nuria Airfone, buenas noches, mi nombre es Nuria. ¿En qué puedo ayudarle?
Enrique Vamos a ver, es muy sencillo. A las 19:35 de esta tarde se ha hecho una llamada desde este teléfono. Quería saber a qué número se ha realizado[1].

Nuria Don Enrique, indicarle que puede usted comprobar[2] en su teléfono las diez últimas llamadas realizadas.
Enrique Ya, eso ya lo sé, pero el problema es que no hay manera de que salga el número[3] porque ya he hecho más de diez llamadas.

Enrique Lo que le estoy pidiendo no es ningún capricho, es una información muy importante para mí. ¿Me entiende? Mire, mi novia me ha dejado, se ha ido esta tarde… Usted habrá estado enamorada alguna vez, ¿no?
Nuria No nos está autorizado dar ningún tipo de información personal.

Enrique Si usted me facilita ese teléfono, yo podré llamarla y hablar con ella. ¿Entiende lo importante que es para mí esa llamada?
Nuria Don Enrique, indicarle no obstante[4] que esa información no nos consta… Si usted desea hacerme otra consulta, yo le contestaré con mucho agrado[5].

Enrique ¿No puede comprender usted lo que es la desesperación?, ¿lo que es la impotencia humana? ¿Dónde vamos a ir a parar si no nos echamos una mano[6] cuando lo necesitamos? Nuria, imagínese que fuese al revés[7].

Enrique No, bueno, si tienes un cócker[8] definitivamente eres una buena persona. Ha costado saberlo[9], pero al final se sabe que eres una buena persona. Nuria, tú sabes el teléfono, ¿verdad? La llamada de las 19:35, la tienes ahí delante, ¿verdad?

[1] (the call) was made [2] check [3] the number will not appear [4] nevertheless [5] gladly [6] help each other out
[7] the other way around [8] cocker spaniel [9] It wasn't easy to find out

Nota CULTURAL

El uso del teléfono celular en España está tan extendido que cada vez son más los jóvenes que prefieren tener sólo móvil. Además de la comodidad, existen ventajas económicas. Por ejemplo, se pueden mandar mensajes de texto, que son mucho más baratos que las llamadas. Una curiosidad de la numeración de teléfonos en España es que enseguida se puede saber si un número pertenece a un teléfono fijo o a un teléfono móvil: los fijos empiezan siempre por nueve y los móviles siempre por seis. Esta información es muy importante, ya que una llamada de un teléfono fijo a un celular es más cara que una llamada a otro teléfono fijo.

- ¿Para qué usan ustedes su celular? ¿Suelen mandar mensajes de texto o prefieren llamar?

- ¿Usan Internet en su celular? ¿Para qué?

- ¿Cuáles creen que son las diferencias entre los hispanos y los norteamericanos a la hora de utilizar su celular?

EN PANTALLA

Ordenar Ordena estas acciones según las vas viendo.

___ a. Enrique localiza a su novia.

___ b. Enrique está desesperado.

___ c. Enrique se enoja.

___ d. Nuria se conmueve.

___ e. Nuria se niega a ayudarlo.

___ f. Nuria está contenta.

Análisis

1 **Comprensión** Contesta las preguntas.

1. ¿Quién es Nuria? ¿Quién es Enrique?

2. ¿Qué información solicita Enrique?

3. ¿Por qué Enrique no puede comprobar esa información él mismo?

4. ¿Por qué esa información es tan importante para él?

5. ¿Por qué necesita esa información inmediatamente?

6. ¿De quién es el número de teléfono que solicita Enrique? ¿Por qué no llama directamente a su novia?

7. ¿Cuáles son las dos razones con las que le explica la operadora que no le puede facilitar esa información?

8. ¿Qué reflexión hace Enrique sobre las normas?

9. ¿Por qué al final la operadora calla cuando quiere decir que "sí"?

2 **Interpretación** Contesten las preguntas en parejas y expliquen sus respuestas.

1. ¿Por qué se frustra Enrique?

2. ¿Qué efecto causa la historia de la perrita en la operadora?

3. ¿Cómo interpreta Enrique el silencio de la operadora?

3 **Personajes secundarios** En el corto se hace referencia a personajes que nunca aparecen en pantalla. Trabajen en parejas para hacer lo siguiente.

1. identificar quiénes son

2. explicar cuál es su relación con Enrique

3. determinar la importancia de cada uno de ellos en el desarrollo de la historia

4 **Perfil de personalidad** En grupos de tres, analicen la personalidad de los protagonistas basándose en lo que aprendieron de ellos en el cortometraje. Consideren estas preguntas.

¿Qué tipo de persona es Enrique? ¿Por qué quiere recuperar (*get back*) a su novia? ¿Es una buena persona? ¿Dudaste en algún momento de sus intenciones?

¿Qué tipo de persona es Nuria? ¿Es feliz en su trabajo? ¿Disfruta del "poder" que le otorgan (*confer*) las normas de su empresa?

5 **Un encuentro** En parejas, imaginen que un año después el destino hace que Enrique y Nuria se conozcan personalmente. Improvisen una escena. Consideren estas preguntas y añadan otros detalles.

- ¿Dónde se encuentran? ¿Cómo se reconocen? ¿Están solos o acompañados?

- ¿Dónde trabaja ella? ¿Dónde vive él? ¿De qué hablan? ¿Qué hacen?

6

Momento clave En grupos de tres, lean la cita y contesten las preguntas. Ilustren sus respuestas con ejemplos del corto.

> Pero vamos a ver, ¿estoy hablando con un ordenador o estoy hablando con una persona?

1. ¿Cuál es la importancia de esta pregunta en la historia?
2. ¿Cómo demuestra Enrique que ella es una persona? Da tres ejemplos.
3. ¿Por qué él pone tanto énfasis en esta distinción?

7

Métodos de convicción En parejas, describan los pasos que utiliza Enrique para conseguir que Nuria le facilite el número. Después, debatan sobre cómo los métodos que utiliza Enrique influyen en Nuria. ¿Hasta qué punto un ser humano puede seguir las reglas? ¿Cómo habrían reaccionado ustedes en la situación de Enrique? ¿Y en la de Nuria?

8

Crítica cinematográfica En parejas, contesten las preguntas. Luego, usen sus respuestas como guía para presentar su opinión sobre el cortometraje al resto de la clase.

1. ¿Qué les llamó más la atención de este corto?
2. ¿Qué sentimientos provoca la historia en el público a medida que avanza el tiempo? ¿De qué manera logra esto el director?
3. ¿Qué sugiere el desenlace (*ending*) de la historia?
4. Lean la nota de la derecha. ¿Por qué creen que ha ganado tantos premios este cortometraje?
5. ¿Qué elementos cinematográficos hacen que un corto tenga éxito?

9

Situaciones En parejas, elijan una de las situaciones e improvisen un diálogo. Utilicen al menos seis palabras o expresiones de la lista. Cuando estén listos, represéntenlo delante de la clase.

capricho	facilitar	ordenador
comportarse	factura	saltarse una norma
consulta	indicarle que	superar
dar de baja	no nos consta	suplicar

A
Un(a) compañero/a de trabajo quiere faltar al trabajo el jueves y el viernes para irse de viaje, pero no quiere tomarse vacaciones. Quiere que esos dos días tú le digas a tu jefe/a que él/ella acaba de llamar para decir que un pariente está muy enfermo. Tú no quieres ser cómplice.

B
Eres un(a) usuario/a desesperado/a que llama al servicio de atención al cliente de una compañía de telefonía móvil para solicitar una información vital. El/La operador(a) que te atiende quiere ayudarte, pero las normas de la empresa se lo impiden. Tú intentas convencerlo/la con argumentos convincentes.

Diez minutos fue el cortometraje español más premiado en 2005. Ha acumulado más de 150 premios en festivales nacionales e internacionales, entre ellos el **Goya** (premio cinematográfico más prestigioso de España) al Mejor Cortometraje de Ficción.

 Practice more at **vhlcentral.com**.

2.1 Narración en el pasado I

 Presentation

Recuerda

En español, tanto el pretérito como el imperfecto se utilizan para hablar del pasado, pero cada uno tiene usos diferentes. En general, se usa el pretérito para narrar acciones pasadas puntuales y completas, y el imperfecto para describir acciones pasadas habituales y en progreso.

Usos del pretérito

El pretérito se usa:

- para expresar el principio y el final de una acción o un estado.

  *Enrique **empezó** a desesperarse.*

- para expresar acciones completas.

  *Marta **hizo** una llamada desde el móvil de Enrique.*

- para narrar una serie de acciones.

  *Marta **vació** los cajones, **empacó** sus cosas, **cerró** las maletas y **se fue**.*

- para indicar un cambio de estado.

  *La novia de Enrique **se alegró** mucho cuando le salió el trabajo en Nueva York.*

Usos del imperfecto

El imperfecto se usa:

- para describir una acción o un estado sin principio ni final.

  *Todos **adorábamos** a nuestro perrito.*

- para expresar acciones habituales.

  *Cuando **éramos** niños, nuestros padres siempre nos **llevaban** a la escuela.*

- para describir estados mentales, físicos y emocionales.

  ***Estaba** cansado. **Necesitaba** ese número y no **sabía** qué más decir para conseguirlo.*

- para decir la hora.

  ***Eran** las siete y treinta y cinco de la tarde.*

- para referirse al futuro desde el punto de vista del pasado.

  *La novia de Enrique dijo que **se marchaba** a Nueva York.*

La combinación del pretérito y el imperfecto

- Cuando se narran hechos del pasado, es común combinar ambos tiempos. El imperfecto se suele utilizar para describir el trasfondo (*background*), mientras que el pretérito se usa para narrar los eventos que ocurrieron en ese trasfondo.

  *Cuando **era** niño, **tenía** una perrita. **Se llamaba** Mina. La **adorábamos** todos. Una Nochebuena se **perdió**. **Bajó** con mi padre a hacer las compras y **desapareció**. **Estuvimos** todo el día desesperados buscándola. No **aparecía**. Y nada, **nos pusimos** a cenar.*

- Dado que el pretérito y el imperfecto se usan para narrar diferentes aspectos del pasado, hay expresiones temporales que tienden a usarse con el pretérito y otras con el imperfecto.

Verbos con significado diferente en el pretérito y el imperfecto

Algunos verbos tienen un significado diferente según se usen en el pretérito o el imperfecto. Su significado puede tener también un matiz diferente dependiendo de si se usan en afirmativo o negativo.

	Pretérito	Imperfecto
tener	*to get; to receive* Enrique **tuvo** una visita inesperada de su novia.	*to have* Enrique **tenía** los números de las últimas llamadas.
saber	*to find out; to discover* Al final, Enrique **supo** el número de teléfono.	*to know* Nuria **sabía** el número desde el principio.
querer	*to try* Enrique **quiso** averiguar el número.	*to want* Enrique **quería** hablar con su novia.
no querer	*to refuse* Enrique **no quiso** rendirse.	*not to want* Nuria **no quería** arriesgarse a perder su trabajo.
conocer	*to meet (for the first time)* Enrique **conoció** a su novia en una fiesta.	*to know about; to be familiar with* Enrique **conocía** muchos trucos de convicción.
poder	*to manage to; to succeed in* Enrique **pudo** hablar con su novia.	*to be able to; to have the ability to* La novia de Enrique **podía** entender muy bien inglés.
no poder	*to be unable to (and not do)* Nuria **no pudo** contener sus sentimientos por más tiempo.	*to be unable to (in a general sense)* La perrita de Enrique **no podía** volver a casa porque se había perdido.

AYUDA

Expresiones temporales usadas con el pretérito
anoche
ayer
de repente
entonces
finalmente
inmediatamente
primero
una vez
el verano/mes/año pasado

Expresiones temporales usadas con el imperfecto
a medida que
a veces
(casi) nunca
(casi) siempre
con frecuencia
en aquel entonces
mientras
muchas veces
todos los días/meses/años

Práctica

1

Un final feliz Completa la historia con el pretérito o el imperfecto de los verbos.

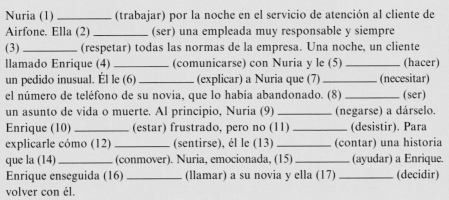

Nuria (1) _____ (trabajar) por la noche en el servicio de atención al cliente de Airfone. Ella (2) _____ (ser) una empleada muy responsable y siempre (3) _____ (respetar) todas las normas de la empresa. Una noche, un cliente llamado Enrique (4) _____ (comunicarse) con Nuria y le (5) _____ (hacer) un pedido inusual. Él le (6) _____ (explicar) a Nuria que (7) _____ (necesitar) el número de teléfono de su novia, que lo había abandonado. (8) _____ (ser) un asunto de vida o muerte. Al principio, Nuria (9) _____ (negarse) a dárselo. Enrique (10) _____ (estar) frustrado, pero no (11) _____ (desistir). Para explicarle cómo (12) _____ (sentirse), él le (13) _____ (contar) una historia que la (14) _____ (conmover). Nuria, emocionada, (15) _____ (ayudar) a Enrique. Enrique enseguida (16) _____ (llamar) a su novia y ella (17) _____ (decidir) volver con él.

2

Justificaciones Enrique y Marta rompieron la relación y cada uno justifica su punto de vista. En grupos de cuatro, una pareja escribe el punto de vista de Enrique y la otra, el de Marta. Luego lean las dos versiones en voz alta y la clase decidirá quién da los mejores argumentos: Enrique o Marta. Usen el pretérito y el imperfecto de los verbos **tener, saber, querer, conocer** y **poder.**

Practice more at vhlcentral.com.

2.2 Narración en el pasado II  Presentation

Recuerda

Además del pretérito y el imperfecto, hay otros tiempos que se utilizan para hablar del pasado, como el pretérito perfecto y el pretérito pluscuamperfecto.

El pretérito perfecto

- El pretérito perfecto se usa para describir acciones del pasado desde el punto de vista del presente. Es decir, describe acciones que se han completado recientemente o que todavía repercuten en el presente.

*A las 19:35 de esta tarde **se ha hecho** una llamada desde este teléfono. Quería saber a qué número **se ha realizado**.*

- El pretérito perfecto se suele utilizar con expresiones temporales como **esta semana, hoy, todavía, ya, últimamente, alguna vez/dos veces, nunca** y **siempre**. A diferencia del inglés, estas expresiones no pueden ir entre el verbo **haber** y el participio.

   *Enrique **ya se ha comunicado** con su novia.*

   *Le ha salido un trabajo estupendo en Nueva York, lo que **siempre ha querido**, su sueño.*

- Algunos verbos tienen participios irregulares.

abrir	abierto	morir	muerto
cubrir	cubierto	poner	puesto
decir	dicho	resolver	resuelto
describir	descrito	romper	roto
descubrir	descubierto	satisfacer	satisfecho
escribir	escrito	ver	visto
hacer	hecho	volver	vuelto

- Para expresar que una acción ocurrió hace poco, en vez del pretérito perfecto se suele utilizar la expresión **acabar de** + [*infinitivo*].

   *La novia de Enrique **acaba de irse** de casa.*

El pretérito pluscuamperfecto

- El pretérito pluscuamperfecto se usa para describir una acción que ocurrió con anterioridad a otro evento pasado.

   *Cuando Enrique miró en su móvil, el número de teléfono ya **había desaparecido**.*

- Cuando se usa con el pretérito, el pretérito pluscuamperfecto define el orden de la secuencia de eventos. Es decir, clarifica que un evento (pretérito pluscuamperfecto) ocurrió antes que otro (pretérito).

   *Todo **había empezado** cuando la novia de Enrique **consiguió** el trabajo el martes pasado.*

- El pretérito pluscuamperfecto también se puede usar aisladamente. En estos casos, sin embargo, la secuencia de eventos se intuye gracias al contexto.

  > *Resulta que ella **había mandado** su currículum hacía un par de meses a una empresa neoyorquina que se dedica a la exportación.*

  > *Se me **había olvidado** el cero.*

- El pretérito pluscuamperfecto se suele utilizar con expresiones temporales como **antes**, **aún**, **todavía** y **ya**. Al igual que con el pretérito perfecto, estas expresiones no pueden ir entre el verbo **haber** y el participio.

  > *A Nuria **todavía** no la **habían ascendido** en la compañía Airfone.*

  > *Nunca **había sentido** un silencio igual.*

AYUDA

Para describir acciones en progreso que ocurrieron con anterioridad a otro evento, se usa el pretérito pluscuamperfecto progresivo. Este tiempo se forma con el pretérito perfecto de **haber** y un gerundio.

*La novia de Enrique **había estado esperando** esta oferta durante dos meses.*

Práctica

1

Nota de despedida Imagina que la novia de Enrique le deja una nota de despedida. Complétala con el pretérito perfecto o el pluscuamperfecto de los verbos.

Querido Enrique:

Sé que últimamente tú (1) _____ (estar) muy ocupado con los estudios y no (2) _____ (interesarse) en lo que estaba pasando en mi vida. Quiero que sepas que a mí todavía no me (3) _____ (ofrecer) el puesto cuando decidí romper nuestra relación. El motivo por el que no quiero seguir con lo nuestro es que en los últimos meses nosotros (4) _____ (discutir) mucho. Además, me dolió mucho que no vinieras a la fiesta de cumpleaños de mi padre. Aquella mañana, yo les (5) _____ (hablar) mucho a mis padres de ti. Nunca me (6) _____ (sentir) tan decepcionada como cuando empezó la fiesta y no te vi, pero, bueno, eso es algo que ya (7) _____ (pasar). Por otro lado, esta última semana (8) _____ (sentirse) bastante sola. Ya sé que el martes y el miércoles estabas de exámenes, pero no me (9) _____ (decir) que el jueves estuviste esquiando. Me (10) _____ (tener) que enterar por terceras personas. En fin, (11) _____ (ser) muy difícil tomar esta decisión y nunca antes me (12) _____ (ver) en una situación similar, pero mi decisión es definitiva. Espero que sigamos en contacto y que seamos buenos amigos. Te escribiré desde Nueva York.

Te deseo lo mejor.

Un saludo,

Tu ex

2

Enrique y Nuria En parejas, imaginen que la novia de Enrique se va para siempre y Enrique llama a Nuria para invitarla a comer. Escriban la conversación telefónica que ellos mantuvieron. Utilicen el pretérito perfecto y el pluscuamperfecto. Después, representen su conversación ante la clase.

Modelo —Hola, Nuria. ¿Cómo estás? He estado pensando en ti.

  —¿Qué tal, Enrique? ¿Pudiste localizar a tu novia? Nunca había hecho algo así por ningún cliente, para que lo sepas…

Practice more at vhlcentral.com.

Preparación

 Vocabulary Tools

Vocabulario de la lectura		Vocabulario útil
la ambición *ambition*	**la ecuación** *equation*	**la amabilidad** *kindness*
asequible *attainable*	**entristecer** *to sadden*	**duradero/a** *lasting*
la autoestima *self-esteem*	**la estupidez** *stupidity*	**el entusiasmo** *enthusiasm*
el bienestar *well-being*	**la expectativa** *expectation*	**evadir** *to avoid*
la clave *key*	**el/la investigador(a)** *researcher*	**la generosidad** *generosity*
la depresión *depression*	**la meta** *goal*	**la humildad** *humility*
el descubrimiento *discovery*	**el olvido** *forgetting*	**la infelicidad** *unhappiness*
desgraciado/a *unhappy, unfortunate*	**la seguridad** *safety*	**la integridad** *integrity*
	sumar *to add*	**la lealtad** *loyalty*

1 **Vocabulario** Completa el mensaje electrónico con palabras de la lista de vocabulario.

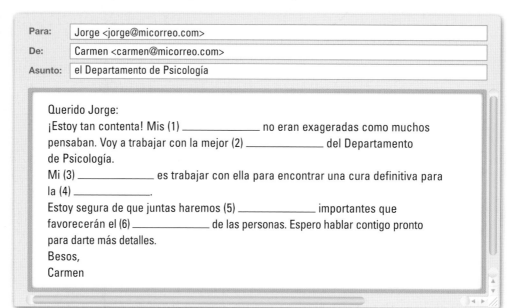

Para: Jorge <jorge@micorreo.com>

De: Carmen <carmen@micorreo.com>

Asunto: el Departamento de Psicología

Querido Jorge:

¡Estoy tan contenta! Mis (1) _____ no eran exageradas como muchos pensaban. Voy a trabajar con la mejor (2) _____ del Departamento de Psicología.

Mi (3) _____ es trabajar con ella para encontrar una cura definitiva para la (4) _____.

Estoy segura de que juntas haremos (5) _____ importantes que favorecerán el (6) _____ de las personas. Espero hablar contigo pronto para darte más detalles.

Besos,

Carmen

2 **El decálogo de la felicidad** En parejas, escriban, por orden de importancia, las diez cosas que los hacen más felices. Después, compartan su lista con la clase y expliquen por qué la ordenaron de ese modo. ¿Existe consenso sobre las claves de la felicidad o las opiniones son muy distintas?

3 **La felicidad** En parejas, contesten las preguntas.

1. ¿Son ustedes felices? ¿Por qué?

2. ¿Quién es la persona más feliz que conocen? ¿Cómo es?

3. En su opinión, ¿en qué consiste la felicidad?

4. ¿Es la felicidad hereditaria o creen que se aprende a ser feliz?

5. ¿Es la felicidad una ciencia exacta? ¿Creen que hay fórmulas para ser feliz?

6. ¿Piensan que la sociedad determina el concepto de felicidad? ¿De qué manera?

7. ¿Creen que existen sociedades más felices que otras? ¿Cuáles?

 Practice more at **vhlcentral.com**.

Las cuatro fórmulas científicas de Reading

la felicidad

Felicidad = Características personales
+ 5 (Necesidades básicas)
+ 3 (Necesidades adicionales)

Decía la canción: "Tres cosas hay en la vida: salud, dinero y amor", pero hoy sabemos, gracias a las últimas investigaciones, que estos tres términos no son más que uno de los componentes de la felicidad. ¿Cuáles son los otros componentes? Las características personales como el optimismo, la flexibilidad, la extroversión; las necesidades básicas, que incluyen la salud, el dinero, el amor y la seguridad personal; y, para terminar, las necesidades adicionales: la autoestima, las expectativas, las relaciones profundas y las ambiciones.

Si crees en las estadísticas, claro. Y si te fías° de la lectura que hacen de ellas los investigadores británicos Carol Rothwell y Pete Cohen, una psicóloga y un "asesor° de estilos de vida°", que afirman que han encontrado la ecuación de la felicidad. Para obtenerla, encuestaron° a mil voluntarios, y de sus respuestas concluyeron que el nivel de felicidad de una persona tiene los siguientes ingredientes y en las siguientes proporciones (casi culinarias): La felicidad es igual al conjunto° de características de la persona sumadas a° las necesidades básicas (multiplicadas por cinco) sumadas a las necesidades adicionales (multiplicadas por tres).

trust

consultant
lifestyle

surveyed

whole
plus

El tipo y el equipo de fútbol

It's as simple as that .

Así de fácil°. Para los autores, su "descubrimiento" tiene el mérito de "ser la primera ecuación que permite a las personas poner cifras° a su estado emocional". No todos están de acuerdo. El autor del libro *La felicidad*, José Manuel Rodríguez Delgado, se muestra así de tajante°: "Es una estupidez: ninguna ecuación matemática podrá definir

figures

categorically

[**¿Existe alguna "receta"?
Sean optimistas, nos dicen.**]

that of providing

data

la felicidad". Quizá el mérito de esa investigación sea el de aportar° algunos datos° estadísticos. Gracias a ellos, sabemos que hombres y mujeres obtienen de forma diferente su felicidad —por ejemplo, ellos, del triunfo deportivo, de su equipo, claro; y ellas, de... ¡adelgazar°! Otros estudios apuntan° que lo indicado para ser feliz es ser mujer y mayor de 30, que la inflación nos entristece y la democracia nos alegra.

to lose weight

note

"Qué voy a hacerle, soy feliz", confesaba avergonzado° Pablo Neruda[1]. La felicidad ha tenido a menudo mala prensa, como si el desgraciado fuera más lúcido, más digno de estudio. La psicología ha sido durante mucho tiempo una ciencia de la enfermedad que ha ignorado un aspecto del ser humano más frecuente de lo que se pensaba. Como apuntan los psicólogos María Dolores Avia y Carmelo Vázquez en su obra *Optimismo inteligente*, "la investigación tiene una deuda pendiente° con emociones importantísimas". Una deuda que se está saldando° gracias a la llamada "psicología positiva", que analiza las emociones gratificantes, que define la salud no como ausencia de enfermedad, sino como estado de bienestar.

ashamed

an unpaid debt

is being paid off

Los placeres terrenales

Pero ¿qué es la felicidad desde el punto de vista psicológico? Los expertos han dudado entre dos ideas. Una, la felicidad concebida° como orientación hacia objetivos que uno valora°, no su satisfacción plena, porque la falta de las cosas deseadas es elemento indispensable de la felicidad, y otra, la más sencilla: felicidad como hedonismo. Y la han relacionado con tres sistemas de conducta: el biológico (las necesidades más terrenales°), el social y el psicológico (autorrealización°). ¿Qué significa? Pues bien, que ante un manjar°, y con buena compañía, sentimos felicidad porque se satisfacen tanto placeres sensoriales (comer, reír) como otros más elevados (buenas relaciones sociales). Unos sin otros no dan felicidad.

conceived

values

earthly

self-fulfilment

delicious food

Menos felices, más enfermos

¿Existe alguna "receta"? Sean optimistas, nos dicen. Tenemos que convencernos de que con serlo obtendremos beneficios para nuestra salud. Un estudio afirma que los pesimistas de un grupo de estudiantes pasaron 8,6 días enfermos al mes como media°; los optimistas, sólo 3,7. En su mayor parte fueron infecciones, males vinculados con° el sistema inmunitario.

on average

related to

Pero los psicólogos apuntan más claves. Metas asequibles, no obsesionarse con uno mismo, abrirse al mundo... Y nos recuerdan que el olvido es una característica de la memoria, no un defecto. El olvido selectivo afecta positiva —normalmente— o negativamente —en casos de depresión. Las personas felices no viven menos tragedias, sino que su memoria no se "regodea°" con ellas. En las mundanas palabras de Rita Hayworth[2]: "Los dos atributos que marcaron mi felicidad son: una buena salud y una mala memoria". ∎

wallows in

[1]**Pablo Neruda** (1904-1973) célebre poeta chileno [2]**Rita Hayworth** (1918-1987) famosa actriz norteamericana

Análisis

1 **Comprensión** Contesta las preguntas.

1. Según Carol Rothwell y Pete Cohen, ¿cuáles son algunos componentes de la felicidad?

2. ¿Qué opina José Manuel Rodríguez Delgado de la ecuación de la felicidad?

3. Según el artículo, ¿qué hace felices a las mujeres y qué hace felices a los hombres?

4. Según algunos estudios, ¿qué es lo más indicado para ser feliz?

5. ¿Qué analiza la psicología positiva?

6. Desde el punto de vista psicológico, ¿cuáles son las dos ideas de la felicidad?

7. ¿Por qué somos felices cenando en un restaurante con buena compañía?

8. ¿Qué beneficio nos da el ser optimistas?

2 **Cultura y sociedad** En grupos de tres, lean la siguiente cita extraída del artículo y contesten las preguntas.

> "Sabemos que hombres y mujeres obtienen de forma diferente su felicidad —por ejemplo, ellos, del triunfo deportivo, de su equipo, claro; y ellas, de... ¡adelgazar!"

- ¿Están de acuerdo con esta afirmación? ¿Por qué?
- ¿Se sienten identificados con esta teoría? ¿Por qué?
- ¿Creen que esta idea es universal? ¿Se puede aplicar a cualquier cultura? ¿A cuáles sí? ¿A cuáles no?
- ¿Se ajusta a su cultura y sociedad? Den ejemplos.

3 **La búsqueda de la felicidad** En grupos pequeños, hablen de los medios que utilizamos para encontrar la felicidad y contesten las siguientes preguntas. Cuando hayan terminado, compartan sus opiniones con la clase. ¿Están todos de acuerdo?

> **¿Dónde buscamos la felicidad?**
>
> **¿Funcionan esos métodos? ¿Por qué?**
>
> **¿Creen que es necesario evadir la realidad para ser feliz?**

4 **¡Qué feliz fui!** Comparte con un(a) compañero/a un momento en el que fuiste muy feliz. Incluye esta información.

- ¿Cuándo fue?
- ¿Dónde estabas?
- ¿Estabas solo/a?
- ¿Qué te hizo feliz?
- ¿Serías feliz ahora en las mismas circunstancias?
- ¿Cuánto tiempo duró ese momento?
- ¿Qué aprendiste de esa experiencia?

5 **Claves** Partiendo de tus respuestas en la actividad 4, resume cuáles son para ti las claves de la felicidad. Después, compártelas con la clase. ¿Qué elementos para ser feliz son comunes en las respuestas de los compañeros de clase?

6 La felicidad de los otros En grupos pequeños, seleccionen un personaje famoso, de la vida real o de ficción, y denle cinco consejos para ser más feliz.

7 Opiniones En grupos pequeños, den sus opiniones sobre estas afirmaciones. Anoten sus opiniones y después compártanlas con la clase. ¡Intenten llegar a un acuerdo!

> Hay que ser mayor de 30 años para saber lo que es la felicidad.

> Los hombres son más felices que las mujeres.

> Cada persona debe descubrir su propio camino hacia la felicidad.

8 Situaciones En parejas, elijan una de las situaciones e improvisen un diálogo. Utilicen al menos seis palabras o expresiones de la lista. Cuando estén listos, represéntenlo delante de la clase.

autoestima	entusiasmo	generosidad
bienestar	estupidez	infelicidad
depresión	evadir	integridad
duradero/a	expectativa	meta

A
Dos amigos/as están hablando de cómo van a ser sus vidas en el futuro. Uno/a de ellos/as es muy pesimista y piensa que la felicidad no existe. La otra persona es muy optimista y cree que la felicidad puede construirse activamente.

B
Un(a) psicólogo/a y su paciente tienen diferentes opiniones sobre la felicidad. El/La psicólogo/a está seguro/a de que el/la paciente puede ser feliz si quiere. El/La paciente piensa que eso no es posible.

 Practice more at **vhlcentral.com**.

Preparación

 Vocabulary Tools

Sobre la autora

Carmen Cecilia Suárez nació en Cartagena, Colombia, en 1946. Siempre le fascinó leer, incluso cuando se lo prohibían en su adolescencia para que no perdiera el tiempo. Se doctoró en la Universidad de Florida y trabajó como profesora y asesora en diseño de programas educativos, pero también se dedicó a escribir. La publicación en 1988 de su primer libro de cuentos, *Un vestido rojo para bailar boleros*, le valió el reconocimiento de la crítica. Le siguieron otros libros de cuentos y poesía, y la inclusión en antologías literarias. En su obra cuestiona los roles que tradicionalmente se consideran masculinos y femeninos, y explora la identidad de la mujer y su sensualidad. Fundó y dirige la editorial Serpiente Emplumada.

Vocabulario de la lectura		Vocabulario útil
abandonar *to leave*	**deslumbrante** *dazzling*	**conquistar** *to win the heart of*
amenazante *threatening*	**el embrujo** *spell*	**cortejar** *to court, to woo*
el anillo de compromiso *engagement ring*	**inasible** *elusive*	**demostrar** *to show*
	locamente *madly*	**los medios** *means*
apabullante *overwhelming*		**ocultar** *to hide*

1

Elegir Indica qué palabra no pertenece al grupo.

1. a. relación   b. demostrar   c. cita   d. novio
2. a. compromiso   b. diamante   c. anillo   d. medios
3. a. deslumbrante   b. abandonar   c. fuego   d. encender
4. a. enamorarse   b. conquistar   c. demostrar   d. cortejar
5. a. casarse   b. compromiso   c. novios   d. locamente
6. a. abandonar   b. dejar   c. amenazante   d. perder

2

Opinión En parejas, contesten las siguientes preguntas.

1. ¿Crees que es necesario que exista compatibilidad para el romance? Da ejemplos.
2. ¿Qué medios usarías para conquistar a una persona?
3. ¿Qué no puede faltar en una declaración de amor?

3

Las tradiciones de cortejo En grupos pequeños, conversen sobre las tradiciones de cortejo que conocen. Discutan estas preguntas y, después, compartan sus opiniones con la clase.

- ¿Qué les parecen las distintas tradiciones de las declaraciones (*proposals*) románticas? ¿Son necesarias?
- ¿Dónde y cómo le harían una declaración romántica a un(a) novio/a?

 Practice more at **vhlcentral.com**.

Inevitable

 Reading

*É*l era signo del fuego, destellante°, chispeante°, fascinante, centelleante°, rutilante°, llameante, fulgurante°, eclipsante, jugueteante, tintineante, deslumbrante, volátil e inasible.

    Ella era signo de agua, ondulante, inundante°, sigzagueante, provocante, esquivante°, titubeante°, amenazante, apabullante, ahogante, suave y fresca.

    La relación fue un cortocircuito. ✑

destellante *twinkling* **chispeante** *sparkling* **centelleante** *blazing*
rutilante *shining* **fulgurante** *bright* **inundante** *flooding*
esquivante *dodging* **titubeante** *hesitant*

Los tiempos cambian

*C*uando tenía quince años y estaba locamente enamorada, consiguió un hechizo° garantizado —un ligue°, como dicen— para que su hombre no la abandonara nunca. Sí, era el hombre de su vida, no había ningún hombre como él.

    Hoy, 30 años después, está buscando en vano, con desesperación, alguien que deshaga° el embrujo. ✑

hechizo *charm, spell* **ligue** *bond* **deshaga** *undo, break*

Decepción

De "La otra mitad de la vida"
A Pepe González Concha In Memoriam

*F*ueron muchas las tardes en las que él recorrió los pasillos° de la Catedral, buscando el momento del día y el sitio exacto, en que la luz fuera más bella. Durante horas escuchó las mejores melodías para escoger una que transmitiera la intensidad de su sentimiento. Luego seleccionó entre miles la flor y el estuche° que llevarían su ofrenda: el anillo de compromiso.

Ese día, ella no vio la rosa fresca de Castilla con su amarilla palidez, ni el rayo de luz que los bañaba al penetrar por los vitrales°; ni sintió la suave textura del estuche púrpura, ni escuchó a Bach en el antiguo órgano del coro. Sólo dijo: ¡Qué diamante tan maravilloso!

Él nunca se casó con ella. ☙

pasillos *corridors* **estuche** *box* **vitrales** *stained-glass windows*

Carmen Cecilia Suárez

Análisis

1

Comprensión Indica si los siguientes enunciados son ciertos o falsos. Corrige los falsos.

1. En "Inevitable", la personalidad de él es como el agua.
2. La relación descrita en el primer cuento fue fácil y tranquila.
3. En "Los tiempos cambian", la mujer se enamoró cuando era muy joven.
4. En el presente, la protagonista busca una nueva forma de atar a su amor.
5. El protagonista de "Decepción" es un hombre que toma decisiones de un día para el otro.
6. Dentro del estuche no hay un anillo, sino una rosa.
7. La mujer rechaza la propuesta de casamiento.
8. La pareja nunca se casó.

2

Interpretación En parejas, contesten las siguientes preguntas.

1. ¿Cuál de los siguientes dichos te parece que se aplica al primer cuento: "Los parecidos andan unidos." o "Polos opuestos se atraen."? ¿Y al tercero?
2. ¿De qué manera imaginas que se produjo el cortocircuito de la relación?
3. ¿Qué personalidad crees que tiene la gente que busca hechizos para enamorar a alguien?
4. La situación de la mujer del segundo cuento ha cambiado con el paso del tiempo, ¿encuentras algo que, sin embargo, no cambió?
5. ¿Por qué el hombre del cuento "Decepción" pasó tanto tiempo preparando su declaración de amor? ¿Qué buscaba con sus preparativos?
6. Para ti, ¿qué tenía más valor de todo lo que le presentó a su novia? ¿Y para ella?
7. ¿Qué impresión le causó a él la reacción de la mujer?
8. ¿Cuáles son para ti las razones por las que nunca se casaron?

3

Explicaciones En grupos, escriban diálogos sobre lo que los personajes dicen que ocurrió con sus relaciones. Utilicen los datos que proporcionan los cuentos. Después, compartan sus diálogos con el resto de la clase.

> **Modelo** *Inevitable*
>
> Él: Ella me ahogaba. No podía salir a la calle sin que me interrogara…
>
> Ella: Todo tenía que ser emocionante para él. Si no, se aburría. Un día me cansé y…

4

Situaciones En parejas, elijan una de estas situaciones e improvisen un diálogo. Usen las palabras que aparecen a continuación. Después, represéntenlo frente a la clase.

abandonar	demostrar	inasible
casarse	deslumbrante	locamente
cortejar	escoger	medios

A

Una joven quiere salir con el chico de sus sueños, pero él no le presta atención. Conversa con su abuela, quien le cuenta sus experiencias y le da consejos sobre cómo debe ser y actuar para conquistarlo.

B

Un muchacho tiene que hablar con el padre de su novia para que le permita salir con ella. El padre no está nada convencido y lo interroga sobre cómo es y qué hace. Quiere estar seguro de que se trata de alguien fiable.

Preparación

 Vocabulary Tools

Sobre el autor

La escritora **Claribel Alegría** (1924) nació en Nicaragua pero vivió toda su infancia en El Salvador. En 1943 viajó a los Estados Unidos para estudiar Filosofía y Letras. Tras vivir en varios países de América y Europa, en 1985 regresó a Nicaragua para ayudar a la reconstrucción del país después de la guerra. Su obra aborda temas como el amor, la muerte, y la ausencia del ser amado, y subraya el compromiso con la democracia y la denuncia en contra de los regímenes dictatoriales y las injusticias sociales. Este poema aparece en su antología *Variaciones en clave de mí* (1993). La autora ha sido incluida en el "Dictionnaire Universel des Créatrices", publicado en Francia en el 2013.

Vocabulario de la lectura		Vocabulario útil
despojar *to rob*	**reconocer** *to recognize*	**el desprecio** *scorn*
distinto/a *different*	**el rostro** *face*	**la distorsión** *distortion*
esconder *to hide*		**parecerse a** *to look like*
el/la intruso/a *intruder*		**el parecido** *resemblance*
el/la ladrón/ladrona *thief*		**el reflejo** *reflection*
rechazar *to reject*		**la vanidad** *vanity*

1

Emparejar Empareja cada palabra con su definición.

1. reconocer   _____   a. cara o semblante
2. rostro   _____   b. que no es lo mismo
3. reflejo   _____   c. quitarle algo a una persona con violencia
4. parecerse   _____   d. imagen reflejada en una superficie
5. despojar   _____   e. mostrarse semejante
6. ladrón   _____   f. arrogancia o presunción
7. vanidad   _____   g. hombre que roba
8. distinto   _____   h. examinar algo o a alguien para establecer su identidad

2

El espejo En parejas, contesten las preguntas.

1. ¿Qué tan frecuentemente se ven en un espejo?
2. ¿La imagen mental que tienen de ustedes mismos/as es la misma que ven cuando se miran en el espejo? Descríbanla.
3. ¿Por qué la gente se mira en los espejos?
4. ¿Qué tan relacionados están los espejos y la vanidad? ¿Conocen algún cuento que involucre espejos y vanidad? ¿Cuál?
5. Los espejos han sido importantes en la mitología y forman parte de las supersticiones de muchos pueblos. ¿Conocen supersticiones relacionadas con los espejos? Descríbanlas.
6. ¿Qué obras en las que se use el espejo como recurso argumental (*plot device*) conocen?

 Practice more at **vhlcentral.com**.

La intrusa

Claribel Alegría

Audio:
Dramatic Reading

¿Quién es esa
al otro lado del espejo?
Algo tiene de mí
pero es distinta
no reconozco la sonrisa
appears on tiptoe   que asoma de puntillas° a su rostro
ni el gesto sometido
de sus manos.
¿Por qué mis anillos en sus dedos?
Se robó mi collar
mi blusa rosa.
¿Quién eres tú
intrusa?
have dared   ¿Cómo te has atrevido°
a despojarme?
Hoy mismo esconderé
todas mis joyas
en rincones
crevices   en grietas°
esconderé mis cosas.
¿Y mis ojos?
¿qué has hecho con mis ojos?
fluttering   Ese leve aletear° en las pupilas
eso es mío
lo sé.
Desde el otro lado me rechazas
rechazas a tu dueña
mockingly   y me miras con sorna°.
Pondré el espejo mirando a la pared
estarás condenada
a mirar para siempre
el muro blanco.
He ganado
ladrona.
Yo,
cerraré los ojos.
Tú,
fixed   los tendrás clavados° en el muro.

Análisis

1

Comprensión Decide si las afirmaciones son **ciertas** o **falsas**. Corrige las falsas.

1. El poema es una conversación entre una mujer y su reflejo.

2. El título del poema se refiere al reflejo en el espejo.

3. La mujer no se reconoce a sí misma en el espejo.

4. "La intrusa" lleva una blusa rosa, anillos y un collar.

5. La mujer decide prolongar la visión de su reflejo en el espejo.

2

Interpretar En parejas, contesten las preguntas.

1. ¿Por qué creen que el poema se llama "La intrusa"?

2. ¿Es "la intrusa" alguien diferente de la mujer que se mira en el espejo, o son la misma persona? Expliquen su respuesta.

3. ¿Por qué piensan que el reflejo rechaza a su dueña?

4. ¿Por qué la mujer llama "ladrona" a su reflejo?

5. ¿Por qué creen que la mujer hace énfasis en sus joyas? ¿Tienen algún significado? ¿Cuál?

6. ¿A qué se refiere la poeta al decir "he ganado"? ¿Qué ha ganado?

3

Analizar En grupos de tres, discutan estas preguntas.

1. ¿Por qué creen que la poeta ha utilizado tan pocas comas en su poema?

2. ¿Cómo describirían el tono del poema?

3. ¿Qué creen que la poeta pretendía expresar con su poema? ¿Qué pudo haberla inspirado para escribirlo?

4. ¿De dónde creen que nace la desconexión entre la mujer y su imagen en el espejo? ¿Por qué hay un mutuo desprecio?

5. ¿Qué relación creen que tiene el poema con el título del libro, *Variaciones en clave de mí* (*Variations in the key of me*)?

4

Comentar En parejas, conversen sobre estas preguntas.

1. La imagen en una fotografía es estática y se puede editar. La imagen en un espejo es dinámica, siempre cambiante; es honesta y deja al descubierto las marcas del tiempo en el cuerpo y en la cara. ¿Están de acuerdo con estas afirmaciones? ¿Qué piensan al respecto?

2. ¿Creen que el desarrollo de la personalidad se ve afectado por la apariencia física o son dos cosas independientes? Expliquen por qué.

3. ¿Para ustedes qué tiene más valor, la apariencia física o la personalidad? Expliquen su respuesta.

4. Se dice que los ojos son el espejo del alma. ¿Qué creen que significa esta expresión?

5 **Citas para pensar** En grupos de tres, lean las citas e intenten explicar su significado. Respalden (*Support*) sus respuestas con experiencias personales o anécdotas que conozcan.

> "Si aspiras a encontrarte a ti mismo, no te mires al espejo, porque allí encontrarás solamente una sombra, un extraño". *Sigmund Freud*

> "Estoy solo y no hay nadie en el espejo". *Jorge Luis Borges*

> "La poesía es un espejo que se hace más hermoso a medida que está más distorsionado". *Percy Bysshe Shelley*

> "Siempre fuiste mi espejo, quiero decir que para verme tenía que mirarte". *Julio Cortázar*

6 **Situación hipotética** Discutan estas preguntas en grupos de tres y preparen una síntesis de sus opiniones para la clase.

1. ¿Qué pasaría en la sociedad si por un motivo no especificado la creación y el uso de los espejos fueran declarados ilegales? ¿Qué efectos tendría esta ley sobre las personas?

2. ¿Cómo cambiaría la cultura si las personas no se pudieran ver en los espejos? ¿Qué industrias se verían afectadas?

3. ¿Cuáles serían las consecuencias positivas de la aplicación de una ley similar?

7 **Adaptación** En parejas, conviertan el poema en una escena de una obra de teatro en la que la mujer tenga una discusión con "la intrusa". Intercambien los diálogos escritos con otra pareja para leer y realizar las correcciones necesarias. Después de ensayar la escena, presenten su adaptación a la clase.

8 **Situaciones** En parejas, elijan una de las siguientes situaciones e improvisen un diálogo. Utilicen palabras de la lista. Cuando estén listos, represéntenlo ante la clase.

| distinto/a | parecerse a | rechazar | rostro |
| esconder | parecido | reflejo | vanidad |

A
Te miras en el espejo y en tu reflejo ves al/a la niño/a que eras en tu infancia. Entablan un diálogo en el que recuerdan las mejores anécdotas de tu niñez y los momentos dramáticos o peligrosos. Además el/la niño/a pregunta por el rumbo que has elegido en tu vida actual y las decisiones que has tomado para terminar en el lugar en el que estás actualmente.

B
Te miras en el espejo y en tu reflejo ves al/a la anciano/a en la que te convertirás algún día. Entablan un diálogo en el que recuerdan las mejores experiencias de la juventud y los momentos más críticos. El/La anciano/a aprovecha para aconsejarte y cuestionarte sobre las decisiones que tendrás que tomar en tu vida y sobre los momentos que no debes dejar de aprovechar.

Practice more at **vhlcentral.com**.

Preparación

 Vocabulary Tools

Sobre el autor

Ricardo Reyes nació en México, D.F. en 1977. Se graduó en diseño gráfico en la Escuela Nacional de Artes Plásticas en 1998 y, desde entonces, ha trabajado en los campos del diseño y la ilustración desarrollando trabajos para el periódico *El Universal* y para las compañías Nivea, Agfa, Make a Team y Dineronet.com, entre otras. Actualmente, Reyes trabaja en su estudio realizando varios proyectos, como cómics, imágenes corporativas y colaboraciones para revistas, los cuales integran el diseño gráfico y la ilustración.

Vocabulario de la lectura	
darse cuenta	*to realize*
desilusionar	*to disappoint*
odiar	*to hate*
saborear	*to savor*

Vocabulario útil	
apreciar	*to appreciate*
arrepentirse	*to regret*
despreciar	*to despise*
la época	*time (period)*
(in)maduro/a	*(im)mature*
tolerar	*to tolerate*
valorar	*to value*

1 **Cuando era niño** En parejas, contesten las preguntas y completen la tabla.

1. ¿Cómo eras cuando eras niño/a?
2. ¿En qué aspectos eres igual y en cuáles has cambiado?
3. Haz una lista de las cosas que eran más fáciles cuando eras niño/a y otra de las que eran más difíciles.

Más fácil	Más difícil

Análisis

1 **Su vida** En parejas, lean la tira cómica y digan cómo era la vida del protagonista cuando era niño y cómo es su vida de adulto.

2 **Imaginar** Imagina que puedes hablar contigo cuando eras niño/a. ¿Qué te dirías?

3 **El futuro** En parejas, preparen una lista de preguntas que se harían si pudieran hablar con ustedes mismos con veinte años más. Después, intenten responderlas. Compartan sus preguntas y respuestas con la clase.

4 **Decisiones** ¿Crees que tus respuestas en las actividades 2 y 3 podrían llegar a influir en las decisiones que tomas hoy día? ¿De qué forma? ¿Hasta qué punto tienes control de tu vida?

 Practice more at **vhlcentral.com**.

S Reading

Yo le diría de **Ricardo Reyes**

⟨⟩ ¿Crees en los astros?

Millones de personas guían sus acciones de acuerdo a lo que les indica el horóscopo. Otros sólo lo leen para divertirse. ¿Crees que los astros definen de alguna manera tu personalidad?

Aries ♈	**Leo** ♌	**Sagitario** ♐
21 marzo – 19 abril	23 julio – 22 agosto	22 noviembre – 21 diciembre
agresivo/a, extrovertido/a, dinámico/a, directo/a	ambicioso/a, egoísta, decidido/a, valiente	intelectual, agresivo/a, impaciente, optimista
Tauro ♉	**Virgo** ♍	**Capricornio** ♑
20 abril – 20 mayo	23 agosto – 22 septiembre	22 diciembre – 19 enero
obstinado/a, trabajador(a), persistente, conservador(a)	modesto/a, ordenado/a, práctico/a, reservado/a	realista, disciplinado/a, responsable, serio/a
Géminis ♊	**Libra** ♎	**Acuario** ♒
21 mayo – 21 junio	23 septiembre – 22 octubre	20 enero – 18 febrero
imaginativo/a, expresivo/a, impetuoso/a, estudioso/a	objetivo/a, justo/a, diplomático/a, materialista	independiente, sociable, temperamental, innovador(a)
Cáncer ♋	**Escorpio** ♏	**Piscis** ♓
22 junio – 22 julio	23 octubre – 21 noviembre	19 febrero – 20 marzo
cariñoso/a, sentimental, generoso/a, paciente	autoritario/a, decidido/a, competitivo/a, trabajador(a)	misterioso/a, idealista, tímido/a, artístico/a

Plan de redacción

Planea

1 Elige tu postura ¿Crees en el horóscopo? ¿Las características de tu signo coinciden con tu personalidad? ¿Crees que es casualidad? ¿Crees que, en realidad, todos los signos comparten características comunes a todos los seres humanos? Elige tu postura y piensa en argumentos que puedes usar para expresar tu opinión.

Escribe

2 Introducción Plantea tu postura sobre el horóscopo y tu opinión sobre los rasgos de la personalidad que se dan para tu signo.

3 Argumentos y ejemplos Da argumentos y ejemplos para defender tu opinión.

4 Conclusión Resume brevemente tu opinión.

Comprueba y lee

5 Revisión Repasa tu composición.

- Utiliza frases y conjunciones para presentar ejemplos y argumentos: Por ejemplo / Además / Por otra parte / Asimismo…

- Verifica que los ejemplos y argumentos sean pertinentes: ¿explican tu opinión o incluyen información adicional que no está relacionada?

- Verifica que tu conclusión retome lo planteado en la introducción y sea un resumen lógico de tus ejemplos o argumentos.

🙍🙍 ⌇⌇ ¿Innato o adquirido?

¿Qué rasgos de una persona son innatos y cuáles son adquiridos? ¿Qué factores determinan el carácter de una persona? ¿Podemos catalogarlos fácilmente como genéticos o ambientales?

1 La clase se divide en grupos pequeños. Cada grupo debe leer las opiniones y elegir una con la que estén de acuerdo y una con la que estén en desacuerdo.

> Nuestra personalidad está determinada por nuestra herencia genética. No podemos cambiar lo que ya es innato en nuestra naturaleza.

> Aunque una persona tenga la predisposición genética para comportarse de determinada manera, esto no significa que lo vaya a hacer.

> Muchas características no son hereditarias. La educación pesa más que los genes.

> Los rasgos de la personalidad están determinados exclusivamente por factores ambientales.

> El hecho de que hasta ahora los científicos no hayan descubierto los genes específicos que determinan la personalidad no significa que estos genes no existan.

2 Luego, los grupos comparten las citas elegidas y explican por qué las eligieron mientras la clase toma nota. En el caso de que no todos los miembros del grupo estén de acuerdo, expliquen las distintas opiniones que hay dentro del grupo.

3 Cuando todos los grupos terminen sus presentaciones, toda la clase debatirá el tema haciendo preguntas y defendiendo sus opiniones.

La influencia de los medios

La cultura de masas llega a nuestras vidas a través de la prensa escrita, el cine, la radio, la televisión e Internet. Estos medios nos divierten, nos informan, nos forman y nos transmiten sus valores. Esto les concede un enorme poder: ¿utilizan los medios de comunicación este poder adecuadamente? ¿Quién tiene el control de nuestras opiniones? ¿Lo tenemos nosotros o los medios de comunicación? ¿Quién elige los iconos de nuestra sociedad? ¿Qué somos: telespectadores o consumidores potenciales?

66

76

95

Preparación

Vocabulary Tools

Vocabulario del corto		Vocabulario útil
atrapado/a *trapped*	**enganchado/a** *stuck*	**el mostrador** *counter*
la avería *damage*	**el presupuesto** *estimate*	**obsoleto/a** *obsolete*
la cinta *videotape*	**las reparaciones** *repairs*	**la pila** *battery*
el disco duro *hard drive*	**el servicio técnico** *repair shop*	**el tocadiscos** *record player*
		la videocasetera *VCR*

EXPRESIONES

ir a acabar *to end up*

merecer la pena *to be worth it*

salir mejor *to make more sense*

se traspasa *for sale*

tener buena pinta *to look good*

tener muchos añitos *to be quite old*

---

1 **Vocabulario** Completa este diálogo con palabras y expresiones del vocabulario. Haz los cambios necesarios.

ANA Mi computadora de escritorio no funciona; temo que tenga una (1) _____ muy seria.

LUIS Espero que no sea el (2) _____ que almacena la información.

ANA Pues no lo sé, la computadora ni siquiera enciende: le das al botón y nada.

LUIS ¡Ay, madre! Pues eso no tiene muy buena (3) _____.

ANA Y además se ha quedado un disco compacto (4) _____ dentro; no se puede sacar.

LUIS ¿Crees que (5) _____ la pena repararla? Francamente, pienso que te (6) _____ mejor comprar una nueva.

ANA Pues es muy vieja, ¿sabes? Ya tiene muchos (7) _____.

LUIS Tu computadora es (8) _____. Compra una computadora nueva.

ANA No, primero quiero llamar al (9) _____.

LUIS Bueno, diles que te hagan un (10) _____, pero no creo que sea la mejor idea.

2 **Usar y tirar** En parejas, contesten las preguntas.

1. ¿Creen que todavía se pueden comprar cosas que sirvan para siempre? ¿Cuáles?

2. ¿Cuánto tiempo creen que pasará hasta que compren el próximo teléfono? ¿Por qué?

3. Si un objeto tiene una avería, ¿tratan de repararlo o compran uno nuevo? ¿Por qué?

4. ¿Qué aparatos obsoletos todavía usan sus padres o abuelos? ¿Y ustedes?

3 **Prejuicios** Los prejuicios consisten en valorar a los demás basándonos en nuestra primera impresión. En parejas, contesten estas preguntas.

1. ¿Creen que la primera impresión que tenemos sobre una persona es importante? Expliquen sus respuestas.
2. ¿Han juzgado alguna vez a una persona por su aspecto físico? ¿Qué pasó?
3. ¿Cuál creen que es la mejor manera de superar los prejuicios propios? ¿Y los prejuicios de los demás?
4. ¿Creen que todos podemos ser víctimas de un prejuicio en algún momento de la vida? Expliquen sus respuestas.

4 **Nostalgia** En grupos pequeños, comenten estas oraciones sobre el recuerdo y la nostalgia.

> Mirar al pasado es un deporte inútil y deprimente.

> Lo bueno del recuerdo es que nunca nos puede traicionar.

> El pasado y el futuro son lugares de la mente donde nos refugiamos del presente.

5 **Anticipar** En parejas, observen los fotogramas e imaginen de qué va a tratar el cortometraje. Consideren las preguntas y el vocabulario para hacer sus predicciones.

- ¿Qué relación puede haber entre los dos personajes que aparecen en estos fotogramas?
- ¿Qué puede estar sucediendo en el fotograma de la derecha?
- ¿Qué función creen que podría cumplir la videocámara en esta historia?

 Practice more at **vhlcentral.com**.

Burbuja Films presenta

Namnala

Con Álex Angulo, Babou Cham, Rosa Gil,
Monty Lima, Manuel Pérez Gutiérrez

Mejor cortometraje
Cortos con Ñ

Dirigido por **Nacho Solana**
Escrito por **Marcos Díez**

Mejor cortometraje
CortoEspaña Aznalcázar

Produciodo por Nacho Solana & Laura Crouan
Director de fotografía: Ignacio Aguilar
Directora de producción: Andrea Elegido
Música: Román Cano

Mejor guión original
**Rewind Festival de Vilanova
del Camí**

FICHA **Personajes** José, clienta, cliente   **Duración** 14 minutos   **País** España   **Año** 2014

ESCENAS Video

José "No se preocupe por las averías. Si se rompe su televisor, le regalamos uno nuevo". ¡Venga, hombre! ¡Le regalamos uno nuevo! Esto no puede ser, hombre.

Clienta ¿Tendrá arreglo?
José Bueno pues, arreglo… no sé. Yo creo que no le merece la pena, ¿eh? Le va a salir mejor comprarse una nueva. Están muy baratas, mire.

Clienta Pues yo no las veo tan baratas. Hombre, ¡hágame un presupuesto que se lo voy a pagar! Si le dice lo mismo a todo el mundo, va a acabar cerrando la tienda.
José Mire, si le hace ilusión, yo le hago un presupuesto… y gratis.

José Yo creo que no merece la pena arreglarla. Ahora hay otras cámaras digitales con disco duro y todas esas cosas.
Cliente No quiero otra cámara, quiero esta cámara. Necesito arreglarla, la cámara y la cinta… sobre todo la cinta…

Cliente ¿Has visto la cinta?
José He visto lo suficiente. Y ahora, por favor, márchate.
Cliente ¿Se puede ver? Quiero verla.

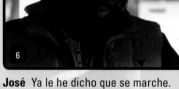

José Ya le he dicho que se marche.
Cliente Necesito verla ahora.

Nota CULTURAL

Todos los años, miles de personas cruzan el estrecho de Gibraltar, entre el sur de España y Marruecos, al norte de África. A bordo de las llamadas "pateras" (embarcaciones pequeñas operadas por organizaciones criminales) muchos africanos tratan de cruzar esos catorce kilómetros de mar que separan África de Europa: no todos lo consiguen. El Mediterráneo, un mar que ha unido culturas durante miles de años, se ha convertido en una frontera terrible, donde año tras año mueren ahogadas cientos de personas que huyen de la miseria y de la persecución.

- ¿Cómo pueden contribuir los medios de comunicación a aliviar el sufrimiento de los inmigrantes?

- ¿Creen que los gobiernos hacen todo lo posible para ayudar a los inmigrantes?

EN PANTALLA

Indica quién dijo estas frases en el corto: José, la clienta o el cliente.

_____ 1. "¡Pero al final va a acabar comprándose la tele!"

_____ 2. "Si le dice lo mismo a todo el mundo, va a acabar cerrando la tienda".

_____ 3. "Pues yo no las veo tan baratas".

_____ 4. "No quiero otra cámara, quiero esta cámara".

_____ 5. "¡No me obligues a llamar a la policía!"

Análisis

1 **Comprensión** Indica si las oraciones son **ciertas** o **falsas**. Corrige las oraciones falsas.

1. José tiene un servicio técnico.

2. Los personajes principales del cortometraje son José y un cliente.

3. La clienta se queja porque el televisor que le arregló José sigue sin funcionar.

4. José está pensando cerrar su negocio.

5. José no quiere arreglar la videocámara del cliente porque sólo arregla televisores.

6. Cuando el cliente le deja la cámara y se marcha, José avisa a la policía.

7. La cinta tenía imágenes de la pareja del cliente.

8. José le cobra cuatro euros al cliente por la reparación.

2 **Interpretar** En parejas, contesten las preguntas.

1. ¿Por qué se enoja José al leer el folleto de la tienda de televisores?

2. ¿Por qué creen que José recomienda a la clienta que compre un televisor nuevo?

3. ¿Por qué reacciona José con desconfianza al ver al cliente en su puerta?

4. ¿Creen que José disfruta de su trabajo? ¿Por qué?

3 **El poder de la mirada** En grupos, observen cómo cambia la expresión en la mirada de José a medida que ve la cinta en la videocámara. Digan qué está viendo José en cada uno de los fotogramas. Luego, describan los sentimientos que él experimenta en cada uno de ellos.

4 **Una cámara, dos personas** Podría decirse que la videocámara acaba siendo la clave de *Namnala*. En grupos pequeños, comenten la importancia de la cámara desde el punto de vista del inmigrante africano y desde el punto de vista de José. Usen las preguntas como guía.

1. ¿Por qué roba la cámara el inmigrante africano?

2. ¿Por qué creen que el inmigrante no borra el principio de la cinta que está en la cámara?

3. ¿Por qué es tan importante para el inmigrante que José le arregle esa cámara vieja y obsoleta?

4. ¿Por qué creen que José decide finalmente arreglar la cámara?

5. ¿Qué efecto tiene el trabajo de José en el inmigrante?

6. ¿Por qué la reparación de la cámara no es un trabajo más para José? ¿Cómo cambia su vida?

5 **Una historia incompleta** El director de *Namnala* sólo revela parte de la historia del inmigrante africano. En parejas, completen las partes que faltan en la historia aportando todos los detalles que puedan. Si lo desean, pueden usar estas preguntas como guía.

• ¿Cómo reaccionó ella al ver llegar a su pareja con una videocámara?

• ¿Por qué creen que el inmigrante quería grabar a su pareja con una videocámara?

• En la cinta vemos a la mujer asomada al mar. ¿Cómo describirían la expresión de su cara? ¿Qué creen que pasa después?

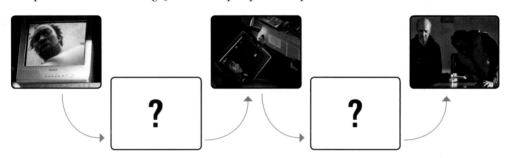

6 **Preguntas** En parejas, contesten estas preguntas.

1. José no parece interesado en el dinero. ¿Por qué creen que sigue haciendo su trabajo?

2. ¿Qué posición presenta este cortometraje ante el consumismo?

3. ¿Creen que es legítimo sentir aprecio por los objetos? ¿Por qué?

4. Al final del cortometraje, José parece haber recuperado la esperanza. ¿Por qué?

5. ¿A qué se refiere el director, Nacho Solana, cuando dice que José "está vivo porque se siente necesario"?

7 **El tema** El tema principal de la película son las segundas oportunidades. El director explica que en su cortometraje "tanto los objetos como las personas tienen una segunda oportunidad". En grupos pequeños, comenten qué otros temas se abordan en el corto.

8 **Situaciones** Un año después del final del cortometraje, José se encuentra en la calle con la clienta a quien le arregló el televisor. Ella le pregunta si sigue con su servicio técnico. En parejas, improvisen un diálogo basado en una de las dos respuestas posibles de José. Cuando estén listos, represéntenlo ante la clase.

avería	presupuesto	se traspasa
ir a acabar	reparaciones	tener buena pinta
merecer la pena	salir mejor	tener muchos añitos
obsoleto/a		

A
"Sí, ahí sigo; pero ahora también arreglo computadoras, tabletas y teléfonos celulares. Contraté a un joven informático. Es muy inteligente y lo sabe todo sobre Internet y esas cosas".

B
"No. Lamentablemente tuve que cerrarlo. Yo quería seguir, pero lo que ganaba no era suficiente para pagar el alquiler".

 Practice more at **vhlcentral.com**.

3.1 Pronombres de objeto directo e indirecto

 Presentation

Recuerda

Los pronombres son palabras que sustituyen a los sustantivos. Los pronombres de objeto directo reemplazan al sustantivo que recibe directamente la acción del verbo. Los pronombres de objeto indirecto expresan el destinatario o beneficiario de la acción del verbo.

Pronombres de objeto directo

El objeto directo de una oración es la frase nominal, pronombre o cláusula subordinada sustantiva que recibe directamente la acción del verbo.

*José arregló **el televisor**.* (frase nominal)

*José **la** ayudó.* (pronombre)

*José dijo **cuánto costaba uno nuevo**.* (cláusula subordinada sustantiva)

Pronombres de objeto directo		
me	lo/la	os
te	nos	los/las

*El otro día **me** (a mí) llamaron para arreglar un televisor viejo.*
***Lo** (el televisor) llevaron al servicio técnico.*

Pronombres de objeto indirecto

El objeto indirecto de una oración es la frase nominal, pronombre o cláusula subordinada sustantiva que completa el significado del verbo, e indica el destinatario o beneficiario de la acción.

*El inmigrante muestra la videocámara **a José**.* (frase nominal)

*José **le** dice que no puede arreglarla.* (pronombre)

*José dedica todo su esfuerzo **a que la cinta se pueda ver**.* (cláusula subordinada sustantiva)

Pronombres de objeto indirecto		
me	le	os
te	nos	les

—*Hombre, ¡hága**me** un presupuesto!*

Posición de los pronombres de objeto

Los pronombres de objeto preceden al verbo cuando éste está conjugado.

*José **le** aconseja al inmigrante que se compre otra cámara.*   *El inmigrante **lo** agradece.*

En las construcciones verbales de infinitivo, los pronombres de objeto pueden ir unidos al infinitivo o antes del verbo conjugado.

*José va a arreglar**la** por la noche.*   *José **la** va a arreglar por la noche.*

Cuando el verbo está en forma progresiva, los pronombres de objeto directo e indirecto pueden ir unidos al gerundio o ir antes del verbo conjugado.

José está explicándole que no merece la pena.   *José le está explicando que no merece la pena.*

Cuando los pronombres de objeto directo e indirecto se usan en una misma oración, el pronombre de objeto indirecto siempre precede al pronombre de objeto directo.

Mi televisor no funciona, pero José me lo va a arreglar.

Los pronombres **le** y **les** cambian a **se** cuando se usan con **lo**, **las**, **los** o **las**.

El cliente le paga cuatro euros a José. → *El cliente se los paga.*

Los pronombres preposicionales

Los pronombres preposicionales tienen la función de objeto de preposición, y son iguales que los personales, excepto los pronombres **yo** y **tú**, que cambian a **mí** y **ti**.

Voy a arreglarlo por usted, ¿eh?   *Si por mí fuera, ya habría cerrado el negocio.*

Para clarificar o enfatizar un objeto, ya sea directo o indirecto, los pronombres preposicionales se pueden añadir después del verbo. La repetición de objetos es estándar y de uso muy común en español.

El inmigrante le dijo a José que no quería una cámara nueva.   *José les aconsejó siempre bien a sus clientes.*

Se usan **yo** y **tú**, en vez de **mí** y **ti**, después de las preposiciones **entre**, **excepto**, **según**, **incluso**, **menos**, **salvo** y **como**.

Excepto tú y yo, todos tienen un celular nuevo.   *Según tú, no merece la pena arreglarlo.*

AYUDA

Después de preposición (excepto **con**), el pronombre reflexivo **se** cambia a **sí**.

José se dijo para sí que cerraría su negocio definitivamente.

Después de la preposición **con**; **mí**, **ti** y **sí** cambian a **conmigo**, **contigo** y **consigo**.

—¿Quieres que vayamos **contigo** al servicio técnico?

—Por supuesto que quiero que vengan **conmigo**, pero dile a Pedro que traiga la computadora portátil **consigo**.

Práctica

1 **Completar** Completa el diálogo con los pronombres de objeto directo e indirecto.

JOSÉ   Buenos días. ¿En qué (1) _____ puedo servir?

CLIENTE   Buenos días. Necesito que (2) _____ ayude. Mi estéreo no funciona y muy pronto daré una fiesta en mi casa. Un amigo (3) _____ dio su dirección y (4) _____ dijo que usted era el mejor en esto.

JOSÉ   ¡Vaya! Debo (5) confesar _____ que nunca había visto un aparato así, es muy moderno. No estoy seguro de que (6) _____ (7) _____ pueda arreglar. ¿Para cuándo (8) _____ necesita?

CLIENTE   (9) _____ necesito para mañana en la noche. ¿Cree que puede (10) ayudar _____?

JOSÉ   Sí, haré lo posible por (11) arreglar _____ su estéreo. (12) _____ (13) _____ dejaré listo mañana en la tarde. Puede (14) recoger _____ después de las cinco.

CLIENTE   Muchas gracias.

2 **Correo** En parejas, escriban un correo electrónico en el que José le describa a un(a) amigo/a la experiencia que tuvo con el inmigrante. Usen pronombres de objeto directo e indirecto, pronombres preposicionales y las expresiones **conmigo**, **contigo** y **consigo**.

Practice more at vhlcentral.com.

3.2 Adjetivos

 Presentation

> **Recuerda**
>
> Los adjetivos son palabras que acompañan a los sustantivos para calificarlos o determinarlos.

Posición de los adjetivos

En español, los adjetivos pueden colocarse antes o después del sustantivo. El adjetivo que se coloca después del sustantivo es especificativo; es decir, distingue a ese sustantivo de otros en un mismo grupo.

    *una cámara **obsoleta***   *un televisor **antiguo***

El adjetivo que se coloca antes del sustantivo es explicativo; es decir, expresa una cualidad inherente del sustantivo. El adjetivo también puede anteponerse al sustantivo para enfatizar una característica particular del sustantivo o por razones estilísticas.

    *el **buen** profesional*   *el **peligroso** viaje*

En algunos casos, la posición del adjetivo indica el juicio y la actitud del hablante.

    *José recordó los **hermosos** momentos que había vivido en su negocio.*
    (Para el hablante, los momentos son hermosos en general.)
    *José recordó los momentos **hermosos** que había vivido en su negocio.*
    (Para el hablante, no todos los momentos son hermosos.)

Algunos adjetivos cambian de significado dependiendo de si se colocan antes o después del sustantivo.

Posterior	Anterior
una respuesta **cierta**	una **cierta** actitud
a right answer	*a certain attitude*
una ciudad **grande**	un **gran** país
a big city	*a great country*
la clase **media**	**media** hora
the middle class	*half an hour*
el artículo **mismo**	el **mismo** problema
the article itself	*the same problem*
una chaqueta **nueva**	un **nuevo** amigo
a (brand) new jacket	*a new/different friend*
el taxista **pobre**	el **pobre** taxista
the taxi driver who is poor	*the unfortunate taxi driver*
el agua **pura**	la **pura** verdad
the pure (uncontaminated) water	*the whole (entire) truth*
un amor **único**	mi **único** amor
a unique love	*my only love*
una amiga **vieja**	una **vieja** amiga
an old friend (years of age)	*an old friend (friend for a long time)*

Cuando un sustantivo va acompañado por más de un adjetivo, el adjetivo más restrictivo —el que distingue al sustantivo de otros en un mismo grupo—, va inmediatamente después del sustantivo.

—*Ahora hay **otras cámaras digitales** con disco duro y todas esas cosas.*

Los números ordinales preceden al sustantivo. Del mismo modo, otros adjetivos que indican orden también suelen ir antes del sustantivo.

*Es la **segunda** vez que se lo digo, ¡márchese!*   *El **próximo** modelo saldrá a la venta mañana.*

Los adjetivos de cantidad, posesión o volumen también preceden al sustantivo.

*En la tienda de informática hay **tres** técnicos.*   *José ya no tiene **mucho** trabajo.*

Comparativos y superlativos

Algunos adjetivos comparativos y superlativos de uso común son irregulares.

bueno/a — mejor — el/la mejor   **grande** y **viejo/a — mayor — el/la mayor**
malo/a — peor — el/la peor   **pequeño/a** y **joven — menor — el/la menor**

Cuando **grande** y **pequeño/a** se refieren a tamaño, y no a edad o cualidad, se usan las formas regulares del comparativo y superlativo.

*Ese televisor es **más pequeño** que el mío, pero es **más grande** que el tuyo.*

Cuando **bueno/a** y **malo/a** se refieren a la cualidad moral de una persona, se usan las formas regulares del comparativo y superlativo.

*José se dio cuenta de que el inmigrante era **más bueno** de lo que pensaba.*

Práctica

1   **Oraciones** Selecciona la opción correcta para cada oración.

1. Voy a visitar a Marta, una (amiga vieja / vieja amiga) que conocí en la escuela. Hoy ella cumple veintidós años.
2. Esta casa es (más grande / mayor) que la de Marcos.
3. El actor tiene sólo diez años; es (más joven / jovencísimo).
4. Te he dicho mil veces que no estuve en el cine con María, ésa es la (pura verdad / verdad pura).
5. Carlos es un (contemporáneo escritor famoso / famoso escritor contemporáneo).
6. Tiene que doblar a la derecha en la (próxima calle / calle próxima).
7. Costa Rica se considera un (gran país / país grande) por su cultura y naturaleza.
8. Andrea es la chica (más mala / peor) de la clase; siempre insulta a sus compañeros.

2   **Descripción** En parejas, escriban una descripción detallada de un(a) famoso/a o una persona de la clase. La clase deberá adivinar de qué persona se trata. Utilicen el mayor número de adjetivos posible.

Practice more at vhlcentral.com.

Preparación

 Vocabulary Tools

Vocabulario de la lectura		**Vocabulario útil**
aprovechar *to make the most of*	**la fuerza** *strength*	**acobardarse** *to be daunted by*
desafiar *to challenge*	**la moda** *fashion*	**el aspecto** *appearance*
el estreno *premiere*	**el papel** *role*	**circula el rumor** *rumor has it*
formarse *to be trained*	**taquillero/a** *box-office hit*	**el elenco** *cast*
		sobreponerse *to overcome*

1

Sinónimos Une las palabras del vocabulario con sus sinónimos.

_____ 1. acobardarse   a. recuperarse

_____ 2. desafiar   b. rol

_____ 3. formarse   c. utilizar

_____ 4. taquillero/a   d. reparto

_____ 5. sobreponerse   e. apariencia

_____ 6. fuerza   f. vigor

_____ 7. papel   g. retar

_____ 8. aprovechar   h. asustarse

_____ 9. aspecto   i. exitoso/a

_____ 10. elenco   j. educarse

2

Famosos En parejas, contesten las siguientes preguntas.

1. ¿Leen revistas del corazón tipo *People* y *US Weekly*? ¿Por qué?

2. ¿Qué clase de personalidad dirían que se necesita para triunfar en Hollywood? ¿Es distinta o igual a la que se necesita para triunfar en otros ambientes o trabajos? ¿Por qué?

3. ¿En qué creen que se parece la personalidad de los actores famosos estadounidenses y la de los hispanos? ¿En qué se diferencia? Den ejemplos.

4. ¿Admiran a algún actor o actriz? ¿A quiénes? ¿Qué les atrae de ellos? ¿Los consideran modelos de la sociedad por alguna razón?

3

Películas En grupos pequeños, contesten las preguntas sobre el cine. Luego, compartan sus respuestas con la clase.

• ¿Prefieren ver ustedes películas extranjeras con subtítulos o dobladas (*dubbed*)? ¿Por qué?

• ¿Están de acuerdo con que en Hollywood se hagan nuevas versiones de películas extranjeras para adaptarlas al público estadounidense? ¿Por qué?

• ¿Cuáles creen que son las razones por las que las audiencias en otros países están dispuestas a ver películas en inglés? ¿Es señal de madurez o de necesidad?

• ¿Pueden mencionar una película que hayan visto por completo en español? ¿Les pareció sencillo seguir los diálogos o sintieron que se perdieron escenas al tener que leer la traducción? ¿Es valioso ver películas en su idioma original?

 Practice more at **vhlcentral.com**.

"Tengo un carácter fuerte y me gusta que me desafíen"

James Cameron sabe de mujeres fuertes: basta mencionar a la teniente Ellen Ripley de su película *Alien* o a Sarah Connor de *Terminator* como pruebas de eso. Lo mismo puede decirse del director Luc Besson, que creó a la formidable asesina Nikita. Así que cuando los dos eligen a la actriz Zoe Saldana para hacer el papel de sus heroínas Neytiri en *Avatar* o la joven Cataleya en *Colombiana*, hay que pensar que algo tiene esta chica para que la escojan para representar mujeres dominantes.

Sucede que Zoe puede llevar cómodamente sobre sus hombros historias de mujeres que son líderes y a nada le tienen miedo. "La gente piensa que las mujeres latinas son apasionadas e intensas, lo cual suele ser cierto. Pero yo creo que la cualidad que poseen la mayoría de las latinas es la fuerza. Me da mucho orgullo tener sangre latina".

Ahora que se ha vuelto famosa, su nombre resuena en las revistas de moda y en el estreno de películas taquilleras. En la prensa y en los afiches, su nombre aparece "Saldana", aunque realmente se escribe "Saldaña". Hollywood decidió que era más fácil cambiarlo para que todos lo pudieran pronunciar sin problemas. Zoe Yadira Saldaña Nazario nació en Nueva Jersey, de padre dominicano y madre puertorriqueña. Sus primeros años los

pasó en Queens, pero la muerte accidental de su padre convenció a su madre de enviarla a República Dominicana para alejarla de los peligros de la calle. Crecer en la isla le permitió disfrutar del sol y del mar, y también apuntarse° en una academia de baile donde se formó durante siete años.

Llegó a la pantalla grande con la película *El ritmo del éxito* (*Center Stage*, 2000), donde aprovechó su experiencia previa de danza para interpretar a la bailarina Eva Rodríguez. Después se haría con el papel de Anamaría, la pirata abandonada por el

enroll

capitán Jack Sparrow en la primera entrega del éxito de taquilla *Piratas del Caribe*. Luego le llegó la oportunidad de trabajar con el director Steven Spielberg en *La Terminal* y enseguida con J. J. Abrams en la precuela de *Star Trek*. En 2008 protagonizó *Avatar*, dirigida por James Cameron, y pasó a formar parte del exclusivo grupo de estrellas que frecuentan las alfombras rojas.

A pesar de su figura delgada que conserva° de sus años de bailarina, Zoe quiere demostrar su fuerza incluso en la manera en que se viste: "No me gustan las cosas que parecen frágiles, como por ejemplo unas sandalias pequeñas. Me gusta parecer fuerte y dominante", explica en una entrevista, calzada en botas con tacos altísimos. Pero eso no le impide ver los peligros ocultos de esa actitud: "Todos somos capaces de abusar del poder", reflexiona. Y recuerda cómo en sus años en Dominicana, creció entre mujeres trabajadoras que sin embargo tuvieron que enfrentar la discriminación de género: "básicamente eran los hombres de la familia y los hombres apenas estaban presentes, sólo por las apariencias. Entonces escuché a un hombre decir: 'Soy el león de la casa'. Y yo pensé que me daba lástima°: el león es el animal al que menos quieres parecerte°. El león duerme todo el día mientras la leona sale a trabajar; luego se despierta, toma su comida y mata a los cachorros si se le antoja°". Cuando era niña, su madre vivía un año en República Dominicana y, al siguiente, se marchaba a Estados Unidos para ahorrar dinero y enviárselo a sus tres hijas, que vivían con sus abuelos. "Tuvimos que sobrevivir muchas cosas y por eso ahora existe ese lazo° especial que nos conecta a mí y a mis dos hermanas", confesó. "No pasa media hora sin que nos mandemos un mensaje".

A pesar de que regresó a Nueva York a los diecisiete años, no perdió su español: "Durante la primera etapa de infancia, sólo

preserves

I felt pity for him
resemble

if he feels like it

bond

escuchaba hablar español, pero, en el colegio, el inglés se convirtió en mi herramienta° de contacto con el mundo. Mi madre nunca permitió que mis hermanas y yo olvidáramos nuestra lengua de origen. Convenció a nuestra abuela para que nos diera de comer sólo si lo pedíamos en español. *Can I have some rice?* ¡No! ¡Se dice ARROZ!" Se confiesa neoyorquina de alma y, aunque ahora vive en Los Ángeles, regresa cada vez que puede para verse con sus amigos y comer en sus restaurantes favoritos pizza o comida china.

El arte es una atracción indispensable en la vida de Zoe: además del baile y la actuación, le interesa mucho la industria de la moda, que ella considera otra forma de arte. Atribuye su fascinación por el diseño de ropa a la herencia que recibió de su abuela y su bisabuela, que trabajaban de costureras° para casas de moda. Ha cofundado un sitio web dedicado a la moda, MyFDB, y es modelo de la campaña de ropa interior° de Calvin Klein. Pero a pesar de esto, no se identifica con la mujer femenina a ultranza° y declara que no le interesan los baños de espuma° ni las sesiones de manicura. "Tengo un carácter fuerte y me gusta que me desafíen. Las ropas masculinas me empoderan, así que a menudo me pongo un traje° de hombre. A veces creo que debería haber nacido varón".

Así en la vida como en el cine, lo que le gusta a Zoe, en definitiva, es lo que la puso como candidata ideal ante los ojos de Cameron y Besson: que la mujer sea la heroína. Para ella es impensable que la chica se quede esperando a que llegue el héroe a salvarla (una concepción, además, políticamente incorrecta en estos tiempos). "Todos tenemos un instinto primitivo de compasión, pero hay otros papeles en el cine de hoy que muestran que no somos damiselas en apuros°, sino que somos fuertes y viriles. Somos guerreras por naturaleza".

Y si Zoe Saldana lo dice, ¿quién se atreverá a cuestionarla? ■

tool

seamstresses

underwear

extreme
bubble baths

suit

damsels in distress

Análisis

1 **Comprensión** Ordena los eventos según sucedieron en la vida de Zoe Saldana.

_____ a. Trabajó con Steven Spielberg en *La Terminal*.

_____ b. Zoe regresó a Nueva York.

_____ c. Su padre sufrió un accidente.

_____ d. Actuó en su primera película.

_____ e. Comenzó a estudiar danza en República Dominicana.

_____ f. Nació en Nueva Jersey.

_____ g. Consiguió el papel de Anamaría en *Piratas del Caribe*.

_____ h. Fue contratada para una campaña publicitaria de Calvin Klein.

_____ i. Su mamá decidió llevar a sus tres hijas a vivir con sus abuelos.

_____ j. Formó parte del elenco de *Avatar*, una de las películas más taquilleras de la historia.

2 **Interpretación** En parejas, contesten las preguntas.

1. ¿Qué características comparten las mujeres que interpreta Zoe Saldana en el cine?

2. ¿Quiénes crees que son las personas más importantes en la vida de Zoe Saldana?

3. ¿Qué influencia tuvo en su historia el ejemplo de las mujeres de su familia? ¿Por qué?

4. Cuando la actriz se refiere al poder del león, ¿te parece que habla de un poder real o de uno fingido? ¿De qué manera se puede crear poder sin tener realmente la fuerza?

5. ¿Piensas que Zoe es realmente una mujer fuerte? ¿Por qué?

3 **Anuncio** Eres el/la agente de Zoe Saldana y debes elegir qué anuncios hará. Une los productos de la primera columna con los valores que Zoe representa; luego señala con una cruz qué anuncios aceptarías. Si se te ocurren nuevos valores u otros productos ideales para ella, anótalos también.

Detergente para la ropa	Importancia de la familia
Dentaduras postizas	Fuerza femenina
Zapatillas deportivas	Belleza y atractivo
Ropa interior	Cuerpo atlético y en forma
Tiendas de tatuajes	Orgullo de sus raíces
Marca de arroz para comidas caribeñas	
Fajas adelgazantes	
Relojes con cronómetro	
Champú y acondicionador	
Una cadena de termas y balnearios en la costa de California	

4 **¿Damiselas o heroínas?** En dos grupos, debatan sobre la mejor imagen femenina para una campaña escolar.

Grupo 1: la chica que debe ser rescatada (como Bella Swan en la saga de *Crepúsculo*)

Grupo 2: la chica que salva a todos (al estilo de Katniss Everdeen en *Los juegos del hambre*)

5 **Rumores** En parejas, escriban un artículo al estilo de las revistas o los blogs dedicados a las celebridades: inventen un rumor sobre Zoe Saldana o alguna otra estrella del espectáculo que conozcan.

Circula el rumor de que Zoe Saldana...

6 **¿Las apariencias importan... o engañan?** En grupos, imaginen que deben elegir el elenco para una nueva película. Miren las siguientes fotografías y escriban un pequeño párrafo para cada una de estas personas, explicando qué papel interpretarán. Después, compartan sus párrafos con la clase.

7 **Situaciones** En parejas, elijan una de las situaciones e improvisen un diálogo. Utilicen al menos seis palabras de la lista. Cuando estén listos, represéntenlo delante de la clase.

acobardarse	desafiar	fuerza
aprovechar	desilusionar	moda
aspecto	elenco	papel
de camino a	estreno	sobreponerse

A
Zoe Saldana se encuentra con una persona que la confunde con otra estrella y se empeña en (*insists*) conseguir un autógrafo de ella.

B
Un(a) agente de policía detiene por conducir con exceso de velocidad a una persona que pretende convencerlo/la de que es una estrella de cine para que no le ponga una multa (*fine*).

 Practice more at **vhlcentral.com**.

Preparación

 Vocabulary Tools

Sobre el autor

Íñigo Javaloyes (Bilbao, España, 1966) es un periodista, traductor y escritor español. Se crio en Madrid con sus siete hermanos. Al terminar sus estudios de periodismo, viajó a Nueva York, donde escribió para los periódicos *ABC* y *La Razón*, y para *Canal Sur Radio* de Andalucía. Tras su regreso a España publicó su primera novela juvenil, *Tortuga Número Cien* (2005). Cuatro años después regresó con su mujer, Terry, y sus tres hijos a Boston. Desde allí fundó y dirigió el diario satírico *El Garrofer* con un amigo de la infancia. Publicó la novela *Yo, Helíaca* en 2016.

Vocabulario de la lectura	
el aislamiento *isolation*	**patente** *clear*
el almacenamiento *storage*	**picotear** *to peck at*
capaz *able*	**el riesgo** *risk*
encender *to switch on*	
intercambiar *to exchange*	

Vocabulario útil
el consejo *advice*
fomentar *to promote*
la moderación *restraint*
el recurso *resource*
sacar el mejor partido de *to make the most of*
la ventaja *advantage*

1 **Día sin tecnología** Completa el siguiente folleto con palabras del vocabulario.

¿Temes ya no ser (1) _____ de apartar los ojos de la pantalla de tu computadora? ¿Pasas el día entero sin hablar con nadie, en un (2) _____ absoluto? ¿Quieres compartir algo más que archivos o artículos por Facebook? ¡Únete a nosotros en nuestro Día sin tecnología! Te invitamos a NO (3) _____ tu computadora, ni tu iPad durante un día entero. Durante 24 horas debes resistir la urgencia de navegar por la red para (4) _____ del tiempo libre. No te preocupes: ¡el mundo no va a terminar porque no revises tu correo!

El (5) _____ no es perder un mensaje en tu iPhone, sino olvidar que eres tú el que decide cómo usar los (6) _____ tecnológicos del mercado.

Nuestro propósito es (7) _____ las relaciones humanas y la vida al aire libre, para aprender a usar la tecnología con (8) _____. Las (9) _____ serán tan (10) _____ que al final del día estarás sorprendido.

¡Únete al Día sin tecnología!

2 **¿Un mundo social feliz?** En parejas, contesten las siguientes preguntas.

1. ¿Cuánto tiempo calculan que pasan conectados/as? ¿Qué actividades suelen hacer: navegar por la red, contestar mensajes, participar en las redes sociales, etc.?

2. ¿Cuál creen que será el futuro de las redes sociales: se expandirán o desaparecerán? ¿Qué preferirían ustedes? ¿Por qué?

3. ¿Qué porcentaje de importancia le darían a la tecnología en sus vidas? ¿Alguna vez han sentido que dependen demasiado de la tecnología?

4. ¿Hacen uso de alguna red social para practicar su español? ¿Tienen "amigos" virtuales en algún país hispanohablante? ¿Dónde?

 Practice more at **vhlcentral.com**.

Reading

Cara y cruz
de las **tecnologías**
de la **información**

Los avances en la tecnología de la información nos han hecho la vida mucho más fácil. Con solo encender nuestra computadora o aparatos portátiles es posible tener una conversación cara a cara con un pariente que vive a un océano de distancia, localizar a un amigo de la infancia, o trabajar desde el propio hogar. Sin embargo, cuando la tecnología deja de ser un medio para simplificar nuestras vidas y se convierte en un fin en sí mismo, se sientan las bases para el llamado *tecnoestrés*: un conjunto de síntomas físicos, psicológicos y sociales derivados del uso excesivo de computadoras, tabletas y celulares.

Abundan los estudios que relacionan el uso y el abuso de las tecnologías de Internet con problemas de concentración, de aislamiento social e incluso de adicción. Estos casos se hacen más patentes con los actuales teléfonos inteligentes. ¿Quién no ha visto a alguien navegando con su iPhone en un restaurante en compañía de su pareja o de su familia? Según la Dra. Maressa Orzack, del Departamento de Psiquiatría del Harvard Medical School, entre un 5 y un 10% de los usuarios de la Red padecen algún tipo de adicción a Internet, sin contar con los adictos a los videojuegos. Según ella, "muchas personas sacrifican sus trabajos, sus estudios, sus familias y sus amistades" por este tipo de adicciones.

El sedentarismo es otro de los efectos no deseados del abuso de las tecnologías, algo que preocupa especialmente en la población infantil. "Los niños necesitan hacer ejercicio para tener un desarrollo adecuado", dice el pediatra Ernesto Garnelo. "Los enemigos tradicionales del ejercicio físico en niños y adolescentes han sido la televisión y los videojuegos", asegura. "Ahora hay que sumar las horas que pasan conectados a las redes sociales o intercambiando mensajes en sus celulares".

Además hay quien culpa al almacenamiento masivo y accesibilidad de información de acabar con algo tan humano como la capacidad de reflexión y la memoria. "¿Para qué mantener fresca y activa la memoria si toda ella está almacenada en algo que un programador de sistemas ha llamado 'la mejor y más grande biblioteca del mundo'?", se pregunta el Nobel peruano Mario Vargas Llosa. Según el novelista, los estudiantes actuales han perdido la capacidad de concentración y ni siquiera son capaces de leer grandes novelas porque Internet les permite, dice, "picotear información" en una suerte de "mariposeo cognitivo".

Las nuevas tecnologías no son ni la panacea ni la peste, aseguran los expertos. A pesar de los riesgos que entraña esta nueva forma de comunicación, lo cierto es que el llamado efecto *Skype* elimina las distancias entre seres queridos, y las redes sociales unen a personas afines en pequeñas o grandes comunidades donde se comparten imágenes e ideas con un solo clic… ¡y gratis! ■

Análisis

1

Comprensión Decide si las siguientes oraciones son **ciertas** o **falsas**. Corrige las falsas.

1. El artículo sostiene que gracias a la tecnología nuestra vida es más fácil.

2. Hoy en día, la tecnología ha dejado muchas veces de ser un medio para convertirse en un fin en sí mismo.

3. El tecnoestrés y los síntomas físicos, psicológicos y sociales son resultado del uso normal de la tecnología.

4. Todavía hay que estudiar con seriedad científica si se dan consecuencias graves por el abuso de la tecnología.

5. Mario Vargas Llosa cree que la memoria se activa al disponer de mayor información gracias a Internet.

6. Según Vargas Llosa, Internet permite un "mariposeo cognitivo".

7. Son tantos los perjuicios que resultan de los medios tecnológicos que los expertos los señalan como la peste de nuestro siglo.

8. El artículo afirma que las redes sociales son inútiles para conectar realmente a la gente.

2

Ampliación En parejas, contesten las preguntas.

1. ¿En qué piensan cuando se habla de "uso excesivo" o abuso de la tecnología? Den algunos ejemplos que se les ocurran.

2. ¿Creen que los efectos de la tecnología pueden extenderse a un cambio en la forma de pensar, vivir, relacionarnos a largo plazo como especie? ¿Piensan que esto sería mejor o peor para la sociedad del futuro?

3. ¿Están de acuerdo en que los niños son los más afectados por la tecnología? ¿Qué diferencias creen que hay con la gente de más edad?

4. ¿Creen que es posible que la información de la que se dispone actualmente sea excesiva? ¿Qué facilita y qué complica? ¿Qué creen que significa el "mariposeo cognitivo"?

5. ¿Qué efectos de la rapidez y facilidad con la que podemos comunicarnos hoy en día pueden nombrar ? ¿Ha variado la calidad de la comunicación? ¿En qué?

3

Fomentar la felicidad En parejas, miren las siguientes ilustraciones y, a partir de ellas, creen un folleto con una propuesta que mejore la calidad de vida y eduque sobre el uso adecuado de la tecnología. Compartan su folleto con el resto de la clase.

4 **Opiniones** En grupos pequeños, lean las siguientes frases con atención. Luego, discutan su significado y decidan con cuáles están de acuerdo. Compartan sus ideas con la clase.

> "Vivimos en una sociedad profundamente dependiente de la ciencia y la tecnología, y en la que nadie sabe nada de estos temas. Ello constituye una fórmula segura para el desastre". Carl Sagan

> "La tecnología es una forma de organizar el universo para que el hombre no tenga que experimentarlo". Max Frisch

> "El verdadero peligro no es que las computadoras empiecen a pensar como seres humanos, sino que los seres humanos empiecen a pensar como computadoras". Sydney J. Harris

> "Cualquier tecnología suficientemente avanzada es indistinguible de la magia". Arthur C. Clarke

> "La ciencia y la tecnología dictan cada vez más los lenguajes que usamos para hablar y pensar. O usamos estos lenguajes o nos quedamos mudos". J. G. Ballard

> "La producción de demasiadas cosas útiles resulta en demasiadas personas inútiles". Karl Marx

5 **Inventos** En grupos de tres, imaginen un futuro en el que las máquinas pueden hacer cosas que hoy nos parecen impensables. Inventen cinco actividades que se podrán realizar con sólo apretar un botón o tocar la pantalla. Compartan sus inventos con la clase.

6 **Situaciones** En parejas, elijan una de las siguientes situaciones e improvisen un diálogo. Utilicen las palabras de la lista. Cuando estén listos/as, represéntenlo delante de la clase.

aislamiento	encender	patente
capaz	fomentar	recurso
conseguir	intercambiar	riesgo
consejo	moderación	sacar el mejor partido de

A

Una pareja debe separarse durante un tiempo por trabajo o estudio. Uno/a quiere usar la tecnología para comunicarse, y el otro/la otra prefiere los métodos antiguos porque los considera más románticos. Los dos creen que la única manera de mantener su relación a distancia es con su método y lo discuten.

B

Un empresario quiere comprar los terrenos donde habita una tribu que ha permanecido al margen del desarrollo; se reúne con el jefe para proponerle que toda la comunidad se mude a una ciudad, y le explica que la sociedad moderna con los avances tecnológicos es una forma de vida mejor. El jefe no entiende su punto de vista.

 Practice more at **vhlcentral.com**.

Preparación

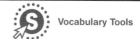 Vocabulary Tools

Sobre el autor

Hernán Casciari (Mercedes, Argentina, 1971) es un escritor y periodista conocido por ser uno de los pioneros del género literario llamado **blogonovela**, que fusiona la literatura con los *weblogs*. También ha publicado novelas como *Más respeto, que soy tu madre* (2005) y *El pibe que arruinaba las fotos* (2014) y libros de relatos como *España, decí alpiste* (2008), *Charlas con mi hemisferio derecho* (2011) y *Messi es un perro y otros cuentos* (2015). Ganó el primer Premio de Novela en la Bienal de Arte de Buenos Aires en 1991 y el Premio Juan Rulfo en 1998. Escribe el blog Orsai desde 2004. Es el escritor más leído en la red en español.

Vocabulario de la lectura		Vocabulario útil
agregar *to add*	**jurar** *to swear*	**el acoso** *harassment*
asustarse *to be frightened*	**la lágrima** *tear*	**la configuración** *setting*
averiguar *to find out*	**lindo/a** *pretty*	**la cuenta** *account*
la broma *prank*	**mudo/a** *silent*	**curioso/a** *curious*
la bronca *anger*	**el/la nene/a** *child*	**dudoso/a** *doubtful*
burlarse de *to make fun of*	**el perfil** *profile*	**la privacidad** *privacy*
el/la cachorro/a *puppy*	**la rabia** *rage*	**publicar** *to post*
el chiste *joke*		**el/la usuario/a** *user*
la invitación de amistad *friend request*		

1

Definiciones Empareja cada palabra con su definición.

_____ 1. bronca   a. perro recién nacido

_____ 2. perfil   b. bonito, hermoso

_____ 3. lindo   c. inclinado a aprender lo que no conoce

_____ 4. publicar   d. persecución, molestia

_____ 5. cachorro   e. enojo, ira

_____ 6. curioso   f. difundir por medio de Internet

_____ 7. agregar   g. añadir algo

_____ 8. acoso   h. conjunto de rasgos que caracterizan a alguien o algo

2

Contestar En parejas, contesten estas preguntas.

1. ¿En qué redes sociales tienes cuentas?

2. ¿Alguna vez te ha contactado alguien que no conoces o no recuerdas a través de una red social? ¿Qué pasó? Si no te ha pasado, ¿qué harías si ocurriera?

3. ¿Cuántos amigos tienes en Internet?

4. ¿Aceptas invitaciones de amistad de personas que recién conoces? ¿Por qué?

5. ¿Quiénes pueden ver tus fotos cuando las publicas en las redes sociales?

 Practice more at **vhlcentral.com**.

Audio:
Dramatic Reading

¿Me agregás como amiga?

Hernán Casciari

La arquitecta Candela Prieto estaba a punto de apagar la computadora de su oficina cuando recibió un mensaje en Facebook que decía así: "Hola, me llamo Candela Prieto y tengo diez años. Te escribo desde el pasado. Primero que nada, me alegra saber que en el futuro voy a ser flaca° y linda. Tus fotos del muro° me encantan. ¿Me agregás[1] como amiga?".

A Candela Prieto no le causó gracia° el mensaje. Salió de la oficina enojadísima y preguntó a sus empleados quién estaba haciendo ese chiste espantoso°. Todos la miraron sin entender. Volvió a entrar, se sentó en la computadora y espió el perfil de la otra Candela. Había cinco fotos de su propia infancia, y entonces se asustó.

Esas fotos ya no existían, porque ella misma las había roto hacía mucho. En todas las imágenes estaba gorda, y tenía esos anteojos horribles, y el pelo de una escoba, y los dientes torcidos°. ¡Ah, cómo odiaba esas fotos! Sobre todo una, en la que tenía una papada° gigantesca... ¿Quién le estaba haciendo aquella broma de mal gusto?

> **Hola, me llamo Candela Prieto y tengo diez años. Te escribo desde el pasado.**

Respondió el mensaje con rabia: "Seas quien seas, no tiene ninguna gracia°. Sacá[2] ya mismo esas fotos mías de internet. ¡Imbécil°!".

La otra Candela respondió enseguida: "No te enojes... Solamente quiero ser tu amiga y que me cuentes cuándo empezaste a ser linda. ¿Ese chico que aparece con vos es tu novio? Está buenísimo°".

Candela Prieto, la arquitecta, sonrió. "¿Sos[3] vos, Esteban? Cortála[4]. ¿Dónde conseguiste esas fotos de cuando era chica?", escribió la arquitecta.

La nena tardó en responder. "No. Soy Cande, ya te dije. ¿Quién es Esteban? ¿Tu novio?".

La arquitecta estalló°: "¡Lo que estás haciendo es un delito° contra la privacidad! Si no me decís[5] quién sos, llamo a la policía ahora mismo".

La nena dijo: "¿Otra vez? Me llamo Candela, tengo diez años, mis papás se llaman Laura y Eduardo y vivo en la quinta°, pasando las vías°."

La arquitecta escribió con bronca: "¡Todo eso lo podés[6] averiguar en cualquier parte, idiota!".

Margin glosses:
- thin *(flaca)*
- wall *(muro)*
- didn't made her laugh *(no le causó gracia)*
- awful *(espantoso)*
- crooked *(torcidos)*
- double chin *(papada)*
- it's not funny at all *(no tiene ninguna gracia)*
- Idiot *(Imbécil)*
- very hot *(buenísimo)*
- blew her top *(estalló)*
- crime *(delito)*
- country house / train tracks *(quinta / vías)*

---

[1] **agregás** Del voseo, el uso del pronombre "vos" en lugar de" tú" en Río de la Plata y otras partes de América. Equivalente de la segunda persona del singular del verbo "agregar". Se utiliza en lugar de "agregas".

[2] **Sacá** Del voseo. Equivalente del mandato de la segunda persona del singular del verbo "sacar". Se utiliza en lugar de "saca".

[3] **Sos** Del voseo. Equivalente de la segunda persona del singular del verbo "ser". Se utiliza en lugar de "eres".

[4] **Cortála** Del voseo. Equivalente del mandato de la segunda persona del singular del verbo "cortar". Se utiliza en lugar de "córtala".

[5] **decís** Del voseo. Equivalente de la segunda persona del singular del verbo "decir". Se utiliza en lugar de "dices".

[6] **podés** Del voseo. Equivalente de la segunda persona del singular del verbo "poder". Se utiliza en lugar de "puedes".

La nena respondió: "Tengo un perro que se llama Caniche. Ayer papá me llevó al garage, a solas°, y me dijo que Caniche se va a tener que morir esta semana, de viejo. ¿Te suena eso?".

just the two of us

La arquitecta Candela Prieto se quedó muda en su oficina, con los ojos en el monitor.

La nena siguió: "Caniche es mi único amigo, porque en la escuela nadie me habla. Y si alguien me habla es para burlarse de mí. En cambio Caniche, cuando llego a la tarde, me salta encima y mueve la cola. Lo conozco desde que nací, pero ahora ya no tiene fuerza ni me puede mirar porque se quedó ciego. Estuve llorando toda la tarde, pero ahora veo que tenés[7] 671 amigos en Facebook, y que sos linda, y estoy mejor...", escribió la nena en el chat.

El mensaje quedó titilando° un rato largo en el monitor. La arquitecta Candela Prieto no respondió rápido porque lloraba y lloraba y no podía parar. Hacía años que no lloraba por nada.

flickering

"Gracias por el piropo°", dijo cuando se secó las lágrimas, "pero en realidad no soy tan linda, solamente subo fotos donde estoy maquillada. Y de todos esos amigos nada

compliment

<hr>

[7] **tenés** Del voseo. Equivalente de la segunda persona del singular del verbo "tener". Se utiliza en lugar de "tienes".

más que tres son de verdad. Al resto casi ni los conozco. Pero decime[8], ¿quién sos?".

"No te voy a decir más quién soy, ya te lo dije tres veces y me tenés podrida con eso°. ¿Te puedo hacer una pregunta?", escribió la nena.

I'm sick and tired of that

La arquitecta le respondió que sí, que podía hacer una pregunta.

"¿Cuándo empezaste a adelgazar, cuándo dejaste de usar anteojos, cuándo se te corrigieron los dientes?", escribió muy rápido, con un montón de faltas de ortografía.

"Más o menos a los doce dejé de comer porquerías°, porque me empezaron a gustar los chicos y ninguno quería bailar conmigo. A los trece pegué un buen estirón°. Dejé de usar anteojos a los catorce, cuando me pusieron lentes de contacto, y los dientes no fueron mérito mío, sino del odontólogo."

junk food

growth spurt

La nena dijo: "¿Y cuándo me van a salir las tetas?".

La arquitecta se rió muy fuerte y escribió: "En dos o tres años, no te preocupes por eso". La nena le devolvió un emoticón feliz, y la arquitecta se rió fuerte.

(**La nena dijo: «¡Eso es imposible! Yo sé que siempre voy a tener perro».**)

"Hay algo que no puedo entender", dijo la pequeña Candela. "Estuve viendo un montón de fotos tuyas en tu casa... Ya sé que vivís[9] sola, que comés[10] cosas raras y le sacás[11] fotos al plato, que vas a fiestas, que sos arquitecta y que viajás[12] por muchos lugares... Pero nunca vi una foto tuya con tu perro de ahora. ¿Por qué no tenés fotos con tu perro? ¿Es feo?".

Candela, la arquitecta, respondió: "Es que no tengo perro".

La nena dijo: "¡Eso es imposible! Yo sé que siempre voy a tener perro. Lo sé desde que nací... No puedo vivir sin perro".

La arquitecta Prieto se quedó perpleja. Era verdad: de chica ella le juraba a todo el mundo que siempre tendría un perro. ¿Por qué se había olvidado de algo tan importante?

El chat la sacó de esos pensamientos: "Me tengo que ir, papá me llama a cenar", dijo la nena. La arquitecta solo atinó° a escribir: "Chau". Y se quedó sola en la oficina, sin saber muy bien lo que había pasado.

managed

A las seis en punto de la tarde salió del trabajo y, en lugar de ir directo a su casa como siempre, pasó por la veterinaria del barrio y se quedó en la vidriera° mirando cachorritos.

display

Había cuatro: un cocker, uno blanco precioso del que no conocía la raza, un salchicha° con cara muy divertida y el más chiquito de todos, que la miraba por la ventana. Entró y se quedó con el último, que ni siquiera era el más caro. Volvió a su casa con el perrito en los brazos, le dio leche y le puso de nombre Caniche II.

dachshund

Después se sentó en la compu°, abrió su perfil de Facebook y aceptó la invitación de amistad de Candela. Y también la buscó por el chat: "Cande, ¿estás?". Del otro lado nadie le respondió. "¿Estás, Candela? Ya llegué a casa, y quiero contarte algo".

computer (colloquial)

Del otro lado, silencio.

La arquitecta Prieto fue a la galería de imágenes de la nena y se quedó mirando la segunda foto, en la que ella tenía diez años y el pelo desprolijo° y los dientes torcidos. La miró un rato largo: era la foto que más había odiado en toda su vida. Entonces buscó el botón azul y lo apretó lo más fuerte que pudo:

messy

"Me gusta".

Se quedó un rato embobada°, sonriendo.

Después cerró la compu y se fue a jugar con su perro.

lost in thought

---

8 **decime** Del voseo. Equivalente del mandato de la segunda persona del singular del verbo "decir". Se utiliza en lugar de "dime".

9 **vivís** Del voseo. Equivalente de la segunda persona del singular del verbo "vivir". Se utiliza en lugar de "vives".

10 **comés** Del voseo. Equivalente de la segunda persona del singular del verbo "comer". Se utiliza en lugar de "comes".

11 **sacás** Del voseo. Equivalente de la segunda persona del singular del verbo "sacar". Se utiliza en lugar de "sacas".

12 **viajás** Del voseo. Equivalente de la segunda persona del singular del verbo "viajar". Se utiliza en lugar de "viajas".

Análisis

1 **Comprensión** Contesta las preguntas.

1. ¿Quién contacta a la arquitecta Candela Prieto por Facebook? ¿Qué le pide?
2. ¿Cuál es la reacción inicial de la arquitecta ante ese mensaje? ¿Por qué?
3. ¿Quién aparece en las fotos de perfil de la persona que contacta a la arquitecta?
4. ¿Cómo reacciona la arquitecta ante esas fotos? ¿Por qué?
5. ¿Por qué dice estar triste la niña? ¿Qué la hace sentir mejor?
6. ¿Qué quiere saber la niña sobre el pasado de la arquitecta?
7. ¿Por qué está segura la niña de que la arquitecta tiene perro?
8. ¿Qué hace la arquitecta al salir del trabajo? ¿Y al llegar a casa?

2 **Interpretación** En parejas, contesten las preguntas.

1. ¿Por qué creen que alguien contacta a la arquitecta por Facebook?
2. ¿Por qué piensan que la arquitecta llora?
3. ¿Creen que en algún momento la arquitecta empieza a creer en la niña? ¿Cuándo?
4. ¿Piensan que la arquitecta aprende algo de la conversación con la niña? ¿Qué cosa?
5. ¿Cómo explicarían lo que le pasa a la arquitecta ese día?

3 **La historia continúa** En parejas, continúen la historia con un final diferente. Compartan la historia con el resto de la clase.

4 **Máquina del tiempo** Si tuvieran la oportunidad de comunicarse con ustedes mismos de niños, ¿qué se dirían? ¿Y qué creen que les diría o preguntaría su "yo niño/a"? Trabajen en parejas y consideren estos temas.

- apariencia
- profesión
- relaciones personales
- intereses
- vivienda

5 **Perros** En grupos pequeños, lean estas citas sobre los perros y coméntenlas.

"Los perros no son toda tu vida, pero hacen tu vida completa."
Roger Caras

"Nadie aprecia el genio especial de tu conversación mejor que un perro." *Christopher Morley*

"Cualquiera que haya dicho que no puedes comprar la felicidad, olvidó los cachorritos." *Gene Hill*

"No existe mejor psiquiatra en el mundo que un cachorro lamiendo tu cara." *Ben Williams*

Redes sociales En grupos de tres, completen el cuestionario acerca del uso de las redes sociales. Luego, compartan la información con el resto de la clase.

1. ¿Qué redes sociales utilizas?

2. ¿Cuál de ellas usas más?

3. ¿Con qué frecuencia la usas?

4. ¿Qué aspectos de esa red social te gustan más? ¿Cuáles te gustan menos?

5. ¿Con cuántas personas (amigos, seguidores, contactos...) aproximadamente estás conectado/a en esa red social?

6. ¿Qué tipo de información (escrita, visual, oral) compartes allí?

 Privacidad y seguridad En grupos de tres, hablen sobre la privacidad y seguridad en Internet. Usen estas preguntas como guía.

1. ¿Por qué es la privacidad en Internet un tema importante para los jóvenes?

2. ¿Piensan que los usuarios de las redes sociales saben cómo establecer los parámetros de privacidad que desean?

3. ¿Cuál debería ser la edad mínima recomendable para empezar a usar las redes sociales? ¿Por qué?

4. ¿Están de acuerdo en que compañías como Facebook vendan la información de sus usuarios a anunciantes (*advertisers*)? ¿Por qué?

 Debate En grupos de cuatro, lean estas afirmaciones. Luego, elijan una de ellas para debatir. Dos estudiantes deberán estar a favor del enunciado y los otros dos estudiantes en contra de él.

- El nivel de satisfacción de vida decrece con el uso de Facebook.
- Es casi imposible vivir sin utilizar redes sociales.
- Todas las relaciones en Facebook son superficiales.
- Las personas nunca piensan en las consecuencias de sus comentarios en las redes sociales.
- Los gobiernos deben tener acceso a los correos electrónicos e información privada que las personas publican en Internet.

 Situaciones En parejas, elijan una de las situaciones y preparen un diálogo. Usen palabras de la lista. Luego, represéntenlo ante la clase.

agregar	bronca	perfil
asustarse	cuenta	publicar
averiguar	invitación de amistad	rabia

A

Uno/a de ustedes llama a la policía porque le entraron a robar a su apartamento al publicar por las redes sociales que estaba de viaje.

B

Uno/a de ustedes ha recibido una invitación de amistad por Facebook del/de la ex de su amigo/a y tiene interés en aceptarla porque el/la ex trabaja para una compañía muy prestigiosa. El/La otro/a prefiere que su amigo/a no acepte la solicitud de amistad ya que la relación no terminó en buenas condiciones. Ambos/as amigos/as se encuentran en un café a hablar sobre el tema.

Practice more at **vhlcentral.com**.

Preparación

 Vocabulary Tools

Sobre el autor

Antonio Fraguas de Pablo, "Forges" (Madrid, España, 1942) publicó su primer dibujo a los veintidós años. En 1973, decidió dedicarse exclusivamente al humor gráfico y en 1979 recibió el Premio a la Libertad de Expresión de la Unión de Periodistas. Entre los varios libros que ha publicado destacan *Los Forrenta años*, historia en viñetas de la dictadura de Franco (1976), *La Constitución*, cómics de la Constitución Española de 1978 y los de la recopilación *Forges nº 1, 2, 3, 4 y 5*. Es uno de los fundadores de *El Mundo*, diario que abandonó en 1995. Actualmente publica una viñeta diaria en el periódico *El País*.

Vocabulario útil		
la apatía *apathy*	el/la librepensador(a) *freethinker*	perezoso/a *lazy*
el/la guardia urbano *city police*	la multa *fine*	preocupante *worrying*
la inercia *inertia*	la pasividad *passivity*	la sátira *satire*
la ironía *irony*	la pereza *laziness*	la señal *sign*
el letargo *lethargy*		

1 **Voces únicas** En parejas, contesten las preguntas.

1. ¿Creen que los medios de comunicación propician (*favor*) el pensamiento homogéneo de las masas?

2. ¿Cómo se enfrentan ustedes al mundo? ¿Con humor? ¿Con indiferencia? ¿Con cinismo? ¿Con pasividad? ¿Con resignación?

3. ¿Tienen la sensación de que el sentido común se desprecia cada vez más? ¿Por qué?

4. ¿Qué escritor(a), humorista, cómico/a, intelectual, filósofo/a, etc., expresa mejor su propia forma de pensar? ¿Aprecian su trabajo? ¿Creen que es necesario? ¿Por qué?

Análisis

1 **Interpretar** En grupos de tres, observen las dos viñetas de Forges y lean la introducción que las acompaña. Después, analicen e interpreten su contenido.

1. ¿Qué pone en evidencia el autor?   3. ¿Cómo transmite su mensaje?

2. ¿De qué alerta al lector?   4. ¿Quiénes son los personajes? ¿Cómo son?

2 **En palabras de Forges** Lean estas citas del propio Forges. En grupos de cuatro, analicen su significado y digan si están o no de acuerdo con cada una de ellas. ¿Están estas ideas reflejadas en las viñetas? ¿Cómo?

A. "Mientras haya un ser humano que lea, el imperio no podrá ser legal, (...) porque la lectura es la vacuna de las neuronas contra la estupidez".

B. "El humor es la síntesis intelectual del ser humano".

 Practice more at **vhlcentral.com**.

La lectura, la inteligencia y el pensamiento libre son un peligro del que la sociedad debe protegerse.

¹Well, well... ²on

Escribe una crítica de cine

Ahora tienes la oportunidad de escribir tu propia crítica de cine.

Planea

1 Elige la película Selecciona una película reciente que te haya gustado mucho o que no te haya gustado nada.

2 Toma nota de los datos Los datos importantes son la fecha de su estreno, el nombre del director o de la directora, el nombre de los actores principales con los papeles que interpretan y el argumento.

Escribe

3 Introducción Escribe una breve introducción con todos los datos, pues tienes que presentar la película. También debes explicar por qué la viste y si pensabas que te iba a gustar.

4 Crítica Aquí escribes tu opinión. ¿Qué piensas de la película? ¿Por qué? ¿Cuáles son los aspectos positivos? ¿Cuáles son los negativos? La crítica incluye tu opinión personal, pero no sólo se limita a eso; debe trasmitir la valoración de la película a partir de argumentos que se prueben con ejemplos de las escenas, el guion, la actuación, etc. Recuerda que debes evitar expresiones tipo "me encantó", "es malísima", etc., ya que éstas pueden tener un determinado significado para ti y otro completamente distinto para el/la lector(a).

5 Conclusión Tienes que resumir tu opinión. También debes decir por qué vale o no vale la pena ver la película. En la conclusión, debes guiar el pensamiento del/de la lector(a), no decirle lo que tiene que pensar. Se trata más bien de compartir una opinión, no de imponerla.

Comprueba y lee

6 Revisa Lee tu crítica para mejorarla.

- Comprueba el uso correcto de los adjetivos.

- Asegúrate de que usas los pronombres de objeto directo e indirecto adecuadamente.

- Repasa el uso de la gramática y el vocabulario en general.

- Evita las repeticiones.

7 Lee Lee tu crítica a tus compañeros de clase. Ellos tomarán notas y, cuando hayas terminado de leer, tienes que contestar sus preguntas.

La telebasura a debate

"Basura" significa *trash*. El término "telebasura" hace referencia a los programas de televisión que utilizan el sensacionalismo y el escándalo para subir sus niveles de audiencia.

1 La clase se divide en grupos pequeños. Cada grupo tiene que preparar una lista de cinco programas de televisión que consideran telebasura y cinco que consideran de buena calidad, y anotar brevemente por qué.

2 Después, tienen que contestar las preguntas. En el caso de que no todos los miembros del grupo estén de acuerdo, pueden mencionar que hay distintas opiniones y explicar cuáles son.

- ¿Qué lista tiene los programas con más audiencia?
  ¿Cuál creen que es la razón?

- ¿Qué lista tiene los programas más divertidos?

- ¿Qué opinan de los programas de telebasura?
  ¿Los quitarían de la programación? ¿Por qué?

- ¿Creen que los programas de telerrealidad son también basura?

- ¿Qué programas son considerados educativos? ¿Tienen éstos un efecto positivo en los televidentes?

- ¿Quiénes son, según ustedes, los responsables de la programación:
  los telespectadores o los altos ejecutivos de las cadenas de televisión?

- ¿Conoces programas televisivos de los países hispanos? ¿Cuáles?
  ¿Crees que el nivel de telebasura es igual en Estados Unidos que en los países hispanos? ¿Por qué?

- ¿De qué forma la cultura de un país influye en el tipo de programas televisivos que se emiten? Pongan ejemplos.

3 Los diferentes grupos presentan sus ideas a la clase, mientras todos toman nota.

4 Cuando todos los grupos terminen sus presentaciones, toda la clase debe participar haciendo preguntas y defendiendo sus opiniones.

Las garras del poder

POLICÍA

Todos cumplimos, unos más, otros menos, con nuestras responsabilidades: trabajamos, tratamos de cubrir nuestras necesidades y las de nuestros seres queridos, y pagamos impuestos. Pero nuestras obligaciones no terminan ahí. También elegimos a los representantes políticos encargados de proteger nuestros intereses y de mejorar nuestra sociedad. ¿Qué opinas de la política? ¿Y de los políticos? ¿Quiénes tienen más poder: las empresas multinacionales o los gobiernos? ¿Por qué? ¿Cuánta responsabilidad tenemos como ciudadanos de participar en los procesos políticos?

98

122

125

Preparación

 Vocabulary Tools

Vocabulario del corto

el abono *season pass*
adjudicarse *to get*
aprobar *to pass (an exam)*
la apuesta *bet*
el balompié *soccer*
ceder *to give up*
la disponibilidad *availability*
encargarse de *to be in charge of*

la gerencia *management*
la inauguración *opening ceremony*
la indemnización *severance pay*
largar *to release*
el Mundial *World Cup*
la platea *front seats*
el reglamento *regulations*
la selección *national team*

Vocabulario útil

el campeonato *championship*
el castigo *punishment*
ejercer autoridad *to exert authority*
intimidar *to intimidate*
obedecer *to obey*
presionar *to pressure*
sacar provecho de *to turn to one's advantage*
sobornar *to bribe*
tentar *to tempt*

EXPRESIONES

¡Es una bocha! *It costs an arm and a leg!*
estar bien parado/a *to be lucky*
la plata, la guita *money*
un problemón *a big problem*
servir para algo *to be good for something*
sí o sí *no matter what*

1

Vocabulario Completa las oraciones con palabras y expresiones del vocabulario. Haz los cambios necesarios.

1. Perder el pasaporte en un país extranjero es un _____.
2. Lo que más me gusta de los Juegos Olímpicos es la _____ con las banderas y todos los atletas.
3. Si no estudias para el examen de conducir, no vas a _____.
4. Como no trabajó en verano, ahora no tiene _____ para sus gastos.
5. Mi hermano estudió cinco años de latín; como es profesor de lenguas clásicas, le _____ para algo.
6. En todos los deportes hay un _____ que hay que cumplir.
7. En algunos países al fútbol se le llama _____.
8. Me gusta mucho el teatro, por eso he comprado un _____ para toda la temporada.

2

El valor de las cosas En parejas, contesten las preguntas.

1. ¿Qué es lo que más te apasiona en este mundo?
2. ¿Qué harías para alcanzar tus sueños? ¿Pondrías en peligro tu trabajo o tu dinero por ellos? ¿Por qué?
3. ¿Qué es lo mejor que te ha pasado en la vida? ¿Lo cambiarías por algo?
4. ¿Cómo actúas cuando tienes que tomar una decisión importante?
5. ¿Crees que tiene sentido arrepentirse de las decisiones que has tomado? ¿Por qué?

3

Una experiencia irrepetible La vida a veces nos da experiencias únicas que posiblemente no volverán a repetirse como, por ejemplo, el fin de una guerra, un gran avance científico o una vivencia personal. En grupos pequeños, lean la lista de temas y comenten los acontecimientos que les gustaría vivir.

- en la ciencia
- en la tecnología
- en los derechos civiles
- en política internacional
- en política nacional
- en el mundo del espectáculo
- en las bellas artes
- en el deporte
- en la vida familiar o personal

4

El trabajo En el mundo del trabajo existen diversas relaciones de poder. En parejas, háganse estas preguntas sobre las relaciones jefe-empleado.

1. ¿Cómo crees que un buen jefe debe ejercer su autoridad?

2. ¿Crees que es importante obedecer siempre a tu jefe? ¿Por qué?

3. ¿Qué cualidades piensas que debe tener un buen jefe? ¿Y un buen empleado?

4. ¿Qué crees que es más fácil: ser un buen jefe o un buen empleado? ¿Por qué?

5. ¿Qué debe hacer un empleado cuando su jefe lo intimida?

6. ¿Piensas que los empleados cambian cuando entran a la gerencia? ¿Por qué?

5

Dilemas ¿Alguna vez tuviste que elegir entre dos opciones y te costó tomar una decisión? ¿Cómo decidiste qué hacer? Comparte tu experiencia con la clase.

6

Anticipar En parejas, observen los fotogramas e imaginen de qué va a tratarse el cortometraje. Consideren las preguntas y el vocabulario para hacer sus predicciones.

- ¿Sobre qué pueden estar hablando los jóvenes del primer fotograma?
- ¿Quiénes son cada uno de los personajes del segundo fotograma?
- ¿Qué relación puede haber entre la conversación del primer fotograma y la escena del segundo?

 Practice more at **vhlcentral.com**.

Hugo Halbrich

Martín Piroyansky

¿QUIÉN ES ECHEGOYEN?

Director **Sergio Teubal**

Metropolis Films, CapeCohen Comunicación

Guión: Carina Catelli, Sergio Teubal • Producción ejecutiva: Santiago Bonta
Director de fotografía: Cristian Cottet • Director de arte: Silvio Rodríguez Molina
Director de vestuario: Juan Miceli • Música: Diego Grimblat

FICHA **Personajes** Claudio Echegoyen, gerente del banco, contador jefe, Juan, presidente del banco
Duración 13 minutos **País** Argentina **Año** 2010

ESCENAS Video

Gerente ¿Usted cómo se llama?
Echegoyen Echegoyen.
Gerente Contador, Chaves ya no trabaja más en este sector, se lo paso al suyo y Echegoyen se queda acá conmigo.

Juan Esa guita la conseguimos, no tengas problema, lo hablo con mi viejo, no sé. Bueno, vos andá pensando en la serie completa, ¿eh?
Echegoyen Igual con la inauguración son cuatro mil quinientos mangos[1] más, ¿eh?

Gerente ¿Qué hizo, Echegoyen? ¿Puede ser que haya entradas a la platea especial a nombre suyo?
Echegoyen Sí. Pero las compré, señor.
Gerente ¿Como que las compró?
Echegoyen Bueno, según el curso que hice y el reglamento que leí, las ventas son por orden de llegada. Y yo llegué primero.

Gerente El curso es muy difícil, pero lo tiene que aprobar sí o sí, ¿eh? Porque no tengo a nadie más que tenga esta disponibilidad en el banco. Es más, por lo que me dice el contador, lo único que usted maneja bien es el fútbol.

Contador jefe Echegoyen, ¿usted se cree que somos todos sonsos? No le queda mucho tiempo más acá en el banco, ¿eh? En cuanto pueda, lo voy a echar. No tolero a los avivaditos[2] como usted, ¿eh?

Gerente Un tipo como vos, un auto así. Este auto ganó en Le Mans en cincuenta y cinco. Este auto lo manejó Steve McQueen[3]. ¿Sabés quién es Steve McQueen?
Echegoyen Sí, sí.
Gerente Meteoro[4]… lo manejó Meteoro.

[1]*slang word for* **peso** [2]*opportunists* [3]*U.S. actor* [4]*cartoon character Speed Racer*

Nota CULTURAL

Quizá no haya ninguna competición deportiva que genere tanto fervor como la Copa Mundial de Fútbol, que se celebra cada cuatro años en un país diferente. El Mundial de 1978 tuvo lugar en Argentina en plena dictadura. Algunos países amenazaron con boicotear el torneo en protesta por las violaciones a los derechos humanos por parte del régimen militar. Sin embargo, todas las selecciones clasificadas acabaron participando. Argentina y Holanda llegaron a la final, que ganó Argentina por 3 a 1.

- ¿Los Estados Unidos no fueron a las Olimpíadas de Moscú de 1980 en protesta por la invasión de Afganistán por parte de la antigua Unión Soviética. ¿Creen que un boicot deportivo tiene sentido? ¿Por qué?

- ¿De qué otras formas se puede llamar la atención sobre los problemas sociales?

⏩ EN PANTALLA

Relaciona cada una de estas oraciones con uno de los personajes del corto.

_____ 1. "Esto se llama estar bien parado."

_____ 2. "¿Quién es Echegoyen?"

_____ 3. "¡Ah! ¡Es una bocha!"

_____ 4. "¡Usted es feo!"

_____ 5. "Necesito para ahora el informe que te pedí."

a. gerente

b. contador jefe

c. Juan

d. Claudio Echegoyen

e. presidente

Análisis

1 **Comprensión** Indica si las oraciones son **ciertas** o **falsas**. Corrige las oraciones falsas.

1. Claudio Echegoyen maneja apuestas de fútbol en el banco.

2. La historia tiene lugar diez meses antes del Mundial de Fútbol de 1978.

3. El banco vende entradas para el Mundial de Fútbol de Uruguay de 1978.

4. Echegoyen roba dinero del banco para comprar entradas.

5. Juan, el amigo de Echegoyen, vende su motocicleta para conseguir el dinero de las entradas.

6. Echan a Echegoyen del banco el último día de venta de entradas.

7. El contador jefe quiere las entradas de Echegoyen.

8. Se le ofrece a Echegoyen un auto deportivo por las entradas.

2 **Aliados y enemigos** En parejas, describan las actitudes de estos personajes hacia Echegoyen.

3 **Interpretar** En parejas, contesten las preguntas.

1. ¿Cómo saben que Echegoyen no disfruta de su trabajo al principio del corto?

2. ¿Por qué dice Echegoyen que se "encontraba trabajando en el lugar indicado"?

3. ¿Por qué creen que el gerente le da el puesto a Echegoyen?

4. ¿Por qué el contador jefe odia a Echegoyen?

4 **La tentación** En grupos de tres, observen los fotogramas y contesten las preguntas.

1. ¿Creen que el gerente consigue finalmente tentar a Echegoyen para que le ceda sus entradas? ¿Por qué?

2. ¿Cómo describirían la expresión facial de los dos personajes?

3. ¿Quién creen que tiene una motivación más fuerte: el gerente para conseguir las entradas o Echegoyen para quedárselas?

4. ¿Por qué parece angustiado Echegoyen?

5. ¿A qué crees que se debe la insistencia del gerente? ¿Por qué es importante para él que Echegoyen acepte su oferta?

5 **Final abierto** El corto no es claro sobre cuál es la decisión final de Echegoyen. Lean estos dos finales posibles y, en grupos pequeños, comenten con cuál se identifican más.

A

¡Soy el hombre más afortunado del mundo! ¿Quién me iba a decir a mí que iba a salir de este banco con un auto así? ¡Un Lotus, ni más ni menos! Sí, sí, es cierto que no vi la final del Mundial en el estadio, ¡pero qué importa! La vi en mi casa tranquilamente, en la televisión, con mis amigos… ¡y con mi súper auto estacionado en la puerta!

B

¡Somos campeones del mundo! ¡Y lo he visto en directo, en el estadio! Podré decirles a mis hijos y a mis nietos que yo estuve allí, en la final del Mundial del 78. Vi los goles de Kempes. Vi ganar a Argentina. Sí, de acuerdo, el Lotus era un auto muy lindo, ¡pero a mí lo que me apasiona es el fútbol, no los autos! Todo el mundo lo sabe. ¡Campeones!

6 **Deporte y cultura** En grupos pequeños, comenten estas preguntas.

1. La Copa Mundial de fútbol es el evento deportivo más importante en Hispanoamérica. ¿Cuál es el gran evento deportivo de su país?

2. La globalización está llevando el fútbol a todos los rincones del mundo. ¿Creen que el fútbol terminará siendo el deporte más importante en su país? ¿Por qué?

3. ¿Por qué creen que el fútbol está teniendo tanto éxito a nivel global?

4. ¿Por qué les gusta o no les gusta el fútbol? ¿Qué otro deporte les gusta más?

7 **Frases de fútbol** En grupos de tres, lean estas citas sobre el fútbol. Luego, discutan su significado y expresen sus opiniones sobre ellas. ¿Qué relación tienen estas citas con el corto? Compartan sus opiniones con la clase.

"El fútbol es lo más importante de lo menos importante". *Arrigo Sacchi*

"El fútbol es el ballet de las masas". *Dmitri Shostakovich*

"El fútbol pertenece a la clase trabajadora y tiene la magnitud, la nobleza y la generosidad de complacer a todo el mundo". *César Luis Menotti*

8 **Situaciones** Imagina que Echegoyen decide finalmente cambiar las entradas de la final del Mundial por el Lotus. Ahora tienes que explicarle a tu amigo Juan que ya no tienes las entradas. Lean las dos posibles reacciones de Juan. Luego, en parejas, preparen ese diálogo, usando palabras de la lista. Compartan el diálogo con la clase.

adjudicarse	ejercer autoridad	presionar
balompié	intimidar	sacar provecho de
campeonato	Mundial	sobornar
ceder	platea	tentar

A

¿Qué? ¿Cambiaste las plateas por un auto? ¡Pero vos estás loco! Llevaba todo el año soñando con el partido y mañana es la final. ¡Nooo!

B

¡Eres un genio, Claudio! ¿Pero tú sabes lo que vale ese auto? Nos ganamos la lotería, amigo. ¡Ven, vamos a celebrar!

 Practice more at **vhlcentral.com**.

4.1 El subjuntivo I

Presentation

Recuerda

En español, al contrario que en inglés, el subjuntivo se utiliza frecuentemente. Mientras que el indicativo se utiliza para describir acciones que el hablante concibe como ciertas y objetivas, el subjuntivo expresa la actitud (duda, deseo, etc.) que tiene el hablante respecto a esas acciones.

ATENCIÓN

Conjugación del subjuntivo

• Verbos regulares (**yo**)

Presente	**Imperfecto**
habl**e**	habla**ra**
com**a**	comie**ra**
escrib**a**	escribie**ra**

• Verbos irregulares en presente

dar: dé, des, dé, demos, deis, den

estar: esté, estés, esté, estemos, estéis, estén

haber: haya, hayas, haya, hayamos, hayáis, hayan

ir: vaya, vayas, vaya, vayamos, vayáis, vayan

saber: sepa, sepas, sepa, sepamos, sepáis, sepan

ser: sea, seas, sea, seamos, seáis, sean

• • •

Muchas veces, el subjuntivo va precedido de **que**. Este **que** separa la cláusula principal de la subordinada.

Juan quería **que** *su madre pagara las entradas.*

AYUDA

Al igual que el indicativo, el subjuntivo tiene diferentes tiempos para referirse a eventos del pasado, presente y futuro.

El subjuntivo en cláusulas subordinadas sustantivas

Una cláusula subordinada sustantiva es un conjunto de palabras dentro de una oración que funciona como el objeto del verbo de la cláusula principal.

[Echegoyen quería] | *[que Juan le diera la plata.]*
cláusula principal | cláusula subordinada

Cuando el verbo de la cláusula principal expresa emoción, duda, negación o influencia sobre el sujeto de la cláusula subordinada, el verbo de ésta va en subjuntivo.

INDICATIVO	**SUBJUNTIVO**
Creía que vendría.	*No creía que viniera.*

• Expresiones de duda y negación

dudar *to doubt*	**no estar seguro/a de** *not to be sure*
negar *to deny*	**no parecer** *not to seem*
no creer *not to believe*	

    No era verdad que Claudio hubiera robado las entradas.

• Expresiones de emoción

alegrarse de *to be happy*	**molestar** *to bother*
esperar *to hope, to wish*	**sentir** *to be sorry; to regret*
gustar *to like*	**sorprender** *to surprise*
tener miedo de *to be afraid*	**temer** *to fear*

    Al gerente le sorprendió que Argentina llegara a la final.

• Expresiones de influencia

aconsejar *to advise*	**prohibir** *to prohibit, to forbid*
exigir *to demand*	**querer** *to want*
ordenar *to order, to command*	**recomendar** *to recommend*
pedir *to ask, to request*	**rogar** *to beg*
permitir *to permit*	**sugerir** *to suggest*

    El gerente le exigió a Claudio que le entregara las entradas.

Cuando la cláusula principal y la cláusula subordinada tienen el mismo sujeto, el verbo de la cláusula subordinada va en infinitivo.

El contable jefe quiere echar a Claudio.
Él quiere hacerle la vida imposible.

El subjuntivo en oraciones impersonales

Muchas oraciones impersonales requieren el subjuntivo en la cláusula subordinada, pues transmiten una emoción, duda, recomendación o negación. Éstas son algunas de las más frecuentes.

Es bueno *It's good*
Es importante *It's important*
Es imposible *It's impossible*
Es interesante *It's interesting*
Es justo *It's fitting*
Es una lástima *It's a shame*

Es malo *It's bad*
Es mejor *It's better*
Es natural *It's natural*
Es necesario *It's necessary*
Es posible *It's possible*
Es urgente *It's urgent*

Es posible que Argentina **gane** la final.

Cuando las oraciones impersonales muestran certeza, se usa el indicativo en la cláusula subordinada.

- Expresiones de **certeza**

Es cierto *It's true*
Es evidente *It's evident*
Es obvio *It's obvious*

Es seguro *It's certain*
Es verdad *It's true*
Está claro *It's clear*

INDICATIVO

Está claro que Echegoyen no **quiere** ceder las entradas.

- Expresiones de **duda** y **negación**

No es cierto *It's not true*
No es evidente *It's not evident*
No es obvio *It's not obvious*

No es seguro *It's not certain*
No es verdad *It's not true*
No está claro *It's not clear*

SUBJUNTIVO

No es seguro que Echegoyen **elija** quedarse con el Lotus.

AYUDA

Hay casos en los que el subjuntivo aparece en cláusulas principales. Éstos expresan deseo.

- **Ojalá** + *subjuntivo*
  Ojalá **hagan** *justicia.*

- **Que** + *subjuntivo*
  Que te **vaya** *bien.*

Práctica

1

El tribunal Completa cada oración con la forma adecuada del verbo.

1. No es cierto que la justicia siempre _____ (cumplirse).
2. El juez exigió que las acusadas _____ (hacer) sus declaraciones.
3. Los miembros del jurado piensan que tú _____ (ser) inocente del crimen.
4. Al abogado le molestó que nosotras _____ (tener) razón.
5. El culpable exclamó: "¡No está claro que yo _____ (disparar)!"
6. El testigo está seguro de que la abogada defensora _____ (mentir).

2

La justicia En parejas, imaginen que uno/a de ustedes está acusado/a de un crimen y el/la otro/a es su abogado/a. Preparen un diálogo utilizando estos elementos.

1. dudar que
2. ser evidente que
3. pedir que
4. recomendar que

5. sentir que
6. creer que
7. ser imposible que
8. ser urgente que

Practice more at
vhlcentral.com.

4.2 Pronombres relativos Presentation

Recuerda

Los pronombres relativos son palabras que se refieren a un sustantivo o pronombre, llamado *antecedente*, mencionado anteriormente en la oración. Es decir, son pronombres que establecen una relación entre una cláusula subordinada adjetiva y el sustantivo o pronombre de la cláusula principal al que se refieren.

Las cláusulas subordinadas adjetivas funcionan como adjetivos, ya que modifican a un sustantivo o pronombre de la cláusula principal. Estas cláusulas pueden ir introducidas por pronombres relativos o adverbios relativos.

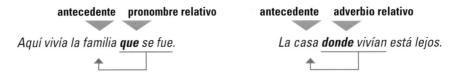

Tipos y usos de los pronombres relativos

• **que**

Que (*that, which, who, whom*) es el pronombre relativo más común. Se utiliza para referirse tanto a personas como a objetos. Es el único pronombre que se puede utilizar sin preposición en las cláusulas relativas especificativas.

> *El jugador **que** marcó el gol de la victoria fue Mario Kempes.*

• **quien(es)**

Quien(es) (*who, whom*) se usa para referirse a personas. Concuerda en número con su antecedente y puede usarse en cláusulas relativas especificativas sólo si hay una preposición presente.

> *Los jugadores, **quienes** vinieron de todo Argentina, se convirtieron en héroes.*
> *Los empleados **a quienes** echaron no recibieron indemnización.*

• **el/la/lo que, los/las que**

El/la/lo que y **los/las que** (*that, which, who, whom*) pueden sustituir a **que** o **quien**. Pueden usarse en cláusulas relativas especificativas sólo si hay una preposición presente.

> *El jugador, **el que** marcó el gol, se llama Mario.*
> *La amiga con **la que** fue a la final se llama Carla.*

• **el/la cual, los/las cuales**

El/la cual y **los/las cuales** (*that, which, who, whom*) siguen las mismas reglas que **el/la/lo que** y **los/las que**, pero se suelen utilizar más a menudo en el lenguaje formal o escrito.

> *Ayer acabó la venta de entradas, **la cual** duró un mes.*
> *El banco en **el cual** trabajé aún existe.*

• cuyo/a(s)

Cuyo/a(s) (*whose*) se utiliza para referirse tanto a personas como a objetos y siempre precede a un sustantivo. Concuerda en género y número con la persona u objeto al que se refiere, y no con el poseedor.

> *Echegoyen es el empleado **cuyo** presidente no conoce.*
> *El presidente, **cuyas** hijas juegan al fútbol, no verá la final.*

Los pronombres relativos con preposiciones

Después de las preposiciones **a**, **de**, **en** y **con**, se usa **que** o **el/la que**, **los/las que**, **el/la cual** o **los/las cuales** cuando el antecedente no es una persona. Cuando el antecedente es una persona, se utiliza *preposición* + **quien(es)** o *preposición* + *artículo* + **que/cual**.

> *El señor con **quien** se reunió el gerente es el presidente.*
> *El señor con **el que** se reunió el gerente es el presidente.*
> *El señor con **el cual** se reunió el gerente es el presidente.*

• Después de otras preposiciones, **que** debe usarse con un artículo definido.

> *Los empleados **sobre los que** te hablé han sido despedidos.*

Los adverbios relativos

Los adverbios relativos **donde**, **cuando** y **como** pueden reemplazar a **en que** o **en** + *artículo* + **que/cual**.

> *El estadio **donde** se celebró el partido está allí.*

> *El estadio **en el que/cual** se celebró el partido está allí.*

> *El momento **cuando** me vio, supo que planeaba algo.*

> *El momento **en el que** me vio, supo que planeaba algo.*

> *No me gusta la manera **como** me miras.*

> *No me gusta la manera **en que** me miras.*

Práctica

1 **Completar** Completa las oraciones con las palabras de la lista de la derecha.

1. El hombre con _____ hablé ayer es el juez del caso.
2. La abogada para _____ trabajo me ha dado dos semanas de vacaciones.
3. Los jueces con _____ hablamos ayer nos dieron malas noticias.
4. La mujer _____ hijos trabajan para el gobierno ha llamado hoy.
5. La empresa _____ trabajo es internacional.
6. Hablé con los abogados, _____ están trabajando en el caso.
7. La familia, _____ hijo vive en el exilio, está sufriendo mucho.
8. Las compañías _____ tienen más poder son las multinacionales.

cuyo	los que
cuyos	que
donde	quien
la que	quienes

2 **Definiciones** En parejas, preparen cinco definiciones de objetos o personas en la clase usando pronombres relativos y adverbios relativos. Después, compártanlas con la clase. La clase tendrá que adivinar a qué o a quién se refiere cada definición.

Practice more at vhlcentral.com.

Preparación

Vocabulary Tools

Sobre el autor

Manuel Vicent (Villavieja, España, 1936) es un escritor cuyas obras, mezcla de literatura y periodismo, están escritas en tono realista. Su novela *Pascua y naranjas* recibió el Premio Alfaguara de Novela en 1966 y *Balada de Caín* consiguió el Premio Nadal en 1986. Vicent ha trabajado en las revistas *Triunfo* y *Hermano Lobo*. En la actualidad, colabora en el diario nacional *El País*.

Vocabulario de la lectura		Vocabulario útil
batir *to beat*	**obligar** *to oblige (to do something), to force*	**la campaña** *campaign*
destrozar *to ruin*	**el telediario** *television news*	**el discurso** *speech*
duro/a *harsh*	**la tortilla** *omelet*	**gobernar** *to govern*
la guerra *war*	**tragarse** *to swallow*	
el juicio *trial*		

1 **Emparejar** Empareja cada palabra con su definición.

1. batir   _____ exposición o razonamiento sobre un tema
2. campaña   _____ demasiado severo
3. destrozar   _____ serie de eventos para dar a conocer a un(a) candidato/a
4. discurso
5. duro   _____ proceso por el cual un(a) juez(a) llega a un veredicto y pronuncia una sentencia
6. gobernar
7. guerra   _____ mover y revolver una sustancia para hacerla líquida
8. juicio

     _____ conflicto armado entre dos o más países

     _____ dirigir el gobierno de un país o estado

     _____ destruir algo

2 **Asuntos serios** En parejas, háganse estas preguntas. Después, compartan sus respuestas con la clase.

1. ¿Te interesa la política? ¿Por qué? ¿Qué cambiarías si pudieras?
2. ¿Piensas que en el futuro habrá una Tercera Guerra Mundial? ¿Confías en los políticos para evitar o controlar este tipo de crisis?
3. ¿Aceptarías alguna responsabilidad política? ¿Cuál? ¿Por qué?
4. ¿Qué medio prefieres para mantenerte informado/a: la televisión, la radio, la prensa, Internet? ¿Por qué?
5. ¿Qué importancia tiene para ti estar al día con las noticias? ¿Te sientes más involucrado/a en la sociedad cuando estás informado/a? Da ejemplos.
6. ¿Utilizas tus conocimientos de español para enterarte de las últimas noticias? ¿En qué medios?

Practice more at **vhlcentral.com**.

La tortilla

Un ama de casa está batiendo una tortilla de dos huevos en el plato frente al televisor y a su lado el marido, un español medio°, lee un periódico deportivo. Es la hora del telediario. Las noticias más terribles constituyen un paisaje sonoro en el fondo° del salón. En la pantalla se suceden° cadáveres, escándalos, declaraciones detonantes° de algún político y otras calamidades. Hasta ese momento ninguna noticia ha sido lo suficientemente dura como para que el ama de casa haya dejado de batir los huevos cinco segundos. Ninguna tragedia planetaria ha forzado al marido a apartar° la vista del periódico. Esta pareja de españoles ya está desactivada. De madrugada oye por la radio a un *killer* informativo formular juicios sumarísimos[1] que destrozan la fama de cualquier ciudadano decente sin que pase nada. Esta pareja de españoles sabe que hoy las sentencias inapelables° se producen antes de que se inicien los procesos. Basta que un juez te llame a declarar obligándote a pasar por un túnel de cámaras y micrófonos en las escaleras de la Audiencia°. Ya estás condenado. La dosis de basura informativa que de forma pasiva este par de seres inocentes se traga diariamente le ha inmunizado para cualquier reacción, entre otras cosas porque se da cuenta de que esos periodistas que se comportan como ángeles vengadores confunden su gastritis con los males de la patria y después de ponerte el corazón en la garganta se van a un buen restaurante y se zampan un codillo° a tu salud. Por eso en este momento en el telediario acaban de dar la gran noticia y esta pareja no se ha conmovido. "¿Has oído esto, Pepe? Están diciendo que ha comenzado la III Guerra Mundial", exclama la mujer sin dejar de batir los huevos. El marido tampoco levanta la vista del periódico deportivo. ¿Qué deberá producirse en el mundo para que esa ama de casa deje de batir los huevos cinco segundos? Sin duda, algo que sea más importante que una tortilla. Pero, en medio de este desmadre° informativo, ¿qué es más importante que una tortilla de dos huevos? Ésa es la pregunta. ■

average

back

there's a series of (…) that follow each other/explosive

to avert

not open to appeal

Supreme Court

dig into their dinner

chaos

[1] **juicios sumarísimos** Los juicios que se tramitan (*are carried out*) en un tiempo más breve por su urgencia, por la sencillez del caso o por la importancia del suceso.

Análisis

1

Comprensión Elige la descripción que mejor resume la lectura.

1. Un ama de casa prepara de comer mientras que su esposo lee el periódico. En el fondo del salón, el telediario da noticias sobre acontecimientos horribles. Sin embargo, la pareja, acostumbrada ya al bombardeo constante de noticias sobre escándalos, crímenes y tragedias, ni reacciona. Cuando se anuncia que ha comenzado la Tercera Guerra Mundial, el marido tampoco reacciona, y nos preguntamos si habrá algo más importante que una tortilla de dos huevos.

2. Un ama de casa prepara de comer mientras que su esposo lee el periódico. Están escuchando las noticias del telediario. Las noticias de los acontecimientos más trágicos hacen que los dos miren hacia la tele, pero no las comentan. Sólo les interesan las noticias de los escándalos de famosos. Lo único que hace reaccionar al marido es el anuncio del comienzo de la Tercera Guerra Mundial. Nos damos cuenta, al final, que una tortilla de dos huevos no es muy importante.

2

Interpretar En parejas, contesten las preguntas.

1. ¿Qué quiere decir "esta pareja de españoles ya está desactivada"?
2. ¿Qué concepto de la justicia tiene el autor? Pongan ejemplos del texto.
3. ¿Qué opinión tiene el autor de los periodistas?
4. ¿Por qué no reacciona la pareja?
5. Según el autor, ¿quiénes son los responsables de esta situación?
6. Expliquen lo que quiere decir el autor cuando escribe: "¿qué es más importante que una tortilla de dos huevos? Ésa es la pregunta."

3

Noticias En parejas, preparen un breve noticiero de televisión con noticias inventadas por ustedes. Cubran las secciones indicadas.

- economía
- política
- noticias internacionales
- cultura y espectáculos
- deportes
- salud
- el tiempo

4

Programa político En grupos pequeños, imaginen que son asesores (*advisors*) presidenciales. ¿Qué cambios le sugieren en estas áreas? Utilicen el subjuntivo.

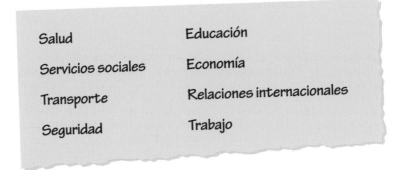

Salud

Servicios sociales

Transporte

Seguridad

Educación

Economía

Relaciones internacionales

Trabajo

5 **Credibilidad** En grupos pequeños, comenten la información presentada en el gráfico. Después, decidan qué nota dar a cada medio de comunicación y compartan sus puntuaciones con la clase.

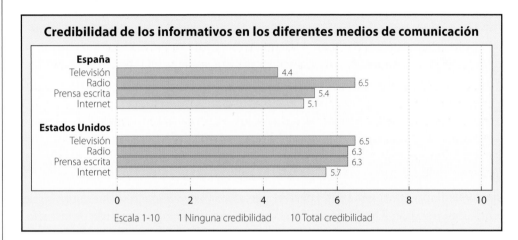

Credibilidad de los informativos en los diferentes medios de comunicación

España
- Televisión 4.4
- Radio 6.5
- Prensa escrita 5.4
- Internet 5.1

Estados Unidos
- Televisión 6.5
- Radio 6.3
- Prensa escrita 6.3
- Internet 5.7

Escala 1-10   1 Ninguna credibilidad   10 Total credibilidad

6 **Candidato/a** En grupos pequeños, elaboren el retrato (*portrait*) del/de la candidato/a ideal para presidente/a. Luego, presenten su candidato/a a la clase y expliquen por qué creen que es el/la ideal.

Candidato/a ideal	
personalidad	
experiencia	
estudios	
imagen	
proyectos	
¿?	

7 **Situaciones** En parejas, elijan una de las situaciones e improvisen un diálogo. Utilicen palabras de la lista. Cuando lo terminen, represéntenlo delante de la clase.

campaña	gobernar	obligar
destrozar	guerra	telediario
duro/a	juicio	tragarse

A
Un(a) juez(a) y un(a) abogado/a están discutiendo sobre su próximo juicio. El/La juez(a) quiere que se transmita por televisión y el/la abogado/a se opone. Los/Las dos exponen sus puntos de vista.

B
Dos amigos/as están viendo la televisión. De repente, anuncian que la Tercera Guerra Mundial ha empezado. Uno/a quiere ayudar y presentarse como voluntario/a para el ejército. El/La otro/a quiere ir a un sitio seguro hasta que pase la crisis.

Practice more at **vhlcentral.com**.

Preparación

Vocabulary Tools

Sobre el autor

Juan Gelman (1930-2014) fue un poeta y periodista argentino que fue galardonado con el Premio Cervantes (2007) y los premios Pablo Neruda (2005) y Reina Sofía (2005), entre otros. Su poesía incluye obras como *Cólera buey* (1965), *Los poemas de Sidney West* (1969), *La junta luz* (1985), *Salarios del impío* (1993) y *El emperrado corazón amora* (2011). Colaboró en la revista literaria *Crisis* y en los periódicos *La Opinión* y *Página 12*.

Sobre la carta

En 1976, durante la dictadura militar argentina, la policía política fue a la casa del escritor para detenerlo. Al no encontrarlo, secuestró a su hijo de 20 años y a su nuera, también de 20 años, que estaba embarazada. El cuerpo de su hijo fue hallado años más tarde, pero el paradero (*whereabouts*) de su nuera sigue siendo desconocido. Desde ese día fatal, Juan Gelman inició la búsqueda de su nieto o nieta. Juan Gelman le escribió en 1995 la carta que aparece a continuación.

Vocabulario de la lectura		Vocabulario útil	
el agujero *hole*	**dar a luz** *to give birth*	**el abuso de poder** *abuse of power*	**la manifestación** *demonstration*
apoderarse *to take possession*	**la falla** *flaw*	**conjeturar** *to speculate*	**el/la preso/a** *prisoner*
arrojar *to throw*	**los restos** *remains*	**la dictadura** *dictatorship*	**la queja** *complaint*
asesinar *to murder*	**secuestrar** *to kidnap*	**(in)justo/a** *(un)fair*	**el régimen** *regime*
el/la cómplice *accomplice*	**trasladar** *to move*	**la lucha** *struggle*	**el tribunal** *court*
	el varón *male*		

1 **Vocabulario** Empareja cada definición con la palabra correspondiente. Después, en parejas, inventen un diálogo usando al menos cuatro palabras de la lista.

1. _____ apoderarse
2. _____ asesinar
3. _____ injusto/a
4. _____ dar a luz
5. _____ varón

a. quitar la vida
b. tener un bebé
c. hombre
d. no hace justicia
e. tomar algo a la fuerza

2 **Opiniones** En parejas, contesten las preguntas. Después, compartan sus ideas con la clase.

1. ¿Han ido alguna vez a una manifestación? ¿Cómo fue la experiencia? Si no fueron, ¿les gustaría participar en una? ¿Por qué?

2. Hagan una lista de causas por las que lucharían. Expliquen sus motivos.

3. ¿Conocen algún caso en que alguien haya sido secuestrado/a por razones políticas? Describan qué ocurrió.

4. ¿Qué consecuencias positivas y negativas tiene difundir la noticia de un secuestro al público?

 Practice more at **vhlcentral.com**.

Carta abierta a mi nieta o nieto

Juan Gelman

Dentro de seis meses cumplirás 19 años. Habrás nacido algún día de octubre de 1976 en un campo de concentración. Poco antes o poco después de tu nacimiento, el mismo mes y año, asesinaron a tu padre de un tiro en la nuca disparado a menos de medio metro de distancia. Él estaba inerme° y lo asesinó un comando militar, tal vez el mismo que lo secuestró con tu madre el 24 de agosto en Buenos Aires y los llevó al campo de concentración *Automotores Orletti* que funcionaba en pleno Floresta[1] y los militares habían bautizado "el Jardín". Tu padre se llamaba Marcelo. Tu madre, Claudia. Los dos tenían 20 años y vos[2], siete meses en el vientre materno° cuando eso ocurrió. A ella la trasladaron —y a vos con ella— cuando estuvo a punto de parir°. Debe haber dado a luz solita, bajo la mirada de algún médico cómplice de la dictadura militar. Te sacaron entonces de su lado y fuiste a parar° —así era casi siempre— a manos de una pareja estéril de marido militar o policía, o juez, o periodista amigo de policía o militar. Había entonces una lista de espera siniestra para cada campo de concentración: Los anotados esperaban quedarse con el hijo robado a las prisioneras que parían y, con alguna excepción, eran asesinadas inmediatamente después. Han pasado 12 años desde que los militares dejaron el gobierno y nada se sabe de tu madre. En cambio, en un tambor de grasa° de 200 litros que los militares rellenaron° con cemento y arena y arrojaron al Río San Fernando, se encontraron los restos de tu padre 13 años después. Está enterrado en La Tablada. Al menos hay con él esa certeza.

Me resulta muy extraño hablarte de mis hijos como tus padres que no fueron.

unarmed (inerme°)
womb (vientre materno°)
to give birth (parir°)
ended up (parar°)
grease drum (tambor de grasa°)
filled (rellenaron°)

[1] **Floresta** Un barrio de Buenos Aires donde se encontraba el campo de concentración instalado en la fábrica Automotores Orletti.
[2] **vos** Se usa en lugar del pronombre "tú". Su uso se llama *voseo* y se da en la zona del Río de la Plata y otras partes de América.

No sé si sos[3] varón o mujer. Sé que naciste. Me lo aseguró el padre Fiorello Cavalli, de la Secretaría de Estado del Vaticano, en febrero de 1978. Desde entonces me pregunto cuál ha sido tu destino. Me asaltan ideas contrarias. Por un lado, siempre me repugna la posibilidad de que llamaras "papá" a un militar o policía ladrón de vos, o a un amigo de los asesinos de tus padres. Por otro lado, siempre quise que, cualquiera que hubiese sido el hogar al que fuiste a parar, te criaran y educaran bien y te quisieran mucho. Sin embargo, nunca dejé de pensar que, aún así, algún agujero o falla tenía que haber en el amor que te tuvieran, no tanto porque tus padres de hoy no son los biológicos —como se dice—, sino por el hecho de que alguna conciencia tendrán ellos de tu historia y de cómo se apoderaron de tu historia y la falsificaron. Imagino que te han mentido mucho.

También pensé todos estos años en qué *uproot you* hacer si te encontraba: si arrancarte° del hogar que tenías o hablar con tus padres adoptivos para establecer un acuerdo que me permitiera verte y acompañarte, siempre sobre la base de que supieras vos quién eras y de dónde venías. El dilema se reiteraba cada vez —y fueron varias— que asomaba la posibilidad de que las Abuelas de Plaza de Mayo[4] te hubieran encontrado. Se reiteraba de manera diferente, según tu edad en cada momento. Me preocupaba que fueras demasiado chica o chico para entender lo que había pasado. Para entender por qué no eran tus padres los que creías tus padres y a lo mejor querías como a padres. Me preocupaba *might suffer* que padecieras° así una doble herida, *gash* una suerte de hachazo° en el tejido de tu subjetividad en formación. Pero ahora sos grande. Podés[5] enterarte de quién sos y decidir después qué hacer con lo que fuiste.

Ahí están las Abuelas y su banco de datos sanguíneos que permiten determinar con precisión científica el origen de hijos de desaparecidos. Tu origen.

Ahora tenés[6] casi la edad de tus padres cuando los mataron y pronto serás mayor que ellos. Ellos se quedaron en los 20 años para siempre. Soñaban mucho con vos y con un mundo más habitable para vos. Me gustaría hablarte de ellos y que me hables de vos. Para reconocer en vos a mi hijo y para que reconozcas en mí lo que de tu padre tengo: los dos somos huérfanos° de *orphans* él. Para reparar de algún modo ese corte brutal o silencio que en la carne de la familia perpetró la dictadura militar. Para darte tu historia, no para apartarte° de lo que no te *separate you* quieras apartar. Ya sos grande, dije.

Los sueños de Marcelo y Claudia no se han cumplido todavía. Menos vos, que naciste y estás quién sabe dónde ni con quién. Tal vez tengas los ojos verdegrises° *gray-green* de mi hijo o los ojos color castaño de su mujer, que poseían un brillo° especial y *sparkle* tierno y pícaro°. Quién sabe cómo serás *mischievous* si sos varón. Quién sabe cómo serás si sos mujer. A lo mejor podés salir de ese misterio para entrar en otro: el del encuentro con un abuelo que te espera.

12 de abril de 1995

P.D. Automotores Orletti, como es notorio ya, fue centro de la Operación Cóndor[7] en la Argentina. Allí hubo tráfico de embarazadas y de niños secuestrados entre las fuerzas de seguridad de las dictaduras militares del cono sur. Allí operaron represores uruguayos. Mi nieta o nieto, ¿nació en algún centro clandestino de detención del Uruguay?

5 de diciembre de 1998 ∎

---

[3] **sos** Del voseo. Equivalente de la segunda persona del singular del verbo "ser". Se utiliza en lugar de "eres".
[4] **Abuelas de Plaza de Mayo** Organización cuyo objetivo es localizar a todos los hijos de desaparecidos secuestrados por la represión política y ponerlos en contacto con sus familias legítimas.
[5] **Podés** Del voseo. Equivalente de la segunda persona del singular del verbo "poder". Se utiliza en lugar de "puedes".
[6] **tenés** Del voseo. Equivalente de la segunda persona del singular del verbo "tener". Se utiliza en lugar de "tienes".
[7] **Operación Cóndor** Cuestionada su existencia por algunos, se dice que era una operación dirigida por las dictaduras militares destinada al exterminio de la oposición.

Análisis

1 **Comprensión** Contesta las preguntas.

1. ¿A quién le escribe el autor? *Claudio y*

2. ¿Cuántos años va a cumplir el/la nieto/a cuando Gelman escribe la carta? *12 de abril de 1995* *diciembre*

3. ¿Qué le ocurrió al hijo de Juan Gelman? *fue secuestrados*

4. ¿Adónde se llevaron al/a la nieto/a? *en Buenos Aires*

5. ¿Cuándo y dónde encontraron el cadáver de su hijo?

6. ¿Qué régimen político había entonces en Argentina? *—dictadura militar*

7. ¿Qué idea le repugna al autor?

8. A pesar de todo, ¿qué quiso siempre para su nieto/a?

9. ¿Para qué quiere Juan Gelman hablar con su nieto/a? *para darte su historia*

2 **Ampliar** En parejas, contesten las preguntas.

1. ¿Qué le preocupaba más a Juan Gelman a la hora de conocer a su nieto/a? —

2. ¿Por qué era tan importante para el autor encontrar a su nieto/a? ¿Sería importante para ustedes? ¿Por qué?

3. ¿Por qué es importante que se hayan encontrado los restos del hijo de Juan Gelman?

4. ¿Por qué es significativo que el/la nieto/a de Gelman tuviera cuando escribió la carta casi la edad de sus padres cuando los mataron?

5. ¿A qué creen que se refiere el autor cuando escribe: "Para darte tu historia, no para apartarte de lo que no te quieras apartar"?

3 **El abuelo** En el año 2000, Juan Gelman localizó a su nieta. Su madre había sido asesinada y la niña fue adoptada por una familia adepta a (*that supported*) la dictadura. Fue su madre adoptiva quien le comunicó a la joven que su verdadera identidad había sido descubierta. El 27 de febrero de 2008, la joven pidió a la justicia que los responsables del asesinato de sus padres dejaran de gozar de impunidad bajo la Ley de Caducidad (que les dio amnestía a los militares involucrados en las violaciones de los derechos humanos) y fueran juzgados. En parejas, contesten estas preguntas.

1. ¿Cómo creen que reaccionó Juan Gelman ante estas declaraciones?

2. ¿Qué piensan de la decisión de la nieta? ¿Pueden entender su comportamiento?

3. ¿Qué habrían hecho ustedes en el lugar de la nieta? ¿Y en el lugar del abuelo?

4 **Mentiras** Juan Gelman se imagina que le han mentido mucho a su nieta. En parejas, contesten estas preguntas sobre la mentira.

1. ¿Creen que a veces es necesario mentir? ¿Cuándo? ¿Por qué?

2. Túrnense para contarse una historia en la que les hayan mentido o en la que ustedes lo hayan hecho. ¿Perdonaron la mentira? ¿Los/Las perdonaron a ustedes?

3. ¿Conocen a alguien que mienta mucho? ¿Por qué creen que lo hace?

5 **Desaparecidos** En parejas, elijan una de las opciones y contesten las preguntas. Luego, trabajen con otra pareja que haya elegido la misma opción y comparen sus respuestas.

- ¿Creen que los padres adoptivos tienen la responsabilidad moral de contar desde el principio a sus hijos que no son los padres biológicos? ¿Creen que deben poner a sus hijos en contacto con sus familias biológicas? ¿Por qué?

- ¿Piensan que unos padres que abandonan a sus hijos tienen el derecho de reunirse con ellos al cabo de los años? Justifiquen su respuesta.

6 **El poder** En grupos pequeños, contesten las preguntas.

1. ¿Qué es, según ustedes, el abuso de poder?

2. ¿Conocen algún caso de abuso de poder? Den ejemplos.

3. ¿Creen que los ciudadanos tenemos los medios necesarios para luchar contra el abuso de poder? Expliquen sus respuestas.

4. ¿Cómo creen que reaccionarían si sufrieran este tipo de abuso?

7 **Luchadores** En parejas, elijan una historia que conozcan de alguna persona que haya luchado contra una injusticia del sistema en la vida real o en la ficción. Escriban la historia, usando el subjuntivo, y compártanla con la clase.

8 **Mini-juicios** En grupos de tres, elijan uno de los casos y preparen un pequeño juicio. Una persona será el/la juez(a) y los otros representarán las posturas opuestas en cada tema. El/La juez(a) hará algunas preguntas y al final dará su veredicto.

- **Quemar la bandera. ¿Libertad de expresión?**
- **Uniforme en la escuela. ¿Es necesario?**
- **Ley de prohibición del tabaco. ¿Intromisión (*Interference*) en los derechos individuales?**

9 **Situaciones** En parejas, elijan una de las situaciones e improvisen un diálogo. Utilicen al menos seis palabras de la lista. Cuando estén listos, represéntenlo delante de la clase.

cómplice	injusto/a	queja
dar a luz	juicio	secuestrar
destrozar	lucha	trasladar
duro/a	obligar	tribunal

A
Uno/a de ustedes acaba de descubrir que la que creía ser su familia biológica no lo es. Habla con un miembro de la familia adoptiva para preguntarle lo que pasó.

B
Uno/a de ustedes ve a una persona en la calle a quien se parece mucho físicamente. Habla con esa persona para averiguar cómo es posible que los dos tengan el mismo aspecto físico.

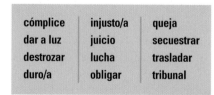 Practice more at **vhlcentral.com**.

Preparación

 Vocabulary Tools

Sobre el autor

El chileno Ricardo Eliecer Neftalí Reyes Basoalto (1904-1973) desde muy joven comenzó a escribir poemas utilizando el seudónimo **Pablo Neruda**. Además de ser uno de los poetas más conocidos y celebrados del siglo XX, participó activamente en política. En 1924, con tan sólo veinte años, publicó el libro que lo lanzó a la fama: *Veinte poemas de amor y una canción desesperada*. El amor fue sólo uno de los temas de su extensa obra: también escribió poesía surrealista y poesía con fuerte contenido histórico y político. Recibió importantes premios de literatura, entre ellos el Premio Nobel, y un Doctorado Honoris Causa de la Universidad de Oxford.

Vocabulario de la lectura		Vocabulario útil
arder *to burn*	**el muro** *wall*	**liberarse** *to free oneself*
asaltar *to storm*	**el pecado** *sin*	**el magnate** *tycoon*
descartar *to discard*	**robar** *to steal*	**la soledad** *loneliness*
hundirse *to sink*	**sombrío/a** *gloomy*	
igual *same*	**tembloroso/a** *trembling*	

1

Emparejar Empareja cada palabra con su definición.

1. igual _____ a. estar en llamas (*flames*)

2. muro _____ b. apropiarse de algo ajeno sin permiso

3. arder _____ c. persona poderosa e influyente

4. magnate _____ d. atacar a una persona o cosa

5. tembloroso/a _____ e. lo que impide la comunicación y separa

6. descartar _____ f. eliminar o excluir a alguien o algo

7. asaltar _____ g. muy parecido o semejante

8. robar _____ h. que tiembla

2

Ser o no ser… rico En parejas, contesten las siguientes preguntas. Luego compartan sus respuestas con el resto de la clase.

1. ¿Cuáles son los beneficios o privilegios que disfrutan las personas con dinero?

2. ¿Conocen a alguna persona que se haya hecho rica por su propio esfuerzo? ¿Cómo cambió su vida? ¿Les parece algo admirable lo que logró? ¿Por qué?

3. ¿Creen que hay culturas en las que es más fácil pasar de ser pobre a rico que en otras? ¿En qué lugar les parece más posible hacerse rico/a de la noche a la mañana, en Estados Unidos o en Latinoamérica? ¿Por qué? ¿Creen en el sueño americano?

4. ¿Piensan que el dinero hace más felices, amables o solidarias a las personas, o todo lo contrario?

5. ¿Qué harían ustedes si tuvieran una gran fortuna?

 Practice more at **vhlcentral.com**.

Oda a un millonario muerto

Pablo Neruda

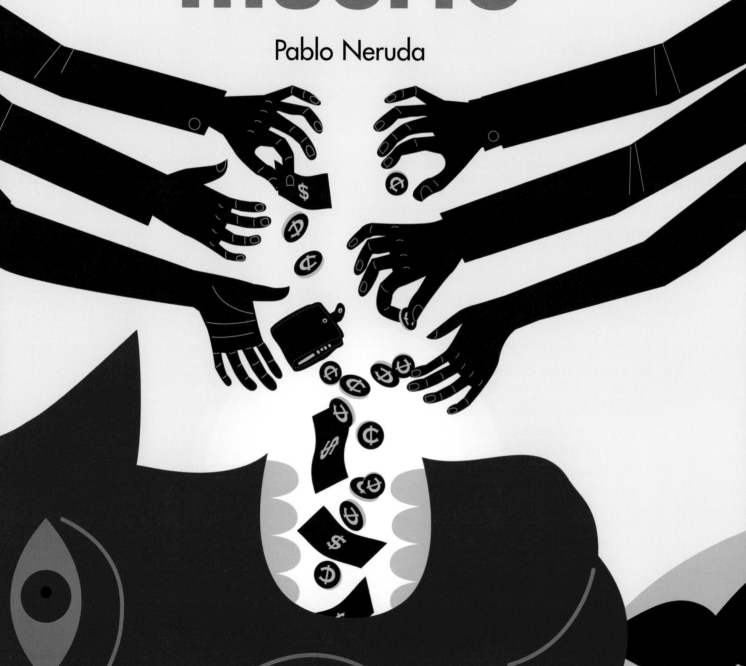

Conocí a un hombre millonario.
rancher   Era estanciero°, rey
plains   de llanuras° grises
en donde se perdían
los caballos.

Paseábamos su casa,
sus jardines,
la piscina con
una torre blanca
y aguas
como para bañar
a una ciudad.
Se sacó los zapatos,
metió los pies
con cierta
severidad sombría
en la piscina verde.
No sé por qué una a una
fue descartando
todas sus mujeres.
Ellas
bailaban en Europa
o atravesaban rápidas la nieve
sleigh   en trineo°, en Alaska.

S. me contó cómo
cuando niño vendía diarios
y robaba panes.
Ahora sus periódicos
asaltaban las calles
temblorosas,
golpeaban a la gente
con noticias
y decían con énfasis
sólo sus opiniones.

Tenía bancos, naves,
pecados y tristezas.

A veces con papel,
pluma, memoria,
se hundía en su dinero,
contaba, sumando, dividiendo,
multiplicando cosas
hasta que se dormía.

Me parece
que el hombre nunca
pudo salir de su tristeza
—lo impregnaba, le daba
aire, color abstracto—,
y él se veía adentro
como un molusco ciego
rodeado
de un muro
impenetrable.

A veces, en sus ojos
vi un fuego frío, lejos,
algo desesperado
que moría.

> **A veces, en sus ojos
> vi un fuego frío, lejos,
> algo desesperado
> que moría.**

Nunca supe si fuimos
enemigos.

Murió una noche
cerca de Tucumán.
En la catástrofe
ardió su poderoso Rolls
como cerca del río
el catafalco
de una religión oscura.

Yo sé que todos
los muertos son iguales,
pero no sé, no sé
pienso que aquel
hombre, a su modo,
con la muerte
dejó de ser un
pobre prisionero. ■

Análisis

1

Comprensión Decide si las afirmaciones son ciertas o falsas. Corrige las falsas.

1. El poema está escrito desde el punto de vista de un millonario.

2. El hombre rico era estanciero.

3. Tenía muchas novias que descartaba a cada rato.

4. Había heredado su fortuna de su padre, que era un magnate de los periódicos.

5. A pesar de ser tan rico, al millonario no le preocupaba su dinero y nunca pensaba en él.

6. El millonario era un hombre triste.

7. Murió en un accidente de auto, cerca de Tucumán.

8. Para el poeta, la muerte fue la gran tragedia del millonario.

2

Interpretación En parejas, contesten las preguntas.

1. ¿Qué ejemplos encuentran en el poema para respaldar estas afirmaciones sobre la vida del millonario?

   • El millonario era un hombre que no sabía divertirse ni disfrutar de lo que tenía.

   • Usaba sus periódicos para imponer su punto de vista en la sociedad.

2. La tristeza que menciona el poeta, ¿nació con la riqueza o venía de antes?

3. ¿Qué clase de relación tuvieron el poeta y el millonario?

4. ¿Por qué lo llama "un pobre prisionero"?

3

Análisis En parejas, contesten las preguntas.

1. ¿Qué significa que se "perdían los caballos" en las estancias del millonario y que tenía piscinas con "aguas como para bañar a una ciudad"?

2. El poeta dice que el millonario posee "bancos, naves, pecados y tristezas". ¿Les parece que las cosas materiales importan más o menos que las otras? ¿Por qué?

3. ¿Qué podía ser ese fuego que había en sus ojos, "algo desesperado que moría"?

4. ¿Era realmente "poderoso" el Rolls del millonario? ¿Y el millonario? Expliquen sus respuestas.

5. El catafalco es un monumento funerario: ¿en qué sentido puede compararse con el auto en llamas del millonario? ¿Cuál sería esa "religión oscura"?

6. ¿Es posible que alguien rico, poderoso y libre sea un prisionero de alguna manera? ¿Por qué?

4

Juicio final Simulen un juicio en el que se decidirá si el millonario irá al cielo o al infierno. La acusación y la defensa deben usar la información que aparece en el poema para presentar sus argumentos.

• Para sus argumentos a favor pueden considerar:
   Su infancia problemática y pobre
   La soledad del poder

• Para sus argumentos en contra pueden considerar:
   Los métodos al margen de la ley para enriquecerse
   El monopolio de la información de su imperio periodístico

5 **Mundo perfecto** En grupos de tres, conversen sobre cómo sería vivir en un mundo donde todos sus habitantes fueran absolutamente iguales. Escriban un párrafo utilizando las siguientes preguntas como guía. Después, compartan su párrafo con el resto de la clase y creen un debate sobre el tema.

- ¿Podría haber dinero, millonarios, magnates y superestrellas?
- ¿Existirían la política, los reyes y las herencias de cualquier clase?
- ¿Seguiría habiendo sirvientes, jefes, presidentes, empleados?
- ¿Qué ocurriría con el crimen, la policía y los jueces?
- ¿Seríamos todos más felices sin que nadie ejerciera poder sobre otros?

6 **Príncipe y mendigo** Dos hombres, uno rico y otro pobre, intercambian sus vidas por una semana para saber cómo es ser otra persona. Al final de esa semana, se confiesan lo que les pareció la experiencia, qué les gustó y qué los decepcionó. En parejas, escriban cinco cosas que descubrió el rico y cinco que descubrió el pobre. Utilicen expresiones como **Creía que…/Me alegra que…/Es una lástima que…**

7 **Recortes forzados** La hija de un millonario ha recibido un aviso del abogado de su padre: por la crisis económica, debe recortar gastos. En grupos de tres, marquen con una cruz las cosas que se le permiten hacer y cuáles no, según ustedes consideren que son útiles o superfluas. Justifiquen sus opciones. Después, compartan sus respuestas con la clase.

Actos	Sí	No
Comprarse un estadio de fútbol		
Hacer una gira de visitas a museos europeos		
Organizar una fiesta de lujo en el Caribe		
Producir un corto dirigido por su novio		
Realizar un viaje al espacio en un cohete de la NASA		
Donar dinero a una ONG		
Alquilar una isla privada en el mar Egeo		

8 **Situaciones** En parejas, elijan una de las siguientes situaciones e improvisen un diálogo. Utilicen las palabras de la lista. Cuando estén listos, represéntenlo delante de la clase.

descartar	liberarse	robar
hundirse	lucha	soledad
igual	pecado	tembloroso/a

A
Un hombre anciano ha decidido hacer su testamento. Sus dos sobrinos discuten y enumeran sus méritos para tratar de convencerlo de que les deje toda su herencia.

B
Un/a periodista entrevista a una persona que ganó la lotería hace dos años para saber qué hizo con el dinero y cómo cambió su vida y la de su familia tras volverse rico/a. El/La ganador(a) de la lotería le hace revelaciones asombrosas.

 Practice more at **vhlcentral.com**.

Preparación

 Vocabulary Tools

Sobre el autor

El dibujante **Alberto Montt** (Quito, Ecuador, 1972), hijo de un chileno y una ecuatoriana, estudió Arte y Diseño Gráfico en Ecuador. Tras su mudanza a Chile, se dedicó a ilustrar libros infantiles y a colaborar con distintas revistas y medios periodísticos. Admirador de famosos humoristas gráficos como Gary Larson y Quino, declara que le interesa sorprender al lector con salidas descabelladas y con la descontextualización como herramienta para hacer reír. A través de su blog "Dosis diarias", se dedica a hacer lo que "hace mucho tiempo quería: dibujar las idioteces que tengo en la cabeza", confiesa.

Vocabulario de la tira cómica	Vocabulario útil	
la billetera *wallet*	**amenazar** *to threaten*	**estafar** *to rip off*
desprotegido/a *unprotected*	**cometer** *to commit*	**la treta** *trick*
harto/a *fed up*	**el engaño** *deception*	
manga de *a bunch of*	**el/la estafador(a)** *con*	
los objetos de valor *valuables*	*artist*	
quejumbroso/a *whiny*		

1 **Suposiciones** En parejas, examinen la primera viñeta y contesten las preguntas.

1. ¿Qué clase de persona piensan que es el protagonista? ¿Dónde vive? ¿Cuál es la historia de su vida?

2. ¿Qué mensaje creen que quiere dar? ¿Qué creen que pasará?

2 **Indignados/as** ¿Qué cosas les indignan? Mencionen por lo menos tres situaciones que los tienen hartos/as y que desearían poder cambiar. Expliquen las razones.

Análisis

1 **Preguntas** En parejas, contesten las siguientes preguntas.

1. ¿Cuál es el tema de esta tira cómica?

2. ¿En qué lugar ocurre? ¿Ocurre en un país hispano? ¿Podría darse en los Estados Unidos? ¿Por qué?

3. ¿De qué creen que trabaja el protagonista?

2 **Otro personaje** En parejas, imaginen un segundo personaje que le responde al protagonista de esta tira cómica y creen una cuarta viñeta. Después, compartan su viñeta con la clase.

3 **Citas** Lean las siguientes citas. Luego, discutan en grupos qué opinan de ellas y qué relación encuentran entre ellas y la tira cómica.

"El hombre es un lobo para el hombre."
Thomas Hobbes

"Lo que no me mata me hace más fuerte."
Friedrich Nietzsche

"Cometer una injusticia es peor que sufrirla."
Aristóteles

 Practice more at **vhlcentral.com**.

Inseguridad de **Alberto Montt**

✍ Escribe una carta al presidente

Ahora tienes que escribirle una carta al/a la presidente/a de los Estados Unidos. En ella debes mencionar con qué estás de acuerdo o en desacuerdo y por qué, darle las gracias por su trabajo, pedirle una reforma o darle tu opinión sobre un tema de tu interés. Vas a necesitar el subjuntivo.

Plan de redacción

Planea

1 Elige el tema Selecciona un tema que te interese: social, económico, educativo, etc. ¿Crees que se necesita un cambio en esa área? ¿Apoyas las últimas leyes que se han aprobado?

2 Haz un esquema Prepara cinco opiniones o sugerencias sobre ese tema.

Escribe

3 Encabezado Inicia la carta con la fecha y el lugar desde donde escribes. También debes dirigirte al/a la presidente/a con formalidad. Aquí tienes algunos ejemplos.

- Excelentísimo/a Señor(a) Presidente/a (escribe el nombre del/de la presidente/a)

- Distinguido/a Señor(a) Presidente/a de (escribe el nombre del país)

4 Contenido Aquí escribes tus opiniones o recomendaciones.

5 Despedida Incluye una frase de despedida. Puedes elegir una de éstas:

- Saludándolo/la atentamente,
  (escribe tu nombre y tus datos)

- En espera de su oportuna respuesta, me despido de usted atentamente,
  (escribe tu nombre y tus datos)

Comprueba y lee

6 Revisa Repasa tu carta.

- Elimina las redundancias.

- Comprueba el uso correcto de los tiempos verbales.

- Asegúrate de que usas el subjuntivo adecuadamente.

7 Lee Lee la carta a tus compañeros de clase. Ellos tomarán notas y, cuando hayas terminado de leer, tienes que estar preparado/a para contestar sus preguntas.

Las empresas multinacionales: ¿a favor o en contra?

Hoy en día es casi imposible llevar una vida normal sin utilizar productos procedentes de las empresas multinacionales. ¿Qué opinan de este hecho? ¿Están a favor o en contra?

1 La clase se divide en grupos pequeños. Cada grupo tiene que escribir las características de las empresas multinacionales, dando ejemplos, y describir sus aspectos positivos y negativos de acuerdo con estos factores.

• La economía global

• El empleo

• El impacto sobre los avances tecnológicos y el medio ambiente

• Los precios

• La explotación

Cuando hayan acabado, decidan si están a favor o en contra y por qué.

2 Luego, los grupos leen sus respuestas y sus conclusiones mientras la clase toma nota. En el caso de que no todos los miembros del grupo estén de acuerdo, digan que dentro del grupo hay distintas opiniones y expliquen cuáles son.

3 Cuando todos los grupos terminen sus presentaciones, toda la clase debe participar haciendo preguntas y defendiendo sus opiniones.

Misterios del amor

El amor es bello e impredecible. No tiene límites ni barreras, ni razón, ni lógica; es el lugar al que pertenecemos y donde todos queremos estar. Es la fuente de las relaciones interpersonales y es la fuente de mucha inspiración artística. El misterio de amar es el misterio de vivir. ¿Qué relación tienes con el amor? ¿Alguna vez te has enamorado ciegamente? ¿Es posible ignorar el amor?

128

147

155

Preparación

Vocabulario del corto

aguantar *to bear, to stand (someone)*

colgar *to hang up*

desmayarse *to faint*

echar de menos *to miss (someone)*

encerrado/a *locked in*

fiel *faithful; loyal*

funcionar *to work out*

liarse con *to get involved with*

el ramo *bouquet*

el tesoro *treasure*

Vocabulario útil

la cabaña *hut*

chismear *to gossip*

comprometerse *to get engaged*

la fidelidad *faithfulness; loyalty*

el juramento *oath*

el/la prometido/a *fiancé(e)*

sincerarse *to be honest; to open one's heart*

EXPRESIONES

costar una pasta *to cost a fortune*

estar hecho un Cristo *to be a mess; to be in bad condition*

¡Qué fuerte! *Amazing!*

todo al revés *everything is turned around*

---

1 **Vocabulario** Completa la conversación con palabras y expresiones del vocabulario. Haz los cambios necesarios.

ANA ¿Sabes que Susana y Pedro se van a casar el próximo mes?

LUCÍA ¿Qué me estás diciendo?

ANA ¿Que no lo sabes? ¡Se (1) _____ desde el año pasado!

LUCÍA ¿Y sí crees que Pedro le sea (2) _____ a ella? ¡Me enteré de que él se había (3) _____ con una compañera de trabajo!

ANA Cuando Susana lo supo, fue tal la sorpresa que casi se (4) _____. Pero yo pienso que eso es tema del pasado.

LUCÍA No sé… yo creo que él no sabe lo que es la (5) _____ y que sale con otras mujeres.

ANA El otro día él se (6) _____ con ella y le dijo que la amaba de verdad, que cuando se separaron por un tiempo la (7) _____ y que quiere vivir con ella por siempre.

LUCÍA Bueno, esperemos que sea cierto, y que su matrimonio (8) _____.

2 **Amigos de infancia** En parejas, contesten las siguientes preguntas.

1. ¿Quién fue tu mejor amigo/a de infancia? ¿Qué es lo que más recuerdas de la amistad con esa persona? ¿Dónde vivían en esa época?

2. ¿A qué jugaban? ¿Dónde iban a jugar? ¿Tenían problemas con sus padres por jugar juntos demasiado tiempo?

3. ¿Todavía tienes una relación de amistad con esa persona? ¿Se ven a menudo? ¿Qué hacen o adónde van cuando se ven? ¿Qué intereses comparten?

4. ¿Has perdido el rastro de (*lost track of*) un(a) amigo(a) especial de la infancia? ¿Te gustaría volver a verlo/la? ¿Cómo crees que podrías encontrarlo/la?

5. ¿Crees que es importante conservar los amigos de la infancia? ¿Por qué?

3

Sentimientos En los momentos decisivos de nuestra vida, cuando debemos tomar decisiones importantes o cuando van a ocurrir grandes cambios, todos experimentamos diversos sentimientos. En grupos pequeños, hagan una lista de los sentimientos que asocian a cada una de las siguientes situaciones y den algunos consejos para manejar dichos sentimientos. Luego, compartan sus opiniones con la clase.

- En la semana de exámenes finales
- Una hora antes de tu primera entrevista de trabajo
- El día antes de tu primer día de clases o de trabajo
- La noche antes de tu matrimonio
- El día que te vas a otro país a estudiar por un año

4

Antes y ahora ¿Cómo eran los noviazgos y los matrimonios en el pasado y cómo son ahora? ¿Los roles del hombre y de la mujer en las relaciones de pareja han cambiado? En parejas, hagan una lista sobre las relaciones de pareja en el pasado y compárenla con las del siglo XXI. Luego, compartan las listas con la clase.

Pasado	Presente
El novio visitaba a la novia en la sala de su casa.	Los novios salen al cine o a la discoteca.

5

Anticipar En parejas, observen los fotogramas e imaginen de qué va a tratar el cortometraje. Consideren las preguntas y el vocabulario para hacer sus predicciones.

- ¿Qué relación tiene la pareja de los fotogramas? ¿Son novios? ¿esposos? ¿amigos? ¿hermanos?
- ¿Qué sucede en el primer fotograma? ¿De qué está hablando la pareja? ¿Por qué llora la mujer? ¿Qué le está diciendo el hombre?
- ¿Qué sucede en el segundo fotograma? ¿Qué está haciendo la pareja? ¿Hacia dónde van?

 Practice more at **vhlcentral.com**.

GUIÓN Y DIRECCIÓN Ruth Díaz   PRODUCTOR Jaime Martín   MÚSICA Javier Román "El Niñu"
FOTOGRAFÍA Alfonso Cortes-Cavanillas VESTUARIO, MAQUILLAJE Y PELUQUERÍA Sandra Nonna
AYUDANTE DE DIRECCIÓN Estefanía Cortés

Ruth
Díaz

Asier
Etxeandía

porsiemprejamón

Mejor cortometraje
Cortoespaña
Neda

Mejor actriz
CinEuphoria

Mejor cortometraje
Cortoespaña
Salteras

Mejor actor
Festival Iberoamericano
de Cortometrajes abc.es

Mejor cortometraje
Festival de Cine
Realizado por Mujeres
de Tres Cantos

Mejor cortometraje
Festival Internacional
de Cine Carlos Velo

FICHA **Personajes** Ruth niña, Asier niño, madre de Ruth, Ruth adulta, Asier adulto
Duración 24 minutos   **País** España   **Año** 2014

ESCENAS Video

Madre ¡Ruth! ¡A casa! ¡Ruth! Asier, ¿has visto a la niña? ¿Qué haces ahí?
Asier niño Jugar a las canicas¹.
Madre ¡Dile a la niña que suba ahora mismo!
Asier niño Que subas.
Ruth niña ¡Un poquito más!

Ruth adulta ¡Mamá, por favor! ¡Llama a Asier, que venga!
Madre ¿Que venga a qué? ¿A qué quieres que venga?
Ruth adulta ¡Mamá, que venga!...
Madre ¡Hala²! ¡Descargad todos en mí, venga! ¡Qué pinto yo³ en esta casa!

Asier adulto Pero no llores… Estás guapísima. ¡Si pareces una princesa!… ¿Qué te pasa? ¿Estás nerviosa?
Ruth adulta Sí.
Asier adulto ¡Pero que es normal, mujer! ¡Es normal! Ruth, va a salir todo bien.

Ruth adulta Y si me siento encerrada, y…
Asier adulto ¿Encerrada dónde?
Ruth adulta No sé. ¿Cuántos, después de años de estar juntos, se casan, y a los pocos meses se divorcian porque no se aguantan?

Asier niño …a este pobre imperfecto mortal para el resto de tus días, para el resto de tus noches, por siempre jamón?
Ruth niña Sí, quiero.

Madre Oye, mira, vamos. ¡Déjame en paz! Toma, toma, ponle los zapatos.
Ruth adulta Dame el ramo.
Madre ¿Puedes o no puedes?

¹ marbles ² Come on! ³ Where do I fit in

Nota CULTURAL

Las bodas tradicionales en España son un acontecimiento familiar y social importante, que usualmente reúne a toda la familia, y a veces a gran parte del vecindario. En general, las bodas comienzan tarde, hacia las siete de la tarde, y terminan con un gran banquete y una ruidosa fiesta. La novia, vestida de blanco, usualmente lleva una mantilla en su pelo, que puede ser más larga que el propio vestido. A los novios los acompañan sus padres al altar; no es muy usual que vayan acompañados de damas o caballeros de honor. Cuando los recién casados salen de la iglesia, los invitados les arrojan arroz, a veces mezclado con pétalos, como símbolo de prosperidad y abundancia.

- ¿Qué semejanzas y diferencias encuentran entre las bodas en España y las bodas en su país?

- ¿Saben si las tradiciones de las bodas españolas también son comunes en los países latinoamericanos? ¿Han asistido a bodas de personas de otros países o culturas? ¿Cómo son esas bodas?

EN PANTALLA

Relaciona cada oración con un personaje del corto.

_____ 1. ¿Y si el matrimonio no funciona?

_____ 2. ¡Todos vais a acabar conmigo!

_____ 3. Vas a decirme la verdad porque soy tu amigo.

_____ 4. Ahora me debes besar en la boca.

_____ 5. Esto no es una película; es un juego.

Análisis

1 **Comprensión** Indica si las siguientes oraciones son ciertas o falsas. Corrige las oraciones falsas.

1. Ruth y Asier se conocieron recientemente en una discoteca.
2. Las amigas de Ruth chismean mientras la preparan para la boda.
3. La cabaña donde jugaban los niños está en buenas condiciones.
4. Asier encuentra algo en la cabaña.
5. Ruth teme que su matrimonio termine igual que el de sus padres.
6. Asier lleva a Ruth a la iglesia en su moto.
7. Ruth se casa con Asier al final.
8. Los padres de Ruth bailan juntos en la recepción.

2 **Interpretación** En parejas, contesten las preguntas.

1. ¿Por qué Ruth se siente tan angustiada antes de la boda?
2. ¿Cuál es el principal temor que tiene Ruth?
3. ¿Creen que Asier y la madre de Ruth tienen una buena relación? ¿Por qué?
4. ¿Creen que el matrimonio de los padres de Ruth funciona bien? ¿Por qué?

3 **¿Qué quieren decir?** En grupos de tres, analicen las siguientes expresiones de los personajes del corto. ¿Qué quieren decir con esas expresiones?

1. MADRE DE RUTH: ¡Entre tu padre y tú me vais a matar!
2. RUTH: Y si de pronto el casarse hace que las cosas se vean de otra forma.
3. RUTH: Es que... no quiero acabar como mis padres.
4. ASIER: De una boda sale otra boda, ¿no?
5. ASIER: Sólo es un juego.

4 **Un tesoro** En grupos pequeños, observen los siguientes fotogramas y contesten las preguntas.

1. ¿Dónde están Ruth y Asier?
2. ¿Qué significa este lugar para ellos? ¿Por qué es importante?
3. ¿Qué diferencia encuentran los personajes entre este lugar ahora y como era en el pasado?
4. ¿Qué encuentra Ruth en la cabaña? ¿Por qué se llama un "tesoro"?
5. Cuando eras niño/a, ¿tuviste un lugar similar? ¿Cómo era? ¿Con quién lo compartías?
6. ¿Cuáles son los tesoros de tu infancia?

5 **El prometido** ¿Quién fue el prometido de Ruth? ¿Fue Asier todo el tiempo? ¿O fue otro hombre que no aparece en el corto? Comparte tus ideas con un(a) compañero/a.

6 **Amor y amistad** En grupos pequeños, discutan estas preguntas.

1. ¿Cuáles deben ser los ingredientes de una buena relación de pareja?

2. Hay quienes dicen que en un matrimonio lo fundamental es ser amigo/a de tu pareja. ¿Están de acuerdo? ¿Por qué?

3. Hay quienes opinan que en la vida la amistad es más importante que el amor. ¿Están de acuerdo? ¿Por qué?

4. ¿Creen que para llegar a un buen matrimonio se necesita tener primero un noviazgo largo? ¿O un noviazgo corto es mejor y suficiente?

7 **Frases célebres** En grupos pequeños, lean las siguientes citas. Luego discutan su significado y expresen sus opiniones sobre ellas. ¿Qué relación tienen estas citas con el corto? Compartan sus opiniones con la clase.

> "La amistad es más difícil y más rara que el amor. Por eso, hay que salvarla como sea". *Alberto Moravia*

> "La amistad es un alma que habita en dos cuerpos; un corazón que habita en dos almas". *Aristóteles*

> "Entre un hombre y una mujer la amistad es tan sólo una pasarela (*footbridge*) que conduce al amor". *Jules Renard*

> "El amor es el deseo de obtener la amistad de una persona que nos atrae por su belleza". *Cicerón*

8 **Situaciones** En parejas, elijan una situación e improvisen un diálogo. Utilicen palabras de la lista. Cuando estén listos, represéntenlo ante la clase.

aguantar	fidelidad
chismear	funcionar
comprometerse	liarse
echar de menos	prometido/a
encerrado/a	sincerarse

A

La noche antes de la boda de tu mejor amigo/a, te dice que no está seguro/a acerca del importante paso que va a dar en su vida. Teme que la relación no funcione. Tú le preguntas los motivos por los que se siente inseguro/a y le hablas sobre los aspectos que debe considerar para tomar la mejor decisión.

B

Después de seis meses de matrimonio, una persona consulta a un(a) consejero/a matrimonial porque siente que su matrimonio no va bien y que no se entiende con su pareja. El/La consejero/a le hace preguntas sobre su relación y le ofrece alternativas diferentes.

 Practice more at **vhlcentral.com**.

5.1 El subjuntivo II

 Presentation

Recuerda

Las cláusulas subordinadas adjetivas cumplen la misma función que los adjetivos: acompañan y modifican al sustantivo. Las cláusulas subordinadas adverbiales cumplen la misma función que los adverbios: expresan circunstancias bajo las que tiene lugar la acción que indica el verbo de la cláusula principal.

AYUDA

Cuando el verbo de la oración principal es un verbo como **querer, necesitar, buscar** o **desear**, la oración subordinada adjetiva suele ir en subjuntivo.

El subjuntivo en cláusulas subordinadas adjetivas

Se usa el subjuntivo en las cláusulas subordinadas adjetivas que se refieren a un antecedente indefinido, hipotético, desconocido o inexistente. De lo contrario, si el antecedente es definido y conocido, es necesario el indicativo.

INDICATIVO	**SUBJUNTIVO**
*Ruth está hablando con un hombre **que la ama** con locura.*	*Ruth quiere un esposo **que no le pida** explicaciones por todo.*

Cuando una cláusula subordinada adjetiva modifica a un antecedente negativo, el verbo de la cláusula subordinada también debe ir en subjuntivo.

*A Ruth no le gusta que **nadie** le **diga** lo que tiene que hacer.*

*Nadie dijo **nada** que **impidiera** la boda.*

La **a** personal no se usa cuando el objeto directo es una persona indefinida o hipotética. Tampoco se usa la **a** personal delante de los adjetivos **ningún/ninguna**. Sin embargo, cuando el objeto directo es un pronombre como **nadie**, **ninguno/a** o **alguien**, la **a** personal es necesaria.

*Ruth necesitaba **un** amigo que la **escuchara**.*

*Ella no conocía **a nadie** que fuera como él.*

*Asier no conocía **ninguna mujer** que fuera como Ruth.*

*Él no conocía **a ninguna** que fuera como ella.*

El subjuntivo también se utiliza en preguntas sobre cuya respuesta el/la hablante no está seguro/a. Si la persona que contesta conoce la respuesta, usa el indicativo.

—¿*Conoces a alguien que **esté** enamorado?*

—*Sí, Ruth **está** muy enamorada de Asier.*

El subjuntivo en cláusulas subordinadas adverbiales

Las cláusulas subordinadas adverbiales suelen ir introducidas por conjunciones. Algunas conjunciones requieren el subjuntivo, mientras que otras van seguidas del subjuntivo o del indicativo, según el contexto en que se usen.

> *Cuando Asier **llegó** a casa de Ruth, comenzó a bailar con la madre de ella.*

> *Cuando **llegue** el fotógrafo, tomará las fotos de la boda.*

Las cláusulas subordinadas adverbiales pueden ir introducidas por conjunciones temporales o concesivas. Cuando éstas indican una acción futura, se utiliza el subjuntivo.

- conjunciones temporales y concesivas

apenas *as soon as*	**después (de) que** *after*	**mientras que** *while*
a pesar (de) que *despite*	**en cuanto** *as soon as*	**tan pronto como** *as soon as*
aunque *although; even if*	**hasta que** *until*	
cuando *when*	**luego (de) que** *as soon as*	

> *Ruth se sentirá mejor **cuando** Asier **hable** con ella.*

> *Asier la seguirá amando **aunque no se case** con él.*

Cuando estas conjunciones van seguidas de una acción que ya ha ocurrido o que ocurre habitualmente, se usa el indicativo.

> *Asier se sorprendió **cuando vio** el tesoro.*

> *La madre no se sintió tranquila **hasta que** los novios **llegaron** a la iglesia.*

Algunas conjunciones siempre requieren subjuntivo en la cláusula subordinada.

- conjunciones que siempre requieren el subjuntivo

a menos que *unless*	**con tal (de) que** *provided that*	**para que** *so that*
antes (de) que *before*	**en caso (de) que** *in case*	**sin que** *without*

> *Los niños se escondían **para que** su madre los **dejara** jugar un poco más.*

> *La madre quería que Ruth se arreglara **antes de que llegara** el fotógrafo.*

AYUDA

Si el sujeto de la cláusula principal y la cláusula subordinada adverbial es el mismo, la palabra **que** se omite y se usa el infinitivo.

*Marcela trabaja mucho **para ganar** más dinero.*

*El escritor no podrá ganar mucho **sin tener** computadora.*

Práctica

1 **Condiciones y concesiones** Completa las oraciones con la forma adecuada del verbo.

1. No iré al cine a menos que la película _____ (ser) una comedia.

2. ¿Conoces a alguien que _____ (conducir) a la universidad?

3. Te veo todas las mañanas cuando _____ (salir) de la estación.

4. Te llamaré hasta que me _____ (decir) el motivo de tu enojo.

5. Necesito al chico que siempre me _____ (traer) el desayuno.

6. Mamá nos ha comprado esos libros para que nosotros los _____ (leer).

2 **Una discusión** Dos amigos/as tienen que ir a una fiesta, pero poco antes empiezan a discutir. En parejas, completen estas oraciones de forma lógica. Después, preparen un diálogo usando al menos tres de ellas y represéntenlo ante la clase.

1. No iré contigo a menos que...

2. Tú me invitas para que...

3. Te vi cuando...

4. Te llamaré cuando...

5. Aquí estaremos hasta que...

6. Yo le dije que aunque...

Practice more at
vhlcentral.com.

5.2 Usos de se I

 Presentation

AYUDA

La voz pasiva con **ser** es menos común en español que en inglés. Generalmente, se usa en el lenguaje formal y en el escrito.

Las construcciones pasivas

En español, la voz pasiva normalmente se forma con el verbo **ser** o con la forma **se**.

Ruth encontró el tesoro. (activa)

*El tesoro **fue** encontrado por Ruth.* (pasiva con **ser**)

*¿Sabes cuándo **se** celebró la boda?* (pasiva con **se**)

Se en construcciones pasivas

La construcción de pasiva con **se** también se denomina **pasiva refleja**. En este tipo de oraciones, la forma **se** precede a un verbo en tercera persona del singular o del plural. Normalmente, a este verbo le sigue un elemento nominal que funciona como el sujeto de la oración, el cual suele expresar acciones o personas indeterminadas.

***Se** buscan tesoros.*   ***Se** necesitan fotógrafos.*

Cuando el sujeto va acompañado de un artículo o se trata de un pronombre, éste puede ir antes del verbo. En estos casos, el sujeto suele ser inanimado.

***Los regalos se** entregan después de la ceremonia.*

La pasiva con **se** sólo se puede formar con verbos transitivos; es decir, verbos que requieren un objeto directo. Dependiendo del sujeto, el verbo irá en singular o en plural.

*En la recepción **se sirve** mucha comida y **se toman** muchas fotos.*

Las oraciones pasivas con **se** pueden llevar una cláusula como sujeto. En estos casos, el verbo suele ser declarativo (**decir**, **comunicar**, **informar**, **saber**, etc.) o de opinión (**opinar**, **creer**, **pensar**, etc.) y siempre va en tercera persona del singular.

*Se sabe **que las invitadas pueden llevar vestidos de cualquier color**, pero se piensa **que el blanco está reservado para la novia**.*

Por otro lado, las oraciones pasivas con **se** también pueden llevar un infinitivo como sujeto.

*En la iglesia se permite **tomar tantas fotos como quieran**.*

Contrastes entre las oraciones pasivas con **se** y otras estructuras

Las oraciones de pasiva con **se** se utilizan con el mismo sentido que las oraciones de pasiva con **ser**.

> *La boda **se celebró** en la capilla del pueblo.*   *La boda **fue celebrada** en la capilla del pueblo.*

La diferencia es que la pasiva con **ser** admite un complemento agente (**por** + *agente*), que equivale al sujeto de la oración activa.

> *La boda se celebró en la capilla del pueblo.*
>
> *La boda fue celebrada en la capilla del pueblo **por el padre Mariano**.*

Como se menciona anteriormente, las oraciones de pasiva con **se** suelen llevar un sujeto inanimado o, si es animado, indeterminado. Por este motivo, cuando el sujeto de una oración es animado, la pasiva con **se** puede confundirse con el **se** recíproco o el **se** reflexivo, lo cual crea ambigüedad en la oración. La siguiente oración se puede interpretar de tres formas diferentes.

Se tratan bien las novias.	*Brides are treated well.* (passive) *Brides treat themselves well.* (reflexive) *Brides treat one another well.* (reciprocal)

En casos como éste, se recomienda usar la construcción impersonal **se** + *verbo transitivo en singular* + **a** *personal* + *sujeto*.

> *Se trata bien a las novias.*

AYUDA

En la lección 6, página 166, se detallan los usos del **se** recíproco y el **se** reflexivo.

• • •

En el ejemplo "*Se trata bien a las novias*", el verbo aparece conjugado en singular, aunque el sustantivo al que se refiere está en plural. Ésta es una de las diferencias básicas entre la pasiva con **se** y el **se** impersonal.

Práctica

1

Reescribir Reescribe las oraciones usando construcciones con **se**.

1. No necesitamos más políticos en España. _____
2. Buscamos profesor de inglés. _____
3. La empresa no permite usar el correo electrónico para asuntos personales.

   _____
4. Seleccionamos dos novelas el mes pasado. _____
5. Creemos que la crisis se está acabando. _____
6. Enviamos el correo electrónico esta mañana. _____
7. El primer volumen de *Don Quijote de la Mancha* fue publicado en 1605.

   _____
8. Él escribió el libro el año pasado. _____
9. En el futuro, necesitaremos más empleados. _____
10. Antes vendíamos libros de segunda mano. _____

2

Museo En parejas, imaginen que administran un museo de arte. Escriban dos listas con cinco reglas cada una: una para los empleados del museo y otra para los visitantes. Utilicen construcciones pasivas con **se**. Después, compartan sus listas con el resto de la clase.

Practice more at **vhlcentral.com**.

Preparación

 Vocabulary Tools

Sobre la autora

Maite Nicuesa Guelbenzu es licenciada y doctora en Filosofía por la Universidad de Navarra. Es experta en Entrenamiento (*coaching*) y Programación Neurolingüística (PNL). Se desempeña como entrenadora, profesora y redactora de diversos medios digitales. Sus artículos se centran en temas como las relaciones de pareja, la psicología y el trabajo.

Vocabulario de la lectura		Vocabulario útil
convenir *to be advisable*	**encajar** *to fit*	**la autoestima** *self-esteem*
correspondido/a *reciprocated*	**halagado/a** *flattered*	**fracasar** *to fail*
el desamor *coldness; indifference*	**merecer** *to deserve*	**hacer caso** *to pay attention*
el enamoramiento *falling in love*		**perdurar** *to last*
		el rechazo *rebuff*
		seguir adelante *to go on*

1

Definiciones Elige la palabra que corresponde a cada definición. Hay dos palabras que no se usan.

convenir	desamor	fracasar	merecer
correspondido/a	enamoramiento	halagado/a	rechazo

1. _____ sentimiento de amor y atracción hacia otra persona
2. _____ falta de afecto o cariño
3. _____ ser digno de algo
4. _____ ser beneficioso
5. _____ que recibe el mismo trato o el mismo sentimiento
6. _____ que se siente complacido/a por las palabras o acciones de otra persona

2

Preguntas En parejas, contesten las preguntas.

1. ¿Qué se necesita para que una relación de pareja perdure? ¿Es necesaria la "entrega total" a la persona amada o es más importante el amor propio? ¿Por qué?
2. Si te enamoras de una persona pero no eres correspondido/a, ¿conviene esperar a que la otra persona se enamore de ti? ¿O es preferible renunciar a esa relación y seguir adelante? ¿Por qué?
3. ¿En qué momento se debe decidir que una relación de pareja debe terminar?
4. ¿Qué importancia tiene la autoestima en una relación de pareja?

3

Recomendaciones En grupos pequeños, hagan una lista de recomendaciones o consejos para Felipe. Compartan sus sugerencias con la clase.

FELIPE: A veces creo que Elena, mi novia, sólo está conmigo porque no quiere estar sola. Sale todo el tiempo con sus amigas y no me hace caso; pero cuando ellas están muy ocupadas o salen con sus novios, entonces me busca para que pasemos tiempo juntos o para que la invite a salir.

 Practice more at **vhlcentral.com**.

Reading

Cuál es el límite del amor

Por Maite Nicuesa

En medio de la fuerza que tiene el enamoramiento existen momentos de la vida en los que conviene recordar que el amor no siempre es suficiente y hace falta algo más para ser feliz. En el caso de las personas que insisten ante un objetivo difícil, es saludable recordar que la felicidad surge del amor correspondido. En situaciones así, el límite del amor es uno mismo, es decir, el propio bienestar emocional. Cuanto más das por una historia que no te devuelve ni una mínima parte de lo que tú entregas, entonces, más sufres en medio de un capítulo de desamor.

Aprender a decir no

En el amor también es vital decir no y aprender a marcar límites de una forma consciente. El corazón puede darte un mensaje y la mente otro, pero cuando a nivel racional tienes muy claro que no hay ningún futuro en esa relación, entonces, es vital que te protejas de verdad a ti mismo de decepciones posteriores.

Para ello, es importante marcar límites y aprender a decir no. Por ejemplo, existen relaciones basadas en el interés°. Una de las partes tiene una ilusión mientras que la otra se siente halagada y no es regular en el contacto sino que solo da señales de vida cuando no tiene otros planes. Por mucho que te guste una persona, si sientes que no te valora como mereces, entonces, marca distancia y aprende a decir no. Del mismo modo, si ya has dado más de una oportunidad a tu pareja y notas que no ha habido ningún cambio, entonces, también puedes sacar tus propias conclusiones.

self-interest; selfishness

El amor empieza por ti

El amor que buscas en una pareja empieza por ti mismo. Quiérete a ti mismo, hazte valer como persona y marca tus límites. Así muestras desde un principio que existen cosas que no encajan en tu idea del amor feliz. ■

Análisis

 Vocabulary Tools

1 Comprensión Indica si las oraciones son **ciertas** o **falsas**, según el artículo. Luego, corrige las falsas.

1. Lo más importante para ser feliz es el amor.

2. La felicidad consiste en tener un amor correspondido.

3. Es causa de sufrimiento que en una relación amorosa no se reciba en igual proporción a lo que se da.

4. Lo importante para no tener nuevas decepciones amorosas es seguir los mensajes de tu corazón.

5. Si una persona no te valora como mereces, lo mejor es distanciarte de ella.

6. Si realmente amas a una persona, le debes dar tantas oportunidades como sea necesario para que cambie sus actitudes.

2 Interpretación En parejas, contesten estas preguntas.

1. ¿En qué tipo de medio creen que se publicó el artículo? ¿A qué tipo de lectores está dirigido?

2. ¿Están de acuerdo con las opiniones expresadas por la autora? Expliquen sus respuestas.

3. ¿Creen que las opiniones expresadas por la autora son de utilidad para su vida? Den casos concretos.

4. ¿A quién le recomendarían que leyera este artículo? ¿Por qué?

5. ¿A qué se refiere la autora cuando dice que hay que "aprender a decir no"? Mencionen situaciones específicas.

6. ¿Qué quiere decir la autora cuando dice que "el amor empieza por ti"?

3 Actitudes Del artículo se puede deducir que hay algunas actitudes positivas y otras negativas en nuestra vida sentimental. Haz una lista de ambos tipos de actitudes en el cuadro siguiente, según tus experiencias o las de personas que conozcas.

Actitudes positivas	Actitudes negativas
La felicidad surge del amor correspondido.	Insistir en una relación no correspondida conduce al sufrimiento.

4 Fragmentos En parejas, discutan los siguientes fragmentos del artículo. ¿Qué recomendaciones prácticas podemos extraer para nuestra vida sentimental?

"El límite del amor es uno mismo".

"En el amor también es vital decir no y aprender a marcar límites de una forma consciente".

"Es vital que te protejas a ti mismo de decepciones posteriores".

5 **Doctora Corazón** Un lector que firma como "Desesperado" ha enviado un mensaje electrónico a la sección "Doctora Corazón" de un blog dedicado a ayudar a las personas en sus relaciones sentimentales. Lee el mensaje de "Desesperado" y escribe la respuesta que la Doctora Corazón le debería dar al joven para mejorar su situación.

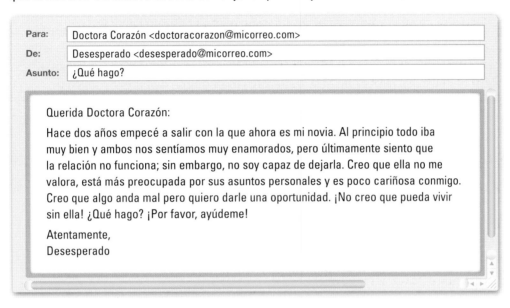

Para: Doctora Corazón <doctoracorazon@micorreo.com>

De: Desesperado <desesperado@micorreo.com>

Asunto: ¿Qué hago?

Querida Doctora Corazón:

Hace dos años empecé a salir con la que ahora es mi novia. Al principio todo iba muy bien y ambos nos sentíamos muy enamorados, pero últimamente siento que la relación no funciona; sin embargo, no soy capaz de dejarla. Creo que ella no me valora, está más preocupada por sus asuntos personales y es poco cariñosa conmigo. Creo que algo anda mal pero quiero darle una oportunidad. ¡No creo que pueda vivir sin ella! ¿Qué hago? ¡Por favor, ayúdeme!

Atentamente,
Desesperado

6 **Otros artículos** Abajo encontrarás los títulos de otros artículos publicados por Maite Nicuesa. Elige uno de los títulos y escribe los dos primeros párrafos de su contenido. Luego, comparte tus párrafos con un grupo de compañeros.

"El dulce sabor del enamoramiento"

"¿Cómo dar más calidad al amor?"

"Cómo evitar las falsas ilusiones en el amor"

"Tres situaciones en las que es mejor no enamorarse"

7 **Situaciones** En parejas, elijan una situación e improvisen un diálogo. Utilicen al menos seis palabras de la lista. Cuando estén listos, represéntenlo ante la clase.

autoestima	correspondido/a	enamoramiento	rechazo
convenir	desamor	merecer	seguir adelante

A

Tu mejor amigo/a te dice que está triste porque su novio/a acaba de romper con él/ella definitivamente. Se siente miserable y poco valorado/a, y cree que nunca podrá volver a construir una relación de pareja porque siempre termina sufriendo. Dale algunas recomendaciones a tu amigo/a para que esto no le vuelva a suceder.

B

Un/a joven llama a una emisora local donde tienen como invitado/a a un(a) consejero/a que está hablando sobre la autoestima. El/La joven se queja de que ha intentado construir una relación amorosa en varias ocasiones pero que siempre fracasa y que siente que jamás podrá lograrlo. El/La consejero/a le da varias recomendaciones para que su vida sentimental mejore.

 Practice more at **vhlcentral.com**.

Preparación  Vocabulary Tools

Sobre el autor

El músico, actor y escritor argentino **Mex Urtizberea** (Buenos Aires, 1960) ha participado en numerosos programas de televisión, ha hecho grabaciones con personajes importantes de la música y también ha escrito para periódicos prestigiosos. Incluso ha tenido tiempo para aparecer en varias películas. A pesar de dedicarse a tantos intereses, tiene claro quién es: "Soy humorista. Tengo como sello (*stamp*) la improvisación. Sé cómo hablar y decir las cosas, jugar con las palabras". Haga lo que haga, la obra de Mex Urtizberea es sinónimo de humor e ingenio.

Vocabulario de la lectura		Vocabulario útil
aconsejable *advisable*	**la jubilación** *retirement*	**la burla** *mockery, joke*
cobrar *to gain (importance, etc.)*	**el lapso** *lapse (of time)*	**la certidumbre** *certainty*
la desconfianza *distrust*	**el puñado** *handful*	**el consumismo** *consumerism*
desvincular *to separate*	**renovar** *to renew*	**desechable** *disposable*
durar *to last*	**sucumbir** *to succumb*	**inseguro/a** *uncertain*
la embestida *charge, onslaught*	**vencer** *to expire*	**la justificación** *justification*
inmutable *unchanging*		**el vínculo** *bond*

1

Diálogos a medias Completa estos diálogos con las formas apropiadas de las palabras del vocabulario.

1. —¿Es cierto que la película _____ tres horas y media?
   —Sí, además es pésima (*terrible*). Pero _____ al sueño cuando comenzó y no sufrí demasiado.

2. —Buenos días, vengo a _____ mi pasaporte.
   —¿Cuándo _____?
   —El mes que viene.

3. —¡Qué señor tan raro! Se acerca su _____ y no está feliz.
   —Está inseguro y siente _____. No cree que el dinero le alcance.

4. —¿El torero (*bullfighter*) sobrevivió a la _____ del toro?
   —Sí, y después se levantó _____ y saludó al público como si no hubiera pasado nada.

5. —Te recomiendo que ni hables ni te rías durante el juicio.
   —¿Por qué crees que no es _____ hacerlo?
   —Porque la jueza es muy seria y no le gustan las _____.

2

El mundo de lo desechable En parejas, contesten las preguntas. Después, compartan sus opiniones con la clase.

1. ¿Qué objetos desechables conocen? ¿Cuáles tienen ustedes?

2. ¿Por qué creen que hay cada vez más productos desechables?

3. ¿De qué manera se comporta la gente ante los objetos desechables?

4. ¿Y las relaciones humanas? ¿Qué relaciones humanas pueden ser "desechables"?

5. ¿Hay vínculos entre seres humanos que duren para toda la vida? ¿Cuáles?

Practice more at **vhlcentral.com**.

Lo que dure *el amor*

Por Mex Urtizberea

—¿Cuál es su fantasía, Bety?

—Acostarme y levantarme con la misma persona toda la vida.

—Caramba, su imaginación no tiene límites. (Tute.)

Alguna vez, las cosas fueron para siempre. Los vasos duraban toda la vida. Los juguetes eran eternos. Una heladera° permanecía inmutable décadas y décadas en la misma cocina. El hombre mantenía su lugar de trabajo hasta el resto de su vida o, al menos, hasta que la jubilación los separase. El matrimonio era hasta la muerte.

Algo cambió y las cosas cambiaron. Los vasos duran una fiesta. Los juguetes sucumben en la primera embestida. La heladera dura hasta que aparece una más moderna, o hasta que se

refrigerator

rompe y es más aconsejable comprar una nueva que arreglarla. Los trabajos son temporarios, por decisión de los mercados o por decisión del que trabaja, que muchas veces prefiere cambiar los horizontes para enriquecer° su vida. Y una diputada alemana, que pertenece al partido más conservador, acaba de plantear como proyecto que el matrimonio dure legalmente siete años, porque se ha calculado que es más o menos lo que dura el amor: luego de ese lapso, propone que el contrato matrimonial se venza; quien quiera renovarlo, lo puede renovar; quien no lo renueva, queda desvinculado de su pareja sin trámite mediante°. Así habrá menos divorcios, dice.

enrich

further paperwork

Ya nada es para siempre. Ni el amor ni el trabajo ni las heladeras.

La discusión de si es mejor o peor así es una de las pocas cosas eternas que siguen existiendo; por lo demás, sólo un puñado de cosas parecen decididas a ser perpetuas, inamovibles°, intactas, para toda la vida: los tatuajes°, la elección del cuadro de fútbol°, el capitalismo (aunque lo disimule mutando° en distintas formas), y la policía, tal como afirmaba Honoré de Balzac: "los gobiernos pasan; las sociedades mueren; la policía es eterna".

immovable
tattoos
soccer club
mutating

Alguna vez, las cosas fueron para siempre, y algo cambió, que las cosas cambiaron.

Con un promedio de vida° que aleja° la muerte, los tiempos del ser humano han cobrado nuevos sentidos; con la desconfianza de que exista una

average life expectancy
pushes back

La vida desechable

▾ La tasa de divorcios en los Estados Unidos se duplicó° entre 1930 y 2012 (alcanzó su nivel más alto en 1981).

▾ Ahora, las parejas preocupadas por la crisis de los siete años deben ponerse en guardia° mucho antes. Según estudios, ahora esta crisis ocurre a los dos años de casados. Una de cada doce parejas se divorcia a los veinticuatro meses de casados; ¡más del doble de los que se divorcian a los siete años!

▾ Cada año los estadounidenses se deshacen de° aproximadamente nueve millones de refrigeradores/congeladores, seis millones de unidades de aire acondicionado y un millón de deshumidificadores°.

▾ El estadounidense promedio habrá tenido diez trabajos entre los dieciocho y los cuarenta años de edad. El empleado promedio cambiará de carrera de cinco a siete veces durante el transcurso de su vida.

se duplicó *doubled* **ponerse en guardia** *be on their guard* **se deshacen de** *get rid of* **deshumidificadores** *dehumidifiers*

vida después de ésta, también. Las fechas de vencimiento se han modificado (se han adelantado, en algunos casos, y se han postergado° en otros), las ofertas se han multiplicado y las decisiones han dejado de tener que ser para siempre; ahora son decisiones temporales.

postponed

Si es mejor así o si es peor así, es una discusión que quizá dure eternamente.

Mientras tanto, el amor va a durar lo que dura el amor (toda la vida, siete años, veinte minutos... ¿quién puede establecerlo?), y las heladeras, el tiempo que se les ocurra a los benditos° fabricantes. ∎

blessed (lit.); damned (fig.)

Diario *La Nación*, 28 de septiembre de 2007.

Análisis

1

Comprensión Indica si las oraciones son **ciertas** o **falsas**, según el artículo. Luego corrige las falsas.

1. Los juguetes de antes se rompían tan fácilmente como los actuales.

2. Antes, cuando la gente se aburría de su trabajo, buscaba otro.

3. Ahora puede ser mejor comprar una heladera nueva que arreglar una vieja que se rompa.

4. El proyecto de la diputada alemana es que los matrimonios duren un máximo de siete años.

5. El simpatizante de un cuadro de fútbol no cambia de equipo favorito.

6. El promedio de vida moderno tiene un efecto estabilizador.

7. Nadie sabe cuánto dura el amor.

8. Los fabricantes de heladeras no saben cuánto tiempo pueden durar sin romperse.

2

Antes y ahora En parejas, completen esta tabla con las descripciones adecuadas del artículo. Después trabajen con otra pareja para debatir: la primera pareja a favor de **Antes** y la segunda a favor de **Ahora**. ¿Cuándo estaban mejor las cosas? Utilicen la información de la tabla en sus argumentos.

	Antes	Ahora
1. los vasos		
2. los juguetes		
3. las heladeras		
4. el trabajo		
5. el matrimonio		
6. el capitalismo		
7. el amor		

3

Las emociones En grupos de tres, ordenen estas emociones en la línea de tiempo, de la más transitoria a la más duradera. Razonen sus decisiones y comparen sus resultados con la clase.

la alegría	el enojo	el rencor (*bitterness*)
el enamoramiento	la nostalgia	la vergüenza

Transitorio ←——————————————————→ Duradero

4

¿Qué no cambia? Según el artículo, la policía, los tatuajes y el cuadro de fútbol duran toda la vida. En parejas, decidan qué cosas permanecen inmutables en las siguientes áreas. Preparen argumentos para defender sus decisiones.

- las relaciones humanas
- la moda
- las costumbres de tu ciudad
- la política internacional
- la tecnología
- el deporte

5 **El amor y el olvido** En parejas, lean esta cita de Pablo Neruda. ¿Qué quiso decir el poeta con esto? ¿Se refería Neruda a cómo eran las cosas antes o cómo lo son ahora? ¿Están ustedes de acuerdo? Expliquen sus respuestas y compártanlas con la clase.

> "Es tan corto el amor y tan largo el olvido".
> *Pablo Neruda*

6 **Un mundo en reparaciones** En parejas, imaginen un futuro en el que las personas arreglan las cosas viejas en vez de comprar nuevas. Contesten estas preguntas y compartan sus respuestas con la clase.

1. ¿Qué personas tendrán más trabajo? ¿Quiénes tendrán menos?
2. ¿Qué ocurrirá con el comercio? ¿Y con la publicidad?
3. ¿De qué manera se relacionará la gente con las cosas?
4. ¿Qué ocurrirá con la tecnología?
5. ¿Qué ocurrirá con la ecología?
6. ¿Habrá nuevos o diferentes problemas sociales? ¿Cuáles?

7 **Lo que dure el arte** ¿Y qué tal el arte? ¿Es transitorio, duradero o las dos cosas? En grupos de tres, usen ejemplos de obras como éstas para apoyar sus argumentos.

Las meninas, Diego Velázquez   Santos de palo puertorriqueños   *La Sagrada Familia,* Antonio Gaudí

8 **Situaciones** En parejas, elijan una situación e improvisen un diálogo. Utilicen al menos seis palabras o expresiones de la lista. Cuando terminen, represéntenlo ante la clase.

aconsejable	desechable	justificación
burla	durar	renovar
cobrar	inmutable	vencer
desconfianza	inseguro	vínculo

A
Dos amigos/as discuten sobre la propuesta de la diputada alemana. Uno/a está de acuerdo con que el matrimonio debe ser un contrato renovable de siete años y el/la otro/a cree que es una mala ley.

B
Un(a) vendedor(a) de televisores intenta convencer a un(a) cliente/a de que compre uno de LED o alta definición y deseche el que tiene. Él/Ella se niega porque dice que el suyo aún funciona perfectamente.

 Practice more at **vhlcentral.com**.

Preparación  Vocabulary Tools

Sobre la autora

La escritora mexicana **Ángeles Mastretta** (Puebla, 1949) estudió Periodismo en la Universidad Autónoma de México y más tarde colaboró en revistas y publicó poesía. Participó activamente de la generación de mujeres que dieron alas al feminismo mexicano al reivindicar el papel de la mujer en el mundo patriarcal latinoamericano. La aparición de su novela *Arráncame la vida* en 1985 le valió fama, éxito de ventas y el reconocimiento de la crítica tanto en su país como en todo el mundo. Entre sus obras posteriores se encuentran, entre otras, el volumen de cuentos *Mujeres de ojos grandes*, la novela *Mal de amores* (que obtuvo el Premio Rómulo Gallegos), el libro de cuentos *Maridos* y su último libro, *El viento de las horas*, publicado en 2015.

Vocabulario de la lectura		Vocabulario útil
a cuestas *on one's back*	**ingrato/a** *ungrateful*	**la cita** *date*
aguantar *to endure*	**el noviazgo** *dating*	**olvidar** *to forget*
la cercanía *closeness*	**la pena** *sorrow*	**la pareja** *couple*
la culpa *fault*	**el rompimiento** *breakup*	**el perdón** *forgiveness*
extrañar *to miss*	**unir** *to unite*	

1 **Vocabulario** Completa esta lista de consejos para parejas con palabras del vocabulario.

Primer consejo: El (1) _____ se encuentra en peligro cuando los dos pasan el día discutiendo sin parar. En muchas ocasiones, nadie tiene la (2) _____ de los problemas. La comunicación es muy importante para solucionarlos.

Segundo consejo: Las peleas sólo producen (3) _____, deterioran la relación y hacen perder la paciencia y las ganas de estar juntos.

Tercer consejo: En caso de que no logren (4) _____ la presión, deben plantearse buscar ayuda profesional en terapia de (5) _____, que podrá ayudarlos a encontrar las razones de la crisis y a compartir la responsabilidad en la búsqueda de soluciones.

Cuarto consejo: A menos que den su (6) _____ sin condiciones y estén dispuestos a (7) _____ las ofensas, el (8) _____ será inevitable.

2 **El amor y el cine** En parejas, contesten las siguientes preguntas.

1. ¿Creen que el amor verdadero sólo se encuentra una vez en la vida? ¿Les parece que la amistad es tan importante como el amor? Expliquen sus respuestas.

2. ¿Les gusta ir al cine solos o prefieren hacerlo acompañados? ¿Cuál fue la primera película que recuerdan haber visto en el cine? ¿Con quién estaban?

3. ¿Tienen algún "ritual" o costumbre establecido (ir a pescar, al teatro, a hacer compras, etc.) que se repite de la misma manera y siempre con la misma persona?

4. ¿Es común en su país que los novios vayan al cine? ¿Creen que las parejas suelen ir más al cine en su país o en los países latinoamericanos? ¿Por qué?

CINE
Ángeles Mastretta
Y MALABARISMO

Audio: Dramatic Reading

Inés vio la tarde perderse y por perdida la dio. Llovía despacio. En invierno llueve así. Igual que es lenta la luz de la madrugada° y transparente la del atardecer. Volvió del cine con los recuerdos a cuestas y tenía miedo a perderlos. Llevaba seis meses hecha un mar de lágrimas: se había quedado sin el hombre de sus primeros milagros.

Y todo por su culpa, por andar haciendo el malabarismo° de pensar en el futuro y decirse con todas las palabras que quién sabía si alguna vez él podría ser su marido, más aún de lo que ya era.

En realidad no fue culpa de nadie. Quizá del tiempo. Para ser tan cortas sus vidas, fue largo el sueño que soñaron. Habían jugado a ser de todo: amigos, novios, cónyuges°. Se oía extraño, pero la verdad es que su rompimiento fue un divorcio que no pudo llevar semejante nombre, porque no hubo nunca una ceremonia pública que los uniera con la formalidad que luego necesita romperse frente a la ley. Es larga su historia y quien esto cuenta no tiene autoridad para contar sino un detalle.

A los veinte años, Inés llevaba tres compartidos con su novio de la prepa° y de la vida. Se habían acompañado en todo. Y se habían reído juntos como sólo se ríen los que se adoran. Hasta que se cansaron. Por eso habría que aceptar que al perderlo, Inés perdió un marido. Esa historia quizá la cuente ella algún día, aquí sólo cabe contar lo que su madre le oyó decir la noche en que volvió del cine llorando, todavía, las penas de esa tarde.

No eran novios hacía mucho, se abrían entre sus cuerpos seis meses, una eternidad y el repentino° noviazgo nuevo del muchacho que, como casi cualquier hombre, no pudo penar la pena a solas. A los dos meses empezó a salir y entrar con otra niña por los patios de la Universidad. Y lo primero que hizo fue decírselo a Inés y lo primero que ella hizo fue ponerse desolada.

Lo que no se pudo no se pudo y quien primero lo vio así fue Inés, pero habían tenido demasiado juntos como para saltar de un tren a otro sin un respiro°. De todos modos, decían que eran amigos. Así que se llamaban de vez en cuando o hablaban por el Messenger en ese ritual sobrio que es hablar por ahí.

Si en algún momento, sobre todos, lo extrañaba Inés como al aire, era antes de ir al cine. En los dos años once meses que habían estado juntos, habían visto mil siete películas. Quizá las horas que pasaron en el cine, sumadas, hubieran dado un año y medio continuo de cine en continua cercanía. De eso tenía Inés nostalgia a cada rato y esa tarde no se la había aguantado y lo llamó.

Marcó despacio el teléfono de su casa y ahí le contestó la voz de una mujer que parecía ya dueña del espacio. Una voz que al preguntarle quién llamaba, le iba diciendo también que a ésa su media casa, de antes, podía llamar cualquiera y a ella se la trataba ya como a cualquiera.

Ni modo. Dijo quién era y su ex novio tomó el teléfono. Inés no quería ni recordar a solas lo que obtuvo como respuesta al ¿qué estás haciendo? Menos aún el tono tenue de la ingrata respuesta. Le dolían los oídos con el solo recuerdo. Se lo contó a su madre entre sollozos° cuando volvió del cine, sin haber dejado de llorar un momento: ni de ida, ni mientras le corría por enfrente la película, ni de vuelta a su casa.

—¿Qué pasó? —quiso saber su madre.

¿Qué podía haber pasado más grave que su ausencia, su nueva novia, su falta de memoria, su idea de que un abismo se salta como un charco°?

—Más pasó —dijo Inés recordando la voz de la nueva novia de su viejo novio, la voz de él encajándole° una rabia de llorar y unos celos marineros que se le atravesaron entre los ojos como avispas.

—¿Pues qué estaban haciendo? —preguntó la madre—. ¿El amor?

—Peor que eso —dijo Inés sin perder un mínimo de su desolación.

—¿Qué hay peor? —le preguntó la madre, a quien no le daba para más la cabeza.

Sin interrumpir el río de lágrimas, Inés dejó pasar un silencio fúnebre y luego dijo como quien por fin acepta lo inexorable:

—Estaban viendo una película en la tele.

Su madre la abrazó para no sentirse más inútil de lo que era. No para consolarla, porque para esa pérdida no hay más consuelo que el tiempo.

Lo demás es misterio. La intimidad, la imperturbable intimidad, es ver juntos una película en la tele. ■

madrugada: *dawn*
malabarismo: *balancing act*
cónyuges: *spouses*
prepa: *pre-university courses*
repentino: *sudden*
respiro: *break*
sollozos: *sobs*
charco: *puddle*
encajándole: *giving her*

Análisis

1 **Comprensión** Decide si las siguientes afirmaciones son ciertas o falsas. Corrige las falsas.

1. El cuento transcurre en un día de invierno.
2. La narradora se llama Inés y cuenta la historia de amor que ella misma vivió.
3. La protagonista tiene veinte años.
4. Ella dejó a su novio por otro hombre.
5. La relación de Inés terminó en divorcio legal.
6. Él comenzó a salir a los dos meses con otra chica.
7. Los dos perdieron todo contacto.
8. Inés extrañaba más que nunca a su ex novio cuando iba al cine.
9. Esa tarde, ella se puso a llorar porque su novio no le contestó el teléfono.
10. Su madre no puede consolarla, porque esas cosas sólo las cura el paso del tiempo.

2 **Interpretación** En parejas, contesten las preguntas.

1. ¿Por qué hace seis meses que Inés no deja de llorar?
2. ¿Cuál fue la causa de que se terminara su noviazgo? ¿Qué papel creen que tuvo el tiempo en esa relación?
3. ¿Qué les parece que significa "decían que eran amigos"? ¿Cuál será realmente la relación que tienen después de separarse Inés y su ex novio?
4. ¿Qué quiere decir que el ex novio de Inés pudo "saltar de un tren a otro sin un respiro"? ¿Creen que él sigue extrañando a Inés o ya se acostumbró a la separación?
5. ¿De qué maneras piensan que la nueva novia puede ser ahora "la nueva dueña del espacio"?
6. ¿En qué sentido el hecho de que estén viendo la película es más grave para Inés que la separación o la nueva novia?
7. ¿Por qué te parece que Inés finalmente acepta que la separación es inexorable? ¿Estás de acuerdo con ella o te parece que exagera?

3 **Argumentos** En parejas, lean las siguientes declaraciones y decidan a qué personaje de la historia corresponden. Justifiquen sus respuestas. Luego, inventen una declaración más para cada uno.

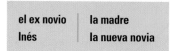

el ex novio	la madre
Inés	la nueva novia

"No creo que sea bueno aferrarse (*to cling*) a lo que está terminado. Me da mucha pena verla así, pero sé que, con el tiempo, el dolor desaparecerá".

"Esa chica necesita que le hablen con claridad. Hasta que acepte que se terminó definitivamente esa relación, va a tener esperanzas de volver con él, y eso no va a pasar".

"Siempre sentiré que me falta algo, algo que perdí y que voy a extrañar. No habrá nadie en mi vida que sea como él".

"Tengo el mejor de los recuerdos de esta relación, pero para que la gente crezca tiene que seguir adelante y encontrar de nuevo el amor. Espero que ella lo entienda".

4 **Rituales** La novia del ex novio de Inés quiere instalar una nueva costumbre que les pertenezca exclusivamente a ellos. En grupos, hagan cinco sugerencias que puedan servirle como opción para que el recuerdo de Inés quede definitivamente en el pasado.

5 **La culpa la tiene Hollywood** En parejas, redacten una carta de opinión desde el punto de vista de Inés, explicando el rompimiento y sus sentimientos. Después, compartan su carta con la clase. Tomen estas ideas como guía.

- Inés entiende finalmente que su ex novio ya no la quiere.
- Inés denuncia la mala influencia de las películas de Hollywood con sus historias románticas con finales felices que resultan ser mentira en la vida real.

6 **Pantalla grande** En grupos, elijan uno de los géneros de la siguiente lista y reescriban la historia de Inés para una película. No olviden caracterizar a los personajes, elegir escenas que representen el género y encontrar un nuevo final que vaya mejor con él. Finalmente, elijan un nuevo título. Cuando hayan acabado, compartan su historia con la clase.

a. Telenovela
b. Comedia romántica
c. Drama
d. Ciencia ficción
e. Documental

7 **Situaciones** En parejas, elijan una de las siguientes situaciones e improvisen un diálogo. Utilicen las palabras de la lista. Cuando terminen, represéntenlo delante de la clase.

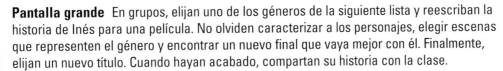

aguantar	extrañar	pena
compartir	ingrato/a	perdón
culpa	olvidar	rompimiento
disfrutar	pareja	unir

A
Un(a) amigo/a tiene boletos para ver un partido de béisbol. No quiere invitar a la persona con la cual va siempre. Desafortunadamente, esa persona se presenta en la entrada del estadio. ¿Se romperá la amistad?

B
Una persona le explica a su pareja que odia la ópera y que sólo ha ido durante mucho tiempo para complacerlo/la. Es una conversación difícil ya que su pareja considera que la ópera es una de las principales cosas que los une.

Practice more at vhlcentral.com.

Preparación

 Vocabulary Tools

Sobre el autor

Xavier Àgueda (Barcelona, España, 1979) es dibujante de cómics y ha publicado su obra en revistas como *Cretino* y *El Escéptico,* y en varios fanzines y algunos sitios de Internet. Creó su personaje más famoso, El Listo, en 2003. Entre sus publicaciones también se cuenta un libro de cine, *El gran libro de la cinefilia,* y un álbum que recopila sus cómics. Ha participado en diferentes exposiciones y en 2011 el Museo del Cómic de Calpe, le dedicó una exposición retrospectiva.

Vocabulario de la tira cómica		Vocabulario útil
espontáneamente *spontaneously*	**el truco** *trick*	**exigente** *demanding*
	valer *to be acceptable*	**molesto/a** *annoyed*
mnemotécnico/a *mnemonic, intended to assist memory*		**pensativo/a** *pensive*
		razonable *reasonable*
		la relación *relationship*

1 **El amor** En parejas, contesten las preguntas sobre el amor.

1. ¿Qué es el amor? ¿Cómo lo describirías?
2. ¿Vale la pena enamorarse?
3. ¿Alguna vez le has dicho a alguien que lo/la quieres? ¿Cómo reaccionó?
4. ¿Por qué diría alguien que "El amor es divertido"?

Análisis

1 **Interpretar** En parejas, contesten las preguntas sobre la tira cómica.

1. ¿Qué relación tiene el título "El amor es divertido" con la tira cómica? ¿Cambiarían el título?
2. ¿Por qué ella está molesta? ¿Cuál es la actitud de él?
3. ¿A qué se refiere él cuando piensa "Quizá si pienso algún truco mnemotécnico"?

2 **Sugerencias para él** En grupos pequeños, inventen cinco trucos mnemotécnicos que puedan sugerirle a él para que nunca se le vuelva a olvidar decirle "te quiero".

3 **Otra versión** Ella y él se miran a los ojos. Ella le dice que lo quiere y él no dice nada o dice algo diferente de "yo también". En parejas, representen esta versión de la tira cómica para la clase.

4 **Opinar** Xavier Àgueda describe sus obras como "cómics tontorrones (*daft*) para lectores inteligentes". ¿Estás de acuerdo? Comparte tu opinión con un(a) compañero/a.

 Practice more at **vhlcentral.com**.

El amor es divertido de **Xavier Àgueda**

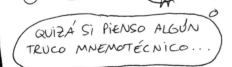

LISTOCOMICS.COM

⊗ Exprésate sobre el amor

El amor, ese sentimiento de afecto hacia otras personas que nos hace desear lo mejor para aquellos seres amados, no es fácil de definir. Ha tenido múltiples clasificaciones según el área desde la que se analice. Por ejemplo, en el arte y la literatura se ha hablado de amores platónicos, prohibidos, eternos, trágicos o esperanzadores. Desde la psicología se habla de amor romántico, de amor vacío, de amor de compañeros o de amor fatuo o loco. Desde la biología se habla del amor biológico, es decir, esa intensa combinación de hormonas y otros fenómenos fisiológicos que provocan atracción y comportamientos ligados a la búsqueda de una pareja con el fin de preservar la especie. ¿Crees que el amor es el sentimiento que nos diferencia de los animales? ¿Por qué? ¿Tienes tu propia definición de amor? ¿Cuál es?

Plan de redacción

Planea

1 Elige el objetivo de tu composición ¿Crees que el amor es importante en la vida de las personas? ¿Por qué? ¿Te parece que el amor es un sentimiento principalmente biológico o crees que trasciende a una experiencia más espiritual? ¿Piensas que es un tema común en la literatura, el teatro o el cine? ¿Piensas que el concepto de amor se ha transformado con el paso de los años? ¿De qué manera? Usa estas sugerencias para elegir un objetivo para tu composición:

- detallar el valor del amor en la sociedad actual

- ejemplificar diferentes tipos de amor identificables en novelas, obras de teatro y películas

- ofrecer tu punto de vista sobre alguna de las clasificaciones del amor y profundizar en ella, o sobre alguna experiencia amorosa en tu vida

- otra

Escribe

2 Introducción Plantea el objetivo de tu composición.

3 Argumentos y ejemplos Da argumentos y ejemplos para ilustrar tu punto de vista.

4 Conclusión Resume brevemente tu opinión.

Comprueba y lee

5 Revisa Repasa tu composición.

- Evita las oraciones demasiado largas. Usa un estilo claro y sencillo.

- Utiliza frases y conjunciones para comparar o contrastar ideas: aunque / si bien / sin embargo / más, menos / al igual que / a diferencia de / tanto... como.

- Verifica que los ejemplos y argumentos ilustren tu punto de vista.

6 Lee Lee tu composición a tus compañeros de clase. Ellos tomarán notas y luego te harán preguntas.

ಸಿತ ൏ Los misterios del amor

Nos hacemos tantas preguntas sobre el amor que no tienen respuesta... ¿O sí la tienen? ¿Qué es el amor? ¿Por qué nos enamoramos? ¿Cómo se pasa del enamoramiento al amor? En esta tertulia van a intentar resolver entre todos los misterios del amor. ¿Se atreven?

1 La clase se divide en grupos pequeños. Tienen que contestar estas preguntas.

¿Qué importancia tiene la atracción física en el enamoramiento?

¿Qué factores intervienen en la experiencia amorosa?

¿Es posible enamorarse por Internet?

¿Es posible encontrar el amor en un programa de televisión? ¿Por qué han tenido tanto éxito esos programas?

El amor a primera vista, ¿es un mito?

¿Creen que existe una media naranja (*better half*) para cada uno de nosotros?

2 En el caso de que no todos los miembros del grupo estén de acuerdo, pueden mencionar que dentro del grupo hay distintas opiniones y explicar cuáles son.

3 Los diferentes grupos presentan sus ideas a la clase, mientras todos toman nota.

4 Cuando todos los grupos terminen sus presentaciones, toda la clase debe participar haciendo preguntas y defendiendo sus opiniones.

Modos de vivir

Mientras unos abrazamos la novedad, otros, en cambio, preferimos una vida más tradicional. ¿Cómo debemos vivir? A unos, cualquier cambio, aunque pequeño, nos aflige. A otros, todo cambio nos da impulso. ¿Dónde encontramos el equilibrio? ¿Cómo es tu estilo de vida? ¿Qué cambiarías si pudieras? ¿Cómo crees que sería tu estilo de vida si vivieras en un país hispano?

183

Preparación

 Vocabulary Tools

Vocabulario del corto

apestar *to stink*
apurarse *to hurry*
baboso/a *stupid*
el brillo *lipstick*
el burro de planchar *ironing board*
castigar *to punish*
el cochineo *mess*

cursi *corny*
estupidez *stupid thing*
flojo/a *lazy*
la fonda *food stand*
el pegamento *glue*
el/la pitufino/a *runt*
la porquería *mess*
el recreo *recess*

Vocabulario útil

el abuso *abuse*
el/la acosador(a) *bully*
el acoso *bullying*
amenazar *to threaten*
la cadena *chain*
compadecer *to sympathize with*
insultar *to insult*

EXPRESIONES

ahorita *in a minute*

dejar (a alguien) en paz *to leave (someone) alone*

¡Órale! *Come on!*

para nada *not at all*

qué onda *what's up*

todo el santo día *all day long*

1 **Vocabulario** Completa la conversación con palabras y expresiones del vocabulario. Haz los cambios necesarios.

LAURA Esos calcetines sucios (1) _____; anda tíralos a lavar.

ANDREA ¡Ay, Laura, (2) _____! ¿No ves que estoy ocupada?

LAURA Sí, pero los calcetines son tuyos y el cuarto es de las dos, (3) _____ de una vez y, de paso, recoges todo ese (4) _____ de ropa que tienes en el piso.

ANDREA Bueno, (5) _____ lo recojo.

LAURA Eso mismo me dijiste ayer. ¡Venga, no seas (6) _____ y recógelo antes de que llegue Carlos, (7) ¡ _____!

ANDREA Oye, ¿y el (8) _____ qué? Lo sacaste para planchar ese pantalón de flores tan (9) _____ que llevas puesto. Por cierto, tienes una mancha enorme en el bolsillo de atrás.

LAURA ¡Ay! Me metí un bolígrafo en el bolsillo, ahora tendré que tirarlo. ¡Qué (10) _____ soy!

2 **Víctimas y agresores** En parejas, contesten las preguntas.

1. Si fueran actores de una película, ¿preferirían representar un rol de agresor o un rol de víctima? ¿Por qué?

2. ¿Qué creen que hace a las personas agresoras o víctimas en la vida real?

3. ¿Consideran que una sola persona puede ser víctima y agresora en situaciones diferentes? ¿Pueden dar algún ejemplo?

3 **El acoso escolar** Todos hemos visto alguna vez situaciones de acoso escolar. En parejas, hablen sobre este tema usando estas preguntas como guía. Luego, compartan sus opiniones con la clase.

peito

- ¿Por qué creen que algunos estudiantes abusan de otros?
- ¿Qué creen que se puede hacer para evitar el acoso escolar?
- ¿Qué harían si tuvieran un(a) hermano/a víctima de acoso escolar?
- ¿Qué harían si tuvieran un(a) hermano/a que fuera acosador(a)?
- ¿Qué deben hacer los maestros y los administradores para resolver los casos de acoso escolar?

4 **El acoso cibernético** En grupos pequeños, respondan a estas preguntas sobre el acoso cibernético.

1. ¿Piensan que el acoso cibernético es un problema serio? ¿Por qué?
2. ¿Creen que el acoso cibernético es peor que el acoso en la vida real? Expliquen sus respuestas.
3. ¿Qué se puede hacer para resolver el problema del acoso cibernético?

5 **Una manera mejor** En parejas, comenten cuáles de estas medidas contribuirían a mejorar sus relaciones con sus familiares y con sus compañeros de clase.

- discutir menos con mis hermanos/as
- hacer los quehaceres cuando me toca
- tratar a todo el mundo con respeto
- no levantar la voz al discutir
- escuchar a los demás atentamente
- pensar antes de hablar

6 **Anticipar** En parejas, observen los fotogramas e imaginen de qué va a tratar el cortometraje. Consideren las preguntas y el vocabulario para hacer sus predicciones.

- ¿Cómo se miran entre sí las niñas del fotograma de la izquierda? ¿Qué crees que podría estar pasando?
- ¿Qué personajes del fotograma de la izquierda reconocen en el fotograma de la derecha? ¿Qué están haciendo?
- ¿Cómo conectarían ambos fotogramas? ¿Qué historia se podría hacer a partir de las dos imágenes?

 Practice more at **vhlcentral.com**.

Un cortometraje de **Carlos Cuarón**

EL SÁNDWICH DE MARIANA

PRODUCIDO POR NIVEL DIEZ   DIRECTOR CARLOS CUARÓN   PRODUCTOR LUIS ÁNGEL RAMÍREZ
FOTOGRAFÍA ISI SARFATI   DIRECTORA DE PRODUCCIÓN ANDREA SÁNCHEZ
PAOLA RUIZ   ANNA GABY   PAOLA LIZARRAGA CUARÓN   MARÍA RENÉE PRUDENCIO   JUAN CARLOS BEYER

  @Basta_MX Basta_MX Basta_MX Basta_MX Basta_MX Basta_MX

FICHA **Personajes** Mariana, Isabel, Raquel, madre, padre   **Duración** 10 minutos   **País** México   **Año** 2014

ESCENAS 🅢 Video

Mariana Por favor, hoy no.
Isabel El sándwich, idiota.
Mariana No.
Isabel Que me lo des, babosa.

Raquel ¿Qué andas viendo, imbécil?
Isabel Busco pegamento, ¿tienes?
Raquel ¡Ahí no hay nada! ¿Tienes un diario? ¡Qué cursi!

Madre ¡Déjala en paz! ¿Qué le estás haciendo a tu hermana?
Raquel Nada.
Madre ¿Qué traes en la mano? ¿Éste es mi brillo? ¿Por qué agarras mis cosas?

Padre ¡Susana, qué onda! ¿Aún no está hecha la comida?
Madre No me dio tiempo.
Padre ¿Pero te dije o no te dije que tenía que irme a la oficina muy rápido para unas cosas?

Padre No, no vaya a hacer eso, jefe. ¡No se lo dé a Ramírez, no es justo! Yo llevo diez meses trabajando en esto, señor.

Mariana ¿Te castigaron?
Isabel Obvio, ¿que no ves? ¿Qué quieres?

Nota CULTURAL

Carlos Cuarón pertenece a una gran generación de directores mexicanos que desde hace ya casi dos décadas ha revolucionado el cine en su país. A este grupo pertenecen su hermano Alfonso Cuarón y nombres como Guillermo del Toro y Alejandro González Iñárritu. Conocidos como "los tres amigos", estos cineastas han trascendido el cine hispanoamericano y se han convertido en grandes referencias de la industria del cine estadounidense. Alfonso Cuarón llegó a ser el primer mexicano a ganar el Oscar al mejor director con *Gravity* (2013); González Iñárritu ganó el mismo premio dos años seguidos con *Birdman* (2014) y *The Revenant* (2015).

- ¿Has visto alguna película de "los tres amigos"? ¿Te gustó?

- ¿Qué piensas de que los directores de cine de países hispanohablantes tengan tanto éxito en Hollywood?

📶 EN PANTALLA

Relaciona las oraciones con un personaje del corto.

___ 1. "Dame el sándwich, es mío."

___ 2. "Estás muy chiquita para estas cosas, ¿no crees?"

___ 3. "Para el caso, ¡me voy a una fonda!"

___ 4. "Tiene mayonesa de la que te gusta."

___ 5. "¡Eres una floja!"

a. padre

b. madre

c. Raquel

d. Isabel

e. Mariana

Análisis

1 **Comprensión** Indica si las oraciones son **ciertas** o **falsas**. Corrige las falsas.

1. Isabel nunca le había quitado el sándwich a Mariana hasta entonces.

2. Isabel y sus amigas se ríen de la ropa que lleva Mariana.

3. Mariana busca a Isabel a la salida de la escuela y la sigue hasta su casa.

4. Isabel y su hermana Raquel se llevan bien.

5. La madre de las hermanas se enoja con Raquel sin ninguna razón.

6. El brillo no es ni de Isabel ni de Raquel sino de Susana, la madre de ambas.

7. El esposo de Susana tiene prisa porque necesita ir a la oficina.

8. Cuando su esposo la insulta y la agarra del cuello, Susana no se defiende.

9. Isabel ve a Mariana fuera de la casa.

10. Mariana le da a Isabel una nota al final.

2 **Pez grande, pez chico** ¿Conocen la expresión "el pez grande se come al pez chico"? En *El sándwich de Mariana* parece cumplirse esta regla. En parejas, ordenen los personajes de la lista en una cadena donde el primero sea el más fuerte y el último el más débil. Comenten sus elecciones. ¿Puede cambiar el orden?

Raquel	**jefe**	**padre**
Isabel	**Mariana**	**madre**

_____ → _____ → _____ → _____ → _____ → _____

3 **Interpretación** En parejas, contesten las preguntas.

1. ¿Por qué creen que Mariana no le dice a su maestra que le están quitando su comida?

2. ¿Por qué creen que Mariana sigue a Isabel hasta su casa?

3. ¿Qué aspectos de la relación entre Isabel y Raquel les parecen típicos de una relación entre hermanas? ¿Cuáles no?

4. ¿Por qué creen que todo el mundo se trata tan mal en la familia de Isabel?

5. De todos los insultos y humillaciones que aparecen en el corto, ¿cuál es el que más les ha impactado? ¿Por qué?

4 **Cambiar la realidad** En parejas, transformen estos enunciados del cortometraje en oraciones destinadas a dar apoyo moral.

1. "Dile que te quieres casar con él, nada más que no puedes porque te apesta la boca."

2. "¿Tú crees que con esto te va a hacer caso Enrique, el de enfrente? ¡Ay, pobre! Primero haz dieta, ¿no?"

3. "¿Que eres estúpida o qué? Lo que no entiendo es qué estuviste haciendo toda la mañana. Te fuiste a la estupidez esa de los pilates con el instructorcito este, ¿eh?"

5 **La fuerza del bien** En grupos pequeños, comenten estas preguntas.

1. ¿Dirían que el amor es una parte importante de este corto? ¿Por qué?

2. ¿Cómo describirían el ambiente en el que viven los personajes del corto?

3. ¿Creen que el maltrato y el abuso pueden formar parte de una familia? ¿Y de una cultura?

6 **Fin de ciclo** En grupos pequeños, observen el fotograma y contesten las preguntas.

1. ¿Por qué creen que Mariana está tan alegre?

2. ¿Cómo reacciona Isabel? ¿Por qué?

3. ¿Creen que Isabel aceptará el regalo de Mariana? ¿Por qué?

4. ¿Qué efecto creen que tendrá el gesto de Mariana en Isabel?

5. Imaginen que Isabel comprende cómo poner fin al ciclo de la violencia. ¿Creen que intentará seguir el ejemplo de Mariana con su hermana Raquel? ¿Por qué?

7 **¡Basta!** En grupos pequeños, contesten las preguntas.

1. ¿Cuál pensaron que sería el tema del cortometraje en los primeros minutos? ¿Y al final? ¿Por qué?

2. ¿Qué tipo de violencia creen que se denuncia en este cortometraje?

3. ¿Existe este tipo de violencia en su comunidad?

4. ¿Creen que es posible erradicar la violencia de una cultura o de una sociedad?

8 **Situaciones** En parejas, elijan una situación e improvisen un diálogo. Utilicen palabras de la lista. Cuando estén listos, represéntenlo ante la clase.

abuso	baboso/a	flojo/a
acosador(a)	castigar	insultar
acoso	dejar en paz	qué onda
amenazar	estupidez	recreo

A

Tu hermano/a menor llega a casa muy serio/a. Le preguntas qué ha pasado y se pone a llorar. Te confiesa que un grupo de chicos de la escuela lo están acosando desde principio de curso. Tu hermano/a te ruega que no se lo digas a nadie. Tú intentas convencerle de que hable con la maestra.

B

Descubres por varias fuentes que tu hermano/a menor está acosando a un compañero suyo de clase. Cuando tu hermano/a vuelve de la escuela, le preguntas si es cierto. Te dice que sólo bromea y nada más, y que el niño que se queja debería tener más sentido del humor.

 Practice more at **vhlcentral.com**.

6.1 Oraciones condicionales con si  Presentation

Recuerda

Las oraciones condicionales indican en una cláusula subordinada la condición necesaria para que la acción de la cláusula principal se realice. Se suelen formar con la conjunción **si** seguida por indicativo o por subjuntivo. El orden de las cláusulas es reversible.

Si con indicativo

Cuando la acción que expresa la cláusula subordinada condicional es real o posible, el verbo va en indicativo.

- *Si* + **presente de indicativo / futuro**

  Si Mariana **sale** al recreo, Isabel le **quitará** el sándwich.

- *Si* + **presente de indicativo /** *ir a* + **infinitivo**

  Si Mariana no le **da** el sándwich, Isabel la **va a pegar**.

- *Si* + **presente de indicativo / mandato**

  Si quieres que no te pegue, **dame** el sándwich.

- *Si* + **presente de indicativo / presente de indicativo**

  Si Isabel **va** a la escuela, Mariana no **come**.

—Ya **sabes** lo que te pasa **si** no me **gusta**.

Cuando se habla de hechos que eran posibles en el pasado, se usa el imperfecto de indicativo.

- *Si* + **imperfecto de indicativo / imperfecto de indicativo**

  Si Isabel **tocaba** sus cosas, Raquel se **enojaba**.

Si Susana no **cocinaba** rápido,
su marido le **gritaba**.

Si con subjuntivo

Cuando la acción que expresa la cláusula subordinada condicional es hipotética o improbable, el verbo va en subjuntivo.

- *Si* + **imperfecto de subjuntivo / condicional**

  Si *Mariana no* **tuviera** *miedo,* **saldría** *al recreo con los demás.*

Cuando la acción que expresa la cláusula subordinada condicional no pasó, el verbo va en pluscuamperfecto de subjuntivo.

- *Si* + **pluscuamperfecto de subjuntivo / condicional perfecto**

  Si *Isabel no se* **hubiera pintado** *los labios, Raquel no le* **habría pedido** *el brillo.*

Otras expresiones condicionales

Para indicar condición, se pueden usar otras expresiones.

> **Yo que tú,** *hablaría con la maestra.*
> **En tu lugar,** *no le daría el sándwich.*
> **De haber sabido** *la situación de Isabel, no la habría juzgado tan mal.*
> **En esa situación,** *yo me habría defendido.*

Las conjunciones **donde**, **como** y **mientras** seguidas del subjuntivo también pueden expresar condición.

> **Donde** *no* **haya** *cariño entre la familia, no será un hogar.*
> **Como** *Mariana no* **alerte** *a los profesores del abuso, Isabel seguirá siendo abusiva.*
> **Mientras** *Isabel* **viva** *en un ambiente hostil, seguirá abusando de Mariana.*

Práctica

1

Siempre una condición Une los elementos para crear oraciones completas. Usa los tiempos verbales indicados y empieza cada oración con **Si**.

Modelo tú / tener tiempo (pres. indic.) / tú / llamarme (mandato)
> *Si tienes tiempo, llámame.*

1. tú / estar aquí (imp. subj.) / nosotras / empezar la reunión (cond.)

2. ella / no sentirse mejor (pres. indic.) / ellos / cancelar los planes (fut.)

3. yo / verlos (pluscuamp. subj.) / yo / invitarlos (cond. perf.)

4. ustedes / volver temprano (pres. indic.) / nosotros / cenar en casa (mandato)

5. tú / ver una película (imp. indic.) / tú / comentárnosla (imp. indic.)

2

Si fueras... En parejas, háganse preguntas utilizando las opciones de la lista. Después, compartan sus respuestas con la clase.

Modelo —Si fueras un mueble, ¿qué mueble serías?
> —Si yo fuera un mueble, sería una cama porque lo que más me gusta es dormir.

1. un animal
2. una comida
3. un estilo musical
4. un aparato electrónico
5. un personaje de ficción
6. un personaje de la vida real

Practice more at
vhlcentral.com.

6.2 Usos de **se** II

 Presentation

> **Recuerda**
>
> La palabra **se** tiene diversos significados y funciones. En esta lección se exponen sus usos reflexivos y recíprocos, y su función en las oraciones impersonales.

Se reflexivo y recíproco

Se es el pronombre de tercera persona, tanto del singular como del plural, de los verbos reflexivos. En los verbos reflexivos, el sujeto realiza la acción (o la manda realizar) sobre sí mismo.

*Raquel, Isabel y su madre **se pintan** los labios.*

Se también es el pronombre de tercera persona de los verbos pronominales. Estos verbos expresan sentimientos o estados y se usan como los verbos reflexivos, pero no expresan acciones reflexivas. Algunos de estos verbos son **sentirse**, **enojarse**, **alegrarse**, **arrepentirse**, **desesperarse**, **darse cuenta**, **ponerse**, **volverse** y **hacerse**.

*Raquel **se enoja** muchísimo cuando ve a Isabel en su habitación.*

Se es además el pronombre de tercera persona de los verbos recíprocos. En los verbos recíprocos, la acción la realizan dos o más individuos, el/los uno(s) sobre el/los otro(s).

*Los familiares **se insultan**.*   *Susana y su esposo **se hablan** a voces.*

Por otro lado, **se** puede usarse con el pronombre de objeto indirecto de verbos que expresan eventos inesperados o no intencionales, como pueden ser **acabar**, **caer**, **romper**, **ocurrir**, **perder** y **olvidar**. En esta construcción, **se** es invariable. El pronombre de objeto indirecto varía según a quién le ocurre la acción y el verbo siempre va en tercera persona del singular o del plural, dependiendo del sujeto.

*A Mariana **se le ocurrió** un plan para cambiar la situación.*   *A Susana **se le olvidó** preparar la comida.*

Se también tiene un valor expresivo. Generalmente expresa o enfatiza la acción, pero también puede indicar esfuerzo, logro, etc. El uso de **se** en estos casos es opcional.

*Mariana **(se)** comió su sándwich.*   *Isabel **(se)** merece un castigo.*

En las construcciones verbales de infinitivo o de gerundio, el pronombre **se** puede ir unido al infinitivo o al gerundio, o bien puede aparecer antes del verbo conjugado.

*Isabel va a comer**se** el sándwich.*   *Isabel **se** va a comer el sándwich.*

Se en oraciones impersonales

Las oraciones impersonales son oraciones que no tienen sujeto gramatical. La forma **se** siempre precede a un verbo en tercera persona del singular. La mayoría de las veces, el verbo de la oración impersonal es intransitivo; es decir, no tiene objeto directo.

> *El acoso escolar **se considera** un problema serio.*

En algunas ocasiones, las oraciones impersonales pueden tener un verbo transitivo. Cuando el objeto directo de un verbo transitivo es una persona, se necesita la **a** personal.

> *En la escuela de Mariana **se estudia** inglés.*
>
> ***Se pidió a** los maestros que previnieran los abusos.*

El **se** impersonal también se puede usar con los verbos **ser** y **estar**.

> *Cuando **se es** respetuoso con los demás, **se es** más feliz.*
>
> *No **se está** bien en una casa con violencia.*

Las oraciones pasivas con **se** y las oraciones impersonales con **se** expresan sentidos diferentes y se usan de forma distinta. Las oraciones pasivas con **se** sólo se usan con verbos transitivos y el verbo debe estar en tercera persona del singular o del plural. El objeto de la oración activa es el sujeto gramatical de la oración pasiva con **se**. En cambio, las oraciones impersonales con **se** carecen de sujeto gramatical.

> ***Se buscan** instructores de pilates.*
> (oración pasiva con **se**: "instructores de pilates" es el sujeto de la oración)
> ***Se habló** de buscar instructores de pilates.*
> (oración impersonal)

Práctica

1

Reescribir Reescribe las oraciones. En cada oración, utiliza un verbo con **se**.

1. Isabel mira a Mariana y Mariana mira a Isabel. _____
2. Mariana olvidó su sándwich. _____
3. Puedes hacerte una foto con Mariana. _____
4. La gente habla mucho de los animales. _____
5. El niño es idéntico a su padre. _____
6. En la escuela, los niños estudian historia. _____
7. Cuando eres bueno, eres más afortunado. _____
8. El niño acabó toda la sopa en dos minutos. _____
9. Ella no está alegre por Carlos. _____
10. Marta escribió a Pedro y Pedro escribió a Marta. _____

2

El español En parejas, creen una lista de los aspectos importantes de hablar español en el mundo de hoy. Después, intercambien sus metas respecto al español. Utilicen las construcciones con **se** que han aprendido y compartan sus planes con el resto de la clase.

Practice more at
vhlcentral.com.

Preparación

Vocabulary Tools

Sobre la autora

Rosa Montero (Madrid, España, 1951) es una famosa escritora y periodista. A los cuatro años enfermó de tuberculosis y anemia, y tuvo que dejar la escuela y quedarse en su casa. Durante ese largo tiempo, leer y escribir eran el juego favorito que lograba entretenerla ante la falta de amigos. Más tarde, en la Facultad de Filosofía y Letras hizo teatro con grupos vanguardistas. Luego, estudió Periodismo y comenzó a escribir para distintos medios, hasta que, en 1976, pasó a colaborar de forma exclusiva con el diario *El País*. Ha escrito guiones de televisión, novelas y cuentos, traducidos a más de veinte idiomas. Se la considera representante del "nuevo periodismo", en el que se mezclan información y literatura.

Vocabulario de la lectura		Vocabulario útil
la cojera *limp, lameness*	**el influjo** *influence*	**la descortesía** *rudeness*
confabularse *to plot, to conspire*	**el malestar** *discomfort*	**a regañadientes** *reluctantly*
el duelo *mourning*	**plantear** *to bring up*	**renunciar** *to give up*
la edad madura *middle age*	**rechazar** *to reject*	**retrasar** *to postpone, to delay*
el entorno *social setting, environment*	**la tasa de natalidad** *birth rate*	**soportar** *to put up with*
la herencia *legacy*		**la visión** *view*

1 **Definiciones** Empareja cada palabra con la definición adecuada.

1. cojera _____ dejar voluntariamente de hacer una cosa

2. visión _____ lo que rodea a alguien o a algo

3. renunciar _____ falta de amabilidad o educación

4. descortesía _____ no aceptar

5. entorno _____ defecto o lesión que impide caminar bien

6. rechazar _____ punto de vista

2 **Opinión** En parejas, conversen sobre las siguientes preguntas. Luego, compartan sus respuestas con la clase.

1. ¿Cómo ha cambiado la visión de la sociedad sobre el papel de la mujer en los últimos sesenta años?

2. ¿Qué puesto piensas que ocupa la maternidad en las prioridades de las mujeres de tu país? ¿Ocurre lo mismo en otros países? ¿Y en la cultura hispana?

3. ¿Quién decide cómo debe ser nuestra vida: nosotros o la sociedad? ¿Es posible ser completamente libre de la visión de nuestro entorno? Explica tu respuesta.

4. ¿Cuáles son los prejuicios que existen en tu grupo social o familiar?

5. ¿Crees que es posible cambiar las actitudes de la gente? ¿Cómo?

 Practice more at **vhlcentral.com**.

NI COJA
NI MADRE

ROSA MONTERO

Se da la circunstancia de que no tengo hijos. Si fuera un hombre, mi falta de descendencia sería eso, una circunstancia, más o menos importante pero circunstancia al fin, una nota más en la biografía. Pero, como soy mujer, se diría que todo en el entorno se confabula para convertirme en una mujer sin hijos, como si por ello pertenecieras a una determinada categoría. Como si la cosa definiera, a los ojos de los demás, toda tu vida.

Es curioso, porque de esto me estoy dando cuenta por vez primera ahora, en la edad madura. Fui una niña a la que no le gustaban las muñecas, sino los animales de peluche°. Por más que buceo° en mis memorias, no me recuerdo jamás queriendo tener niños ni jugando a las mamás. Después, al crecer, la cosa siguió igual: ser madre no sólo no era una prioridad para mí, sino que ni siquiera formaba parte de mi horizonte vital. Y así, sin pensar en ello, se fue pasando el tiempo del famoso reloj biológico.

stuffed animals

delve

A muchas otras mujeres de mi generación les sucedió lo mismo: recordemos que hasta hace poco, y durante bastantes años, España e Italia se han turnado en el primer puesto° de los países con menor tasa de natalidad del mundo. Ya ven, justamente España e Italia, dos países católicos, con una fuerte influencia de la familia tradicional y una pesada herencia de machismo. Dos sociedades, también, que han cambiado de manera vertiginosa en las últimas décadas. Es posible que, en ambos países, un par de generaciones de mujeres hayamos crecido bajo el influjo y el ejemplo de nuestras madres, de esas madres que vivieron todavía en el sexismo del mundo tradicional pero que vieron llegar los cambios del mundo nuevo, y que educaron a sus hijas soplando° en sus oídos un susurro° poderoso de protesta: no te cases, no tengas hijos, sé libre por mí.

place

blowing

whisper

Sea por esto o por lo que sea (verdaderamente no lo sé), el caso es que ser madre no formó parte del plan de mi vida. Lo cual sin duda me hizo perder una experiencia muy importante. Pero es que vivir es escoger, es elegir unas opciones y rechazar otras, de manera que siempre es inevitable perder (y ganar) algo. Lo que me consta°, por experiencia propia y porque lo he visto en otras personas, es que el hecho de ser madre no es la experiencia esencial y constitutiva de la existencia femenina.

I am sure...

Todo esto lo he tenido siempre claro, pero el caso es que ahora, en los últimos años, me estoy dando cuenta de que a las mujeres nos preguntan todo el rato° si tenemos hijos. Por ejemplo, muchos periodistas, al entrevistarme, me plantean si he sacrificado la maternidad a mi carrera. Increíble cuestión que jamás cruzó por mi cabeza. Yo no siento que haya

constantly

> **el hecho de ser madre no es la experiencia esencial y constitutiva de la existencia femenina**

sacrificado nada por mi profesión (aparte del mayor o menor sacrificio que siempre es trabajar), y eso menos que nada. Por otra parte, no veo la necesidad objetiva de hacerlo; muchas escritoras estupendas han sido madres, como Ana María Matute, Carmen Martín Gaite, Josefina Aldecoa, Elvira Lindo, Montserrat Roig o Nuria Amat, por citar tan sólo unas cuantas autoras españolas, y no creo que ello haya supuesto merma° alguna en su obra. Y no se trata sólo de los periodistas: cada vez que conoces a alguien, sea hombre o mujer, el asunto° suele aparecer al poco rato. Desde luego, estas preguntas no se les plantean habitualmente a los varones.

decrease

subject

Antes, de joven, contestar una y otra vez no me molestaba. Pero desde que he alcanzado cierta edad, una edad digamos irreversible (ya no tengo hijos ni tendré), he empezado a advertir que, cuando respondo que no, una especie de incomodidad flota en el aire, como si los interlocutores sintieran cierto malestar por haber dicho algo inconveniente, como si tuvieran que hacer una especie de duelo por los hijos no tenidos de esta mujer sin hijos, como si hubieran nombrado la cojera en la casa de un cojo. Y debo decir que ese malestar lo manifiestan tanto los hombres como las mujeres, y que algunas de las mujeres, pobres mías, incluso añaden aturulladamente° y sin venir al caso° algo como: no importa, da lo mismo°, sin niños se puede vivir la vida igual de bien. Con lo cual revelan el enorme peso que siguen teniendo los modelos tradicionales en nuestra sociedad. Cosa extraordinaria, realmente, descubrir a estas alturas de la vida que los demás te consideran coja porque no eres madre. ■

bewildered/ beside the point

it doesn't matter

Análisis

1 **Comprensión** Identifica el párrafo que mejor resume el relato.

1. Al haber llegado a una edad en la que ya no puede tener hijos, la autora se arrepiente por haber sacrificado la maternidad para dedicarse enteramente a su carrera, siguiendo el ejemplo de muchas otras escritoras españolas que no tuvieron hijos para lograr el éxito.

2. La autora reflexiona sobre la situación de presión social que sufren las mujeres que, como ella, no tienen hijos y deben soportar las preguntas y miradas de los demás, que las juzgan como si sufrieran una limitación física.

2 **Interpretación** En parejas, contesten las preguntas.

1. ¿En qué sentido no tener hijos es para Rosa Montero una "circunstancia"? ¿Cómo lo perciben los demás? ¿En qué lo nota ella?

2. ¿La autora siente que lo que le ocurre a ella es una situación única? ¿Por qué?

3. ¿Qué relación ve Montero entre la tradición en España e Italia con la merma de tasa de natalidad de los últimos años?

4. ¿Qué opina sobre la experiencia de la maternidad para cualquier mujer?

5. ¿Por qué antes no le molestaba la situación? ¿Qué le sucede ahora?

6. ¿Cómo llega ella a la conclusión de que los demás consideran coja a quien no es madre?

3 **Estadísticas** En parejas, analicen los siguientes datos y comparen las tasas de natalidad en España y Estados Unidos. ¿En qué se parecen? ¿En qué hay diferencias? ¿A qué puede deberse? Escriban una breve conclusión y luego compártanla con la clase.

	España	Estados Unidos
Número de hijos por mujer	1,3	1,9
Promedio de edad en la que las mujeres tienen su primer hijo	32 años	26 años
Hijos nacidos fuera del matrimonio	35%	41%
Edad promedio para el matrimonio	34 años para los hombres / 32 años para las mujeres	29 para los hombres / 27 para las mujeres

4 **Ni coja ni madre** En parejas, relean el artículo y contesten las preguntas.

1. ¿Les parece adecuado el título al tema? Expliquen sus respuestas y sugieran un título alternativo.

2. Dos de las características del nuevo periodismo son el protagonismo que asume el escritor y que el reportaje se lee como un relato. Encuentren ejemplos de cada una en el texto. ¿Les parece que la autora logra trasmitir bien el tema con estos recursos? ¿Por qué?

3. El escritor Jean Paul Sartre dijo que "El infierno son los otros". ¿Qué clase de definición de la sociedad es ésa? ¿Creen que Rosa Montero estaría de acuerdo? ¿Y ustedes? Expliquen sus respuestas.

5

Tabú En parejas, lean la lista y marquen las cosas que su cultura considera peyorativas o tabú. Luego, expliquen por qué creen que lo son. ¿Cuáles creen que serían mal vistas en España? ¿Y en algún país de Latinoamérica? Agreguen un tabú que ustedes conocen de su cultura. Finalmente, comparen sus respuestas con el resto de la clase para ver qué coincidencias o diferencias surgen.

estar desempleado/a	no usar cuenta de Facebook	estar divorciado/a
ser una mujer soltera	beber alcohol	señalar con el dedo
escupir	no tener hijos	no tener teléfono celular
tener varias esposas	saludar con un beso	comer carne
dejar comida en el plato	preguntarle la edad a una mujer	

6

Historias En grupos, elijan dos de estas historias y debatan cuánto influyó la visión de la sociedad y el entorno familiar en el desenlace. Identifiquen qué clase de presión sufren los personajes (de grupo, de clase, etc.) y analicen cómo reaccionan frente a ella, y si logran superarla o no.

Romeo y Julieta   *Matar a un ruiseñor* (*To Kill a Mockingbird*)

Cenicienta (*Cinderella*)   *Orgullo y prejuicio* (*Pride and Prejudice*)

Shrek   *Qué bello es vivir* (*It's a Wonderful Life*)

7

Entrevista En parejas, preparen una entrevista sobre el tema que presenta Rosa Montero y entrevisten a una persona hispana y a otra estadounidense. Preparen un informe y preséntenlo a la clase. ¿Cuáles son los puntos en común de las distintas entrevistas e informes? Finalmente, la clase debatirá sobre los factores a favor y los factores en contra de la maternidad/paternidad actualmente.

> **Preguntas sugeridas**
>
> - ¿Tiene hijos? Si no, ¿quiere tener hijos? ¿Por qué?
> - ¿Qué edad le parece ideal para convertirse en padre/madre?
> - ¿Cuáles cree que son los beneficios y las dificultades de tener hijos?
> - ¿Tuvo/Tendrá que renunciar a alguna cosa para ser madre/padre?
> - ¿Qué influyó/influirá en sus decisiones sobre la maternidad/paternidad?

8

Situaciones En parejas, elijan una de las siguientes situaciones e improvisen un diálogo. Utilicen las palabras de la lista. Cuando estén listos, represéntenlo delante de la clase.

confabularse	influjo	renunciar
descortesía	malestar	retrasar
entorno	plantear	soportar
herencia	rechazar	visión

A

Una tía ha comenzado a prepararle citas a su sobrino/a porque le preocupa que no tenga pareja. Su sobrino/a se enoja y quiere hacerle entender a su tía que prefiere quedarse solo/a antes que aceptar alguna de esas citas.

B

Un padre o una madre le comunica a su hijo/a que se ha enamorado de una persona que conoció por Internet, y que se va a vivir con ella. El hijo/a intenta razonar con su padre/madre para convencerlo/la de que no lo haga.

 Practice more at **vhlcentral.com**.

Preparación

 Vocabulary Tools

Sobre el autor

El escritor colombiano **Daniel Samper Pizano** nació en Bogotá en 1945. Comenzó a hacer periodismo a los diecinueve años en el diario *El Tiempo*. Estudió Derecho en la Universidad Javeriana y luego se dedicó a las Letras como editor, guionista, profesor, periodista y escritor de numerosos libros de humor, historia y música. Tiene una maestría en Periodismo de la Universidad de Kansas. En su escritura utiliza como herramientas el humor, la ironía y la crítica social. Se le considera el padre del periodismo investigativo en Colombia y ha obtenido varios premios, entre ellos el Premio Rey de España y el Premio Continente de Periodismo. Desde 1986 vive en Madrid, España.

Vocabulario de la lectura		Vocabulario útil
acatar *to obey*	**el eje** *axis*	**atreverse** *to dare*
convertirse *to become*	**imperar** *to prevail*	**la costumbre** *habit; custom*
la derrota *defeat*	**el mandamiento** *commandment*	**dirigirse a** *to address*
desaconsejar *to advise against*	**la queja** *complaint*	**la falta de respeto** *disrespect*
el dictamen *ruling*	**el reglamento** *rules, regulations*	**la reunión** *gathering*
disgustado/a *displeased*	**solicitar** *to request*	

1 **Reuniones familiares** Completa el siguiente texto con las formas apropiadas de las palabras del vocabulario.

> ### Reglamento esencial para sobrevivir a las reuniones familiares
>
> 1. Para que _____ la paz en la familia, se _____ hablar más de la cuenta. A veces, de algunos comentarios, pueden surgir malos entendidos.
> 2. No es recomendable _____ con sobrenombres bromistas a miembros de la familia porque pueden percibirlos como una _____.
> 3. Si el lugar resulta incómodo o la comida inconveniente, _____ amablemente el cambio necesario en vez de dar _____ y poner mala cara.
> 4. No intentes _____ en el alma de la fiesta: el _____ de la buena convivencia es que haya espacio para todos.
> 5. Finalmente, _____ a crear alguna nueva _____ familiar para renovar las fiestas.
>
> Si _____ estos simples _____, podrás escapar con seguridad al estrés de las festividades.

2 **Padres** En parejas, contesten las siguientes preguntas. Luego, compartan sus respuestas con el resto de la clase.

1. ¿Qué palabras del español conoces para dirigirse al padre? ¿Y en inglés?
2. ¿Cómo llamas tú a tu padre? ¿Y tu padre y su padre cómo llamaban al suyo?
3. ¿Crees que algunas formas trasmiten más respeto que otras? ¿Cuáles serían una falta de respeto?

 Practice more at **vhlcentral.com**.

Daniel Samper Pizano

Padre, papá, *papi*

¡Cómo era de bueno ser padre! Hasta hace cosa de un siglo, los hijos acataban el cuarto mandamiento como si no fuera dictamen de Dios sino reglamento de la Federación de Fútbol. Imperaban normas estrictas de educación: nadie se sentaba a la mesa antes que el padre; nadie hablaba sin permiso del padre; nadie se levantaba si el padre no se había levantado; nadie repetía almuerzo, porque el padre solía dar buena cuenta° de las bandejas: por algo era el padre…

La madre ha constituido siempre el eje sentimental de la casa, pero el padre era la autoridad suprema. A él no lo rechistaba nadie. Si el padre estaba disgustado, el hijo guardaba aterrado silencio. Y si denotaba el más mínimo gesto de queja, el padre le asestaba un par de correazos° porque el padre usaba cinturón, no calzonarias° de colores, como Darío Restrepo. Si, finalmente, lo ordenaba así el padre, el hijo díscolo° permanecía el fin de semana encadenado° en la buhardilla°.

Basta con releer Corazón, aquel libro de Amicis que el padre nos mandó leer a la fuerza, para entender lo que era un padre. Cuando el padre miraba fijamente a la hija, esta abandonaba al novio, volvía a vestir falda larga y se metía de monja. A una orden suya, los hijos varones cortaban leña°, alzaban bultos o se hacían matar en la guerra.

—Padre: ¿quiere usted que cargue las piedras en el carro y le dé de beber al buey?

¡Qué barraquera° era el padre!

Todo empezó a cambiar hace unas siete décadas, cuando el padre dejó de ser el padre y se convirtió en el papá. El mero sustantivo era una derrota. Padre es palabra sólida, rocosa; papá es apelativo para oso de felpa° o perro faldero°. Demasiada confiancita. Además —segunda derrota— "papá" es una invitación al infame tuteo°. Con el uso de "papá" el hijo se sintió autorizado para protestar, cosa que nunca había ocurrido cuando el padre era el padre:

—¡Pero, papá, me parece el colmo° que no me prestes el carro…!

A diferencia del padre, el papá era tolerante. Permitía al hijo que fumara en su presencia, en vez de arrancarle° de una bofetada° el cigarrillo y media jeta°, como hacía el padre en circunstancias parecidas. Los hijos empezaron a llevar amigos a casa y a organizar bailoteos y bebetas°, mientras papá y mamá se desvelaban° y comentaban:

—Bueno, tranquiliza saber que están tomándose unos traguitos° en casa y no en quién-sabe-dónde.

El papá marcó un acercamiento generacional muy importante, algo que el padre desaconsejaba por completo. Los hijos empezaron a comer en la sala mirando el televisor, mientras papá y mamá lo hacían solos en la mesa. Y a coger el teléfono sin permiso, y a sustraer° billetes de la cartera de papá, y a usar sus mejores camisas. La hija, a salir con pretendientes° sin chaperón y a exigirle al papá que no hiciera mala cara al insoportable novio y en vez de "señor González", como habría hecho el padre, lo llamara "Tato".

Papá seguía siendo la autoridad de la casa, pero bastante maltrecha°. Nada comparable a la figura procera° del padre. Era, en fin, un tipo querido, de lavar y planchar, a quien acudir en busca de consejo o plata prestada.

Y entonces vino papi.

Papi es invento reciente, de los últimos 20 o 30 años.

Descendiente menguado° y raquítico de padre y de papá, ya ni siquiera se le consulta o se le solicita, sino que se le notifica.

—Papi, me llevo el carro, dame para gasolina…

A papi lo sacan de todo. Le ordenan que se vaya a cine con mami cuando los niños tienen fiesta y que entren en silencio por la puerta de atrás. Tiene prohibido preguntar a la nena quién es ese tipo despeinado° que desayuna descalzo° en la cocina. A papi le quitan todo: la tarjeta de crédito, la ropa, el turno para ducharse, la rasuradora eléctrica, el computador, las llaves…

Lo tutean, pero siempre en plan de regaño:

—Tú si eres la embarrada°, ¿no papi?

—¡Papi, no me vuelvas a llamar "chiquita" delante de Jonathan!

Aquel respeto que inspiraba padre, con papá se transformó en confiancita y se ha vuelto franco abuso con papi:

—Oye, papi, me estás dejando acabar el whisky, marica°…

No sé qué seguirá de papi hacia abajo. Supongo que la esclavitud o el destierro°. Yo estoy aterrado porque, después de haber sido nieto de padre, hijo de papá y papi de hijos, mis nietas han empezado a llamarme "bebé". ∎

Glosas marginales

eat up — buena cuenta

blows with a belt — correazos
suspenders — calzonarias

unruly — díscolo
chained/attic — encadenado/buhardilla

firewood — leña

awesome (Col.; colloquial) — barraquera

teddy bear/lapdog — oso de felpa/perro faldero

use of "tú" — tuteo

too much — colmo

to snatch from someone/slap — arrancarle
face — jeta

drinking parties (Col.)/couldn't sleep — bebetas/desvelaban

little drinks — traguitos

to steal — sustraer

suitors — pretendientes

battered — maltrecha
important — procera

weak — menguado

disheveled/barefoot — despeinado/descalzo

goof — embarrada

dude (Col.; colloquial) — marica

exile — destierro

Análisis

1 **Comprensión** Decide si las siguientes afirmaciones son **ciertas** o **falsas**, según el artículo. Corrige las falsas.

1. Antes, nadie se atrevía a cuestionar la autoridad del padre.

2. La figura de la madre no tiene importancia.

3. Las órdenes del padre se seguían siempre.

4. Existe otro tipo de padre que se llama "papá" y los dos conviven en la misma época.

5. La palabra "papá" habla de fuerza y solidez.

6. Al convertirse el padre en "papá", los hijos empezaron a cuestionar las cosas.

7. Con la aparición de "papi", los hijos hacen lo que quieren.

8. El autor cree que ya no se puede ir más lejos y que después de "papi" no cambiará la relación entre padres e hijos.

2 **Interpretación** En parejas, contesten las preguntas.

1. ¿En qué se basaba la autoridad suprema del padre según el autor?

2. ¿Qué clase de sentimientos despiertan un oso de felpa o un perro faldero? ¿En qué se parecen estos sentimientos a los que despierta un papá?

3. ¿Cuáles son las derrotas que implica "papá"? ¿Qué consecuencias tienen?

4. ¿Cómo se han cambiado los papeles entre los hijos y "papi"?

5. ¿Qué relación tuvo el autor con su padre? ¿Y con sus hijos? ¿Cómo es la relación con sus nietas?

6. Según él, ¿el camino del padre es hacia abajo o hacia arriba? ¿En qué se nota esto?

3 **Costumbres** En grupos, contesten las siguientes preguntas y luego compartan sus respuestas con el resto de la clase.

1. ¿Cuáles son las comidas más importantes en sus casas?

2. ¿Quién es el/la encargado/a habitualmente de preparar la comida? ¿Comen con el televisor encendido?

3. ¿Cómo cambiaron las comidas en familia desde la generación de sus padres?

4. ¿Qué diferencias encuentran entre la cultura hispana y la de Estados Unidos en cuanto a las costumbres de las comidas? ¿Qué consecuencias tienen estas costumbres en la salud? ¿Y en la comunicación familiar?

4 **Recursos** En grupos, relean el texto y completen las actividades.

1. Anoten las características que corresponden a cada uno de los estadios "padre", "papá" y "papi". ¿De qué manera se describe a cada una de esas figuras en el artículo? ¿Cómo es el proceso de cambio de una figura a otra?

2. A través del humor, el autor presenta situaciones en las que resalta el lado cómico de las cosas, lo que le sirve para reflexionar, enjuiciar y comentar. ¿Dónde encuentran ejemplos de esto en el relato? ¿Cómo consigue el autor este efecto?

3. El autor no sabe qué vendrá después de "papi", pero adelanta algunas suposiciones sobre cómo será. Escriban con el mismo tono un último párrafo que describa la situación y características de esa nueva figura paterna que vivirá en el futuro. Compartan su párrafo con el resto de la clase.

5 **De padres e hijos** En grupos pequeños, lean las siguientes citas, comenten su significado y expliquen con cuáles de ellas están de acuerdo y con cuáles no.

> "Por severo que sea un padre juzgando a su hijo, nunca es tan severo como un hijo juzgando a su padre". Enrique Jardiel Poncela

> "Es hermoso que los padres lleguen a ser amigos de sus hijos, desvaneciéndoles todo temor, pero inspirándoles un gran respeto". José Ingenieros

> "Hay que llegar a saber que los hijos, vivos o muertos, felices o desdichados, activos o pasivos, tienen lo que el padre no tiene. Son más que el padre y más que ellos mismos". Carlos Fuentes

6 **Fiestas y reuniones** En grupos, discutan sobre cómo se celebran estas reuniones sociales en las culturas hispana y estadounidense. Después conversen sobre cómo participan los padres en las fiestas.

- San Valentín
- Navidad
- funerales
- cumpleaños
- Pascua (*Easter*)
- bodas

7 **Entrevista a la tercera edad**

A. En grupos, encuentren personas ancianas de origen hispano y entrevístenlas. Incluyan estas preguntas y otras.

- ¿Cómo era la relación con su padre?
- ¿Qué cambios notan en la actualidad con respecto a la figura del padre?
- ¿Qué opinan de la situación familiar actual, tanto entre los hispanos como entre los no hispanos?
- ¿Qué tradición les gustaría conservar con el paso del tiempo?

B. Creen un póster para presentar una campaña de concientización sobre la pérdida de tradiciones, los beneficios de modernizar las relaciones, etc. Utilicen fotos, estadísticas, las respuestas que obtuvieron y todo lo que pueda servirles para hacer la presentación. Inventen un eslogan y presenten su propuesta ante la clase.

8 **Situaciones** En parejas, elijan una de las siguientes situaciones e improvisen un diálogo. Utilicen las palabras de la lista. Cuando estén listos, represéntenlo delante de la clase.

acatar	costumbre	disgustado/a	imperar
atreverse	derrota	eje	queja
convertirse	desaconsejar	falta de respeto	solicitar

A
Una persona quiere cambiar la fiesta tradicional de Navidad y reúne a su familia para proponerles una nueva forma de celebrar. Su propuesta provoca diferentes reacciones.

B
Un padre decide recuperar la tradición de autoridad de su abuelo y le informa a su hijo/a cuáles serán las nuevas reglas de ahora en adelante. Su hijo/a no está conforme con el planteamiento.

 Practice more at **vhlcentral.com**.

Preparación

 Vocabulary Tools

Sobre el autor

Julio Ramón Ribeyro (1929-1994) es uno de los grandes cuentistas sudamericanos del siglo XX. Contemporáneo y compañero de generación del también peruano Mario Vargas Llosa, Ribeyro usaba un lenguaje sencillo para contar historias típicamente amargas, pero siempre llenas de ironía. "Los merengues" pertenece a la colección *Cuentos de circunstancias* que terminó de escribir en 1958. Este gran maestro de la narración corta también cultivó la novela y el teatro, y ha sido traducido a muchos idiomas. Poco antes de su muerte en 1994, Ribeyro recibió el prestigioso Premio Juan Rulfo.

Vocabulario de la lectura		Vocabulario útil
abochornado/a *embarrassed*	**emparar** *to catch*	**codiciar** *to covet*
agazapar *to crouch*	**empuñar** *to clutch*	**derrotado/a** *defeated*
airado/a *irate*	**expulsar** *to throw out*	**desanimar** *to discourage*
el asombro *surprise*	**el/la parroquiano/a** *customer*	**estar bajo sospecha** *to be under suspicion*
constatar *to confirm*	**percatarse de** *to notice*	**el rencor** *resentment*
el coscorrón *light blow to the head*	**reclamar** *to demand*	
desalado/a *anxious*	**la vidriera** *glass case*	

1 **Vocabulario** Completa las oraciones con palabras de la lista de vocabulario. Haz los cambios necesarios.

1. Perdón por el retraso, no me _____ de que era tan tarde.
2. Cuando fui a Nueva York, estuve mirando _____ de tiendas muy caras.
3. Elena tuvo una reacción _____ cuando se enteró de que no la invitamos a la fiesta.
4. Roberto estaba _____ porque no se acordaba de mi nombre.
5. Nuestros _____ siempre compran pan de yema.
6. Los hechos se pueden _____ con evidencia, pero las opiniones no.
7. Las víctimas del crimen van a _____ justicia.
8. Se dio un _____ muy fuerte en la cabeza, pero está bien.
9. Tuve que _____ una linterna y cambiar la rueda en plena noche.
10. El conejo que vimos _____ detrás de un árbol.

2 **Lo que más quiero** En parejas, contesten estas preguntas.

1. ¿Recuerdas, cuando eras pequeño, haber desobedecido alguna norma para conseguir algo que realmente deseabas?
2. ¿Crees que los niños tienen la misma capacidad que los adultos para controlar sus deseos? ¿Por qué?
3. ¿Crees que todos debemos tener derecho a cumplir cualquier deseo? ¿Por qué?
4. ¿Estarías dispuesto/a a sobrepasar alguna norma para conseguir algo que realmente deseas?

 Practice more at **vhlcentral.com**.

Audio:
Dramatic Reading

Los merengues

Julio Ramón Ribeyro

As soon as Apenas° su mamá cerró la puerta, Perico saltó del colchón y escuchó, con el oído pegado a la madera, los pasos que se iban alejando por el largo corredor. Cuando se hubieron definitivamente perdido, se abalanzó° **rushed** hacia la cocina de querosene y hurgó° en una **rummaged around** de las hornillas malogradas°. ¡Allí estaba! **useless burners** Extrayendo la bolsita de cuero, contó una por una las monedas —había aprendido a contar jugando a las bolitas— y constató, asombrado, que había cuarenta soles. Se echó veinte al bolsillo y guardó el resto en su lugar. No en vano, por la noche, había simulado° dormir para espiar a su **pretended** mamá. Ahora tenía lo suficiente para realizar su hermoso proyecto. Después no faltaría una excusa. En esos callejones° de Santa Cruz, las **alleys** puertas siempre están entreabiertas y los vecinos tienen caras de sospechosos. Ajustándose los zapatos, salió desalado hacia la calle.

En el camino fue pensando si invertiría todo su capital o solo parte de él. Y el recuerdo de los merengues —blancos, puros, vaporosos— lo decidieron por el gasto total. ¿Cuánto tiempo hacía que los observaba por la vidriera hasta sentir una salivación amarga en la garganta? **he'd go** Hacía ya varios meses que concurría° a la

pastelería de la esquina y solo se contentaba con mirar. El dependiente ya lo conocía y siempre que lo veía entrar lo consentía° un momento **tolerated** para darle luego un coscorrón y decirle:

—¡Quita de acá, muchacho, que molestas a los clientes!

Y los clientes, que eran hombres gordos con tirantes° o mujeres viejas con bolsas, **suspenders** lo aplastaban, lo pisaban y desmantelaban **would noisily** bulliciosamente° la tienda. **clear out**

Él recordaba, sin embargo, algunas escenas amables. Un señor, al percatarse un día de la ansiedad de su mirada, le preguntó su nombre, su edad, si estaba en el colegio, si tenía papá y por último le obsequió° una rosquita°. Él **gave /** hubiera preferido un merengue, pero intuía que **ribbon-shaped** en los favores estaba prohibido elegir. También, **pastry** un día, la hija del pastelero le regaló un pan de yema que estaba un poco duro.

—¡Empara! —dijo, aventándolo° por encima **throwing it** del mostrador. Él tuvo que hacer un gran esfuerzo a pesar de lo cual cayó el pan al suelo y, al recogerlo, se acordó súbitamente° de su **suddenly** perrito, a quien él tiraba carnes masticadas divirtiéndose cuando de un salto las emparaba en sus colmillos°. **teeth**

Pero no era el pan de yema ni los alfajores ni los piononos lo que le atraía: él solo amaba los merengues. A pesar de no haberlos probado nunca, conservaba viva la imagen de varios chicos que se los llevaban a la boca, como si fueran copos de nieve°, ensuciándose los corbatines°. Desde aquel día, los merengues constituían su obsesión.

Cuando llegó a la pastelería, había muchos clientes, ocupando todo el mostrador. Esperó que se despejara° un poco el escenario pero, no pudiendo resistir más, comenzó a empujar. Ahora no sentía vergüenza alguna y el dinero que empuñaba lo revestía° de cierta autoridad y le daba derecho a codearse° con los hombres de tirantes. Después de mucho esfuerzo, su cabeza apareció en primer plano, ante el asombro del dependiente.

—¿Ya estás aquí? ¡Vamos saliendo de la tienda!

Perico, lejos de obedecer, se irguió° y con una expresión de triunfo reclamó: ¡veinte soles de merengues! Su voz estridente dominó en el bullicio de la pastelería y se hizo un silencio curioso. Algunos lo miraban, intrigados, pues era hasta cierto punto sorprendente ver a un rapaz° de esa calaña° comprar tan empalagosa° golosina en tamaña° proporción. El dependiente no le hizo caso y pronto el barullo° se reinició. Perico quedó algo desconcertado, pero, estimulado por un sentimiento de poder, repitió en tono imperativo:

—¡Veinte soles de merengues!

El dependiente lo observó esta vez con cierta perplejidad pero continuó despachando° a los otros parroquianos.

—¿No ha oído? —insistió Perico excitándose—. ¡Quiero veinte soles de merengues!

El empleado se acercó esta vez y lo tiró de la oreja.

—¿Estás bromeando, palomilla°?

Perico se agazapó.

—¡A ver, enséñame la plata!

Sin poder disimular° su orgullo, echó sobre el mostrador el puñado° de monedas. El dependiente contó el dinero.

—¿Y quieres que te dé todo esto en merengues?

—Sí —replicó Perico con una convicción que despertó la risa de algunos circunstantes°.

snowflakes
bow ties

clear

conferred
rub elbows

stood tall

youngster / sort
overly sweet / such

racket

waiting on

rascal

conceal
handful

people nearby

—Buen empacho° te vas a dar —comentó alguien.

Perico se volvió. Al notar que era observado con cierta benevolencia un poco lastimosa, se sintió abochornado. Como el pastelero lo olvidaba, repitió:

—Deme los merengues —pero esta vez su voz había perdido vitalidad y Perico comprendió que, por razones que no alcanzaba a explicarse, estaba pidiendo casi un favor.

—¿Va a salir o no? —lo increpó° el dependiente.

—Despácheme antes.

—¿Quién te ha encargado° que compres esto?

—Mi mamá.

—Debes haber oído mal. ¿Veinte soles? Anda a preguntarle de nuevo o que te lo escriba en un papelito.

Perico quedó un momento pensativo. Extendió la mano hacia el dinero y lo fue retirando lentamente. Pero al ver los merengues a través de la vidriera, renació su deseo, y ya no exigió sino que rogó con una voz quejumbrosa°:

—¡Deme, pues, veinte soles de merengues!

Al ver que el dependiente se acercaba airado, pronto a expulsarlo, repitió conmovedoramente°:

—¡Aunque sea diez soles, nada más!

El empleado, entonces, se inclinó por encima del mostrador y le dio el cocacho° acostumbrado, pero a Perico le pareció que esta vez llevaba una fuerza definitiva.

—¡Quita de acá! ¿Estás loco? ¡Anda a hacer bromas a otro lugar!

Perico salió furioso de la pastelería. Con el dinero apretado entre los dedos y los ojos húmedos, vagabundeó° por los alrededores.

Pronto llegó a los barrancos°. Sentándose en lo alto del acantilado°, contempló la playa. Le pareció en ese momento difícil restituir° el dinero sin ser descubierto y maquinalmente fue arrojando° las monedas una a una, haciéndolas tintinear sobre las piedras. Al hacerlo, iba pensando que esas monedas nada valían en sus manos, y en ese día cercano en que, grande ya y terrible, cortaría la cabeza de todos esos hombres gordos, de todos los mucamos° de las pastelerías y hasta de los pelícanos que graznaban indiferentes a su alrededor. ■

indigestion

rebuked

ordered

whiny

movingly

tap on the head

wandered
gorges
cliff
to return

throwing

servants

> **Pero no era el pan de yema ni los alfajores ni los piononos lo que le atraía: él solo amaba los merengues.**

Análisis

Comprensión Indica si, según el cuento, las siguientes oraciones son **ciertas** o **falsas**. Corrige las oraciones falsas.

1. Perico se hace el dormido para espiar a su madre.
2. El protagonista encuentra el dinero de la familia y toma veinte soles.
3. La madre de Perico trabaja en la pastelería.
4. Perico probó los merengues una vez y le encantaron.
5. Cuando Perico sale de su casa, está nervioso.
6. Antes de llegar a la pastelería, Perico decide gastar una parte en merengues y guardarse el resto.
7. Al llegar a la pastelería con el dinero, Perico siente una sensación de poder.
8. Perico pedía merengues cuando le regalaban pan o rosquitas.
9. Una vez le arrojaron un pan de yema y él lo recogió del suelo.
10. Perico salió enojado de la pastelería porque los merengues estaban duros.

Interpretación En parejas, contesten las preguntas.

1. ¿En qué consiste el "hermoso proyecto" de Perico? ¿Por qué creen que el autor describe así los planes del niño?
2. ¿Por qué sale Perico de su casa "desalado" cuando se dirige a la pastelería?
3. Si Perico llega a la pastelería a comprar como cualquier otro cliente, ¿por qué lo mira todo el mundo con asombro?
4. ¿Qué recuerdos de Perico indican al lector que es un niño pobre?

Análisis ¿Qué actitud refleja Ribeyro respecto a los diferentes personajes de "Los merengues"? En grupos pequeños, comenten cuál es la intención del autor usando estas preguntas como guía.

1. ¿Qué palabras utiliza el autor para describir a los clientes de la pastelería?
2. ¿Por qué la hija del pastelero le regaló a Perico un pan de yema así?
3. ¿Cómo trataba el dependiente a Perico cuando iba a mirar los merengues? ¿Cómo lo trata más adelante cuando llega con dinero para comprarlos? ¿Por qué?

El valor del dinero En parejas, contesten estas preguntas.

1. El narrador dice que Perico se decidió "por el gasto total". ¿A qué se refiere?
2. ¿Por qué dice el autor que el dinero que empuñaba Perico "lo revestía de cierta autoridad"?
3. ¿Consigue Perico que el pastelero lo respete cuando llega con tanto dinero? ¿Por qué?
4. ¿Creen que la historia hubiera sido diferente si Perico hubiera ganado el dinero con su trabajo en vez de tomarlo?
5. ¿Por qué creen que Perico tira el dinero al final de la historia?
6. ¿Cómo creen que la madre de Perico va a reaccionar cuando se entere del dinero perdido?

5 **¿Qué habrías hecho tú?** En "Los merengues", el pastelero maltrata a Perico. En parejas, comenten qué habrían hecho, de niños, si el dependiente de una tienda les hubiera dado "un coscorrón" o un "tirón de orejas".

6 **Debate** En grupos pequeños, consideren estas dos maneras de valorar el personaje del pastelero. Elijan una de ellas y defiéndanla usando evidencias del cuento.

A. El pastelero discriminó a Perico sin ninguna razón. Lo despreció, ¡incluso llegó a maltratarlo! No tenía derecho a negarle el servicio; ¿acaso su dinero no tenía el mismo valor que el de los demás parroquianos? Perico tenía buenas razones para sentirse discriminado, humillado y triste.

B. El pastelero actuó con sentido común. Sí, estoy de acuerdo en que no debió darle coscorrones y tirones de oreja, pero hizo bien al desconfiar de un niño con tanto dinero en su poder. Creo que fue buena idea pedirle que su madre le escribiera el encargo en una nota. El pastelero especuló que Perico era un ladrón. ¡Y tenía razón!

7 **La ley y el deseo** En parejas, conversen sobre estas preguntas.

- Cuando un niño comete una maldad, ¿crees que el castigo debe ser más o menos riguroso que el de un adulto? ¿Por qué?

- ¿Cómo crees que reaccionarías tú si descubrieras que un amigo o familiar cercano te ha robado?

- ¿Crees que se puede sacar una conclusión moral de esta historia? ¿Piensas que tu conclusión coincide con la intención del autor? ¿Por qué?

8 **Obsesiones** En grupos pequeños, hablen sobre un momento en el que querían algo obsesivamente: un dulce, un juguete, una camisa, etc. ¿Qué querían y qué hacían para conseguirlo? Compartan sus experiencias con la clase.

9 **Situaciones** En parejas, preparen un diálogo entre el pastelero y Perico en una de las dos situaciones descritas. Usen las palabras de vocabulario. Luego, represéntenlo ante la clase.

abochornado/a	coscorrón	parroquiano/a
airado/a	desalado/a	percatarse de
asombro	empuñar	reclamar
constatar	expulsar	vidriera

A

Perico se marcha del pueblo y regresa diez años más tarde. Ahora no es Perico sino don Pedro, el dueño de una pastelería refinada en Lima. Don Pedro entra en la vieja pastelería y le dice al dependiente: "Quiero veinte soles de merengues".

B

Antes de arrojar todo el dinero, Perico se arrepiente. Baja por las rocas y recupera algunas de las monedas. El niño regresa a la pastelería justo antes de que cierre. Perico abre la puerta, camina hasta la vidriera y dice: "Quiero veinte soles de merengues".

 Practice more at **vhlcentral.com**.

Preparación

Vocabulary Tools

Sobre la autora

Maitena Burundarena (Buenos Aires, Argentina, 1962) es una artista autodidacta (*self-taught*) que empezó trabajando como ilustradora gráfica de diarios, revistas y textos escolares. Con el tiempo, se inclinó hacia la historieta. Sus personajes aparecieron en los diarios *Tiempo Argentino* y *El Cronista Comercial.* También tuvo una página semanal de humor en la revista *Para Ti*, cuyos trabajos fueron recopilados en los volúmenes *Mujeres alteradas 1, 2, 3, 4* y *5*.

Vocabulario de la tira cómica

el brote *outbreak*
la cobertura *coverage*
la señal *signal*
el síndrome de abstinencia *withdrawal symptoms*

tender a *to tend to*
el tercero *third party*

Vocabulario útil

dar rabia *infuriate*
estar localizable *to be available*
innecesario/a *unnecessary*

inoportuno/a *untimely*
irritante *irritating*
el lujo *luxury*
prescindir *to do without*
prolongado/a *lengthy*
el/la usuario/a *user*

---

1 **Encuesta** En parejas, háganse las preguntas.

1. ¿Consideras el teléfono celular un lujo o una necesidad? ¿Por qué?

2. ¿Podrías prescindir de tu celular? ¿Por qué?

3. ¿Hay algo que te moleste de otros usuarios de celular? ¿Qué?

4. ¿Es posible estar sin teléfono celular? ¿Por qué?

Análisis

1 **En serio** En grupos pequeños, contesten las preguntas y compartan sus experiencias.

1. ¿Les resultan familiares las situaciones de la tira cómica? ¿Qué reflejan? ¿Creen que son exageradas?

2. ¿Se sienten identificados/as con algún personaje de las viñetas o conocen a alguien que les recuerde a alguno de ellos?

2 **Incomunicación** En parejas, improvisen un diálogo entre las dos personas de la última viñeta, una vez que él termine su llamada, por supuesto. ¿Quién hablará primero? ¿Qué dirá? ¿Se cortará de nuevo la comunicación?

3 **Otra viñeta** En parejas, inventen otra situación que capte (*would capture*) con humor la dependencia del celular y su influencia en las relaciones personales. Después, compártanla con la clase y, por votación, decidan cuál es la mejor.

4 **Otra tira cómica** En grupos de tres, creen una tira cómica sobre la telefonía celular o las redes sociales. Incluyan una lista de preguntas respecto a la tira y su significado. Después, distribuyan las tiras a estudiantes de diferentes edades. ¿Están de acuerdo los estudiantes con lo que representan las tiras? ¿Cómo varía la percepción de la tecnología según las distintas generaciones? Compartan los resultados obtenidos con la clase y debatan sobre el tema.

Practice more at **vhlcentral.com**.

Encuentra la receta de la felicidad

No existe una receta infalible para alcanzar la felicidad. Sin embargo, siempre han existido elementos específicos que se asocian con la felicidad y la satisfacción. ¿Qué factores —históricos, políticos, sociales, geográficos, personales— influyen en la idea de felicidad de una generación?

Plan de redacción

Planea

1 **Elige el objetivo de tu composición** ¿Qué elementos forman parte de la receta de la felicidad de tu generación? ¿Y de tu receta en particular? ¿Son muy diferentes estos elementos de los que se consideraban una o dos generaciones atrás? ¿Tener una fórmula para la felicidad limita a la gente o le marca un camino? Usa estas sugerencias para elegir un objetivo para tu composición:

- Comparar la receta de la felicidad de mi generación con la de una generación anterior

- Comparar mi receta personal de la felicidad con la de mi generación en general

- Opinar sobre las ventajas o desventajas de tener un plan o una receta para la felicidad

- Otra

Escribe

2 **Introducción** Plantea el objetivo de tu composición.

3 **Argumentos y ejemplos** Da argumentos y ejemplos para ilustrar tu punto de vista.

4 **Conclusión** Resume brevemente tu opinión.

Comprueba y lee

5 **Revisa** Repasa tu composición.

- Evita las oraciones demasiado largas. Usa un estilo claro y sencillo.

- Utiliza frases y conjunciones para comparar o contrastar ideas: aunque / si bien / sin embargo / más, menos / al igual que / a diferencia de / tanto… como

- Verifica que los ejemplos y argumentos ilustren tu punto de vista.

6 **Lee** Lee tu composición a tus compañeros de clase. Ellos tomarán notas y luego te harán preguntas.

👥 💬 ¿Cuáles son los efectos de la inmigración?

¿Qué efecto tiene el cambio de país en la cultura de los inmigrantes? ¿Cómo afecta la llegada de inmigrantes al estilo de vida del país que los recibe? ¿Cuáles son los efectos culturales, sociales, políticos y económicos?

1 La clase se divide en grupos pequeños. Cada grupo debe leer estas opiniones sobre la inmigración y elegir una con la que esté de acuerdo y una con la que esté en desacuerdo. Deben respaldar (*to support*) sus opiniones con experiencias familiares, de personas conocidas o de otras fuentes.

- Para los inmigrantes, aferrarse (*clinging*) a la tierra de origen crea un conflicto de intereses.

- Este país recibió con los brazos abiertos a nuestros abuelos. Sin embargo, es probable que los inmigrantes de hoy no puedan decir lo mismo.

- No se puede comparar la situación de hoy con la de nuestros antepasados.

- El dolor de abandonar el lugar de origen es muy fuerte. ¿Por qué empeorarlo exigiendo a los inmigrantes que abandonen su idioma y sus costumbres?

- No existe diversidad real si las personas de distintas culturas no comparten el salón de clase, el lugar de trabajo y el barrio donde viven.

2 Luego, los grupos comparten las citas elegidas y explican por qué las eligieron mientras la clase toma notas. Incluyan ejemplos en sus explicaciones. En el caso de que no todos estén de acuerdo, expliquen las distintas opiniones que hay dentro del grupo.

3 Cuando todos los grupos terminen sus presentaciones, toda la clase debate el tema haciendo preguntas y defendiendo sus opiniones.

Verb conjugation tables

Vocabulario

Créditos

Sobre el autor

Verb Conjugation Tables

Pages **192–206** contain verb conjugation patterns. Patterns 1 to 3 include the simple tenses of three model **-ar, -er,** and **-ir** regular verbs. Patterns 4 to 80 include verbs with stem changes and spelling changes, as well as irregular verbs. Three charts are also provided for the formation of compound tenses (**p. 192**) and progressive tenses (**p. 193**).

Verbs with stem changes and spelling changes, as well as irregular verbs

In patterns 4 to 80, the superscript numbers in parentheses identify the type of irregularity:

(1) Stem-changing verbs (p**e**nsar → p**ie**nso)

(2) Verbs with spelling changes (reco**g**er → reco**j**o)

(3) Verbs with accent changes or verbs that require replacing **u** with **ü** (re**u**nir → re**ú**no; averig**u**ar → averig**ü**é)

(4) Verbs with unique irregularities (sometimes in addition to stem or spelling changes) (**poner** → **puse**)

Note: Any form that deviates from the regular verb patterns is indicated in **bold** font.

Voseo

Vos conjugations are included in the present indicative and in the imperative.

tú/vos   hablas/hablás   habla/hablá

Nomenclature

The Spanish names of the verb tenses used in this book correspond to the names used in the *Nueva gramática de la lengua española*, published by the Real Academia Española.

English terminology used in this book	Spanish terminology used in this book	Traditional Spanish terminology
Simple present	Presente	Presente
Imperfect	Pretérito imperfecto	Pretérito imperfecto
Preterite	Pretérito perfecto simple	Pretérito indefinido
Present perfect	Pretérito perfecto compuesto	Pretérito perfecto
Past perfect	Pretérito pluscuamperfecto	Pretérito pluscuamperfecto
Simple future	Futuro (simple)	Futuro (simple)
Future perfect	Futuro compuesto	Futuro compuesto/perfecto
Conditional	Condicional (simple)	Condicional (simple)
Conditional perfect	Condicional compuesto	Condicional compuesto/perfecto

Tenses not included in the charts

The following tenses are rarely used in contemporary Spanish. They have been excluded from the verb tables.

Pretérito anterior (indicativo)	Cuando **hubo terminado** la fiesta, fuimos a casa.
Futuro simple (subjuntivo)	Adonde **fueres**, haz lo que vieres.
Futuro compuesto (subjuntivo)	"Será proclamado Alcalde el concejal que **hubiere obtenido** más votos..."

Negative imperative

The verb forms for the negative imperative are not included in the verb charts. They are the same as the forms of the present subjunctive.

Stem-changing, spell-changing, and irregular verbs

The list below includes common verbs with stem changes, verbs with spelling changes, and irregular verbs, as well as the verbs used as models/patterns in the charts on **pp. 192–206**. The number in brackets indicates where in the verb tables you can find the conjugated form of the model verb.

abastecer (*conocer* [15])
aborrecer (*conocer* [15])
abstenerse (*tener* [69])
abstraer (*traer* [73])
acaecer (*conocer* [15])
acentuar (*graduar* [37])
acercar (*tocar* [71])
acoger (*proteger* [54])
acontecer (*conocer* [15])
acordar (*contar* [16])
acostar (*contar* [16])
acrecentar (*pensar* [49])
actuar (*graduar* [37])
aderezar (*cruzar* [18])
adherir (*sentir* [65])
adjudicar (*tocar* [71])
adolecer (*conocer* [15])
adormecer (*conocer* [15])
adquirir [4]
aducir (*conducir* [14])
advertir (*sentir* [65])
afligir (*exigir* [35])
agregar (*llegar* [42])
ahumar (*rehusar* [57])
airar (*aislar* [5])
aislar [5]
alentar (*pensar* [49])
almorzar [6]
amanecer (*conocer* [15])
amoblar (*contar* [16])
amortiguar (*averiguar* [10])
ampliar (*enviar* [29])
andar [7]
anegar (*negar* [45])
anochecer (*conocer* [15])
apaciguar (*averiguar* [10])
aparecer (*conocer* [15])
apetecer (*conocer* [15])
apretar (*pensar* [49])
aprobar (*contar* [16])
arrepentirse (*sentir* [65])
arriesgar (*llegar* [42])
ascender (*entender* [28])
asentar (*pensar* [49])
asentir (*sentir* [65])
asir [8]

atañer (*tañer* [68])
atardecer (*conocer* [15])
atender (*entender* [28])
atenerse (*tener* [69])
atestiguar (*averiguar* [10])
atraer (*traer* [73])
atravesar (*pensar* [49])
atreverse (*tener* [69])
atribuir (*destruir* [23])
aullar (*rehusar* [57])
aunar (*rehusar* [57])
avanzar (*cruzar* [18])
avergonzar [9]
averiguar [10]
balbucir (*lucir* [43])
bendecir [11]
caber [12]
caer [13]
calentar (*pensar* [49])
cegar (*negar* [45])
ceñir (*teñir* [70])
cerrar (*pensar* [49])
cimentar (*pensar* [49])
cocer (*torcer* [72])
coercer (*vencer* [75])
coger (*proteger* [54])
cohibir (*prohibir* [53])
colgar (*rogar* [61])
comenzar (*empezar* [27])
comer [2]
compadecer (*conocer* [15])
comparecer (*conocer* [15])
competir (*pedir* [48])
complacer (*conocer* [15])
comprobar (*contar* [16])
concebir (*pedir* [48])
concernir (*discernir* [24])
concluir (*destruir* [23])
concordar (*contar* [16])
conducir [14]
confesar (*pensar* [49])
confiar (*enviar* [29])
congregar (*llegar* [42])
conmover (*mover* [44])
conocer [15]
conseguir (*seguir* [64])

consentir (*sentir* [65])
consolar (*contar* [16])
constituir (*destruir* [23])
construir (*destruir* [23])
contar [16]
contener (*tener* [69])
continuar (*graduar* [37])
contradecir (*predecir* [52])
contraer (*traer* [73])
contrariar (*enviar* [29])
convalecer (*conocer* [15])
convencer (*vencer* [75])
convenir (*venir* [76])
converger (*proteger* [54])
convertir (*sentir* [65])
corregir (*elegir* [26])
corroer (*roer* [60])
costar (*contar* [16])
creer [17]
criar (*enviar* [29])
cruzar [18]
dar [19]
decaer (*caer* [13])
decir [20]
deducir (*conducir* [14])
defender (*entender* [28])
degollar [21]
delinquir [22]
demoler (*mover* [44])
demostrar (*contar* [16])
denegar (*negar* [45])
derretir (*pedir* [48])
desafiar (*enviar* [29])
desaguar (*averiguar* [10])
desalentar (*pensar* [49])
desandar (*andar* [7])
desaparecer (*conocer* [15])
desasir (*asir* [8])
descafeinar (*aislar* [5])
descolgar (*rogar* [61])
desconsolar (*contar* [16])
desdecir (*predecir* [52])
desentenderse (*entender* [28])
desfallecer (*conocer* [15])
desfavorecer (*conocer* [15])
deshacer (*hacer* [39])

deslucir (*lucir* [43])
desmerecer (*conocer* [15])
desoír (*oír* [46])
despedir (*pedir* [48])
desperezarse (*cruzar* [18])
despertar (*pensar* [49])
desplegar (*negar* [45])
desteñir (*teñir* [70])
destruir [23]
desvestir (*pedir* [48])
detener (*tener* [69])
diferir (*sentir* [65])
digerir (*sentir* [65])
diluir (*destruir* [23])
dirigir (*exigir* [35])
discernir [24]
disentir (*sentir* [65])
disminuir (*destruir* [23])
distender (*entender* [28])
distinguir (*extinguir* [36])
distraer (*traer* [73])
distribuir (*destruir* [23])
divertir (*sentir* [65])
doler (*mover* [44])
dormir [25]
efectuar (*graduar* [37])
ejercer (*vencer* [75])
elegir [26]
embellecer (*conocer* [15])
embestir (*pedir* [48])
emboscar (*tocar* [71])
emerger (*proteger* [54])
empalidecer (*conocer* [15])
emparentar (*pensar* [49])
empequeñecer (*conocer* [15])
empezar [27]
empobrecer (*conocer* [15])
encarecer (*conocer* [15])
encargar (*llegar* [42])
enceguecer (*conocer* [15])
encender (*entender* [28])
encerrar (*pensar* [49])
encontrar (*contar* [16])
endurecer (*conocer* [15])
enfriar (*enviar* [29])
enfurecer (*conocer* [15])
engullir (*zambullir* [80])
enloquecer (*conocer* [15])
enmendar (*pensar* [49])
enmudecer (*conocer* [15])
enriquecer (*conocer* [15])
ensordecer (*conocer* [15])

entender [28]
enterrar (*pensar* [49])
entorpecer (*conocer* [15])
entrelucir (*lucir* [43])
entreoír (*oír* [46])
entretener (*tener* [69])
entristecer (*conocer* [15])
envejecer (*conocer* [15])
enviar [29]
equivaler (*valer* [74])
erguir [30]
errar [31]
escarmentar (*pensar* [49])
esclavizar (*cruzar* [18])
escoger (*proteger* [54])
esforzar (*almorzar* [6])
esparcir [32]
espiar (*enviar* [29])
establecer (*conocer* [15])
estar [33]
estremecer (*conocer* [15])
estreñir (*teñir* [70])
europeizar [34]
evaluar (*graduar* [37])
exceptuar (*graduar* [37])
excluir (*destruir* [23])
exigir [35]
expedir (*pedir* [48])
extender (*entender* [28])
extinguir [36]
extraer (*traer* [73])
fallecer (*conocer* [15])
favorecer (*conocer* [15])
fingir (*exigir* [35])
florecer (*conocer* [15])
fluir (*destruir* [23])
fortalecer (*conocer* [15])
forzar (*almorzar* [6])
fotografiar (*enviar* [29])
fraguar (*averiguar* [10])
fregar (*negar* [45])
freír (*reír* [58])
gobernar (*pensar* [49])
graduar [37]
gruñir (*zambullir* [80])
guiar (*enviar* [29])
haber [38]
habituar (*graduar* [37])
hablar [1]
hacer [39]
helar (*pensar* [49])
hendir (*discernir* [24])

herir (*sentir* [65])
herrar (*pensar* [49])
hervir (*sentir* [65])
homogeneizar (*europeizar* [34])
humedecer (*conocer* [15])
impedir (*pedir* [48])
incluir (*destruir* [23])
inducir (*conducir* [14])
infligir (*exigir* [35])
influir (*destruir* [23])
ingerir (*sentir* [65])
inquirir (*adquirir* [4])
insinuar (*graduar* [37])
instituir (*destruir* [23])
instruir (*destruir* [23])
interferir (*sentir* [65])
introducir (*conducir* [14])
invernar (*pensar* [49])
invertir (*sentir* [65])
investir (*pedir* [48])
ir [40]
judaizar (*europeizar* [34])
jugar [41]
largar (*llegar* [42])
leer (*creer* [17])
liar (*enviar* [29])
llegar [42]
llover (*mover* [44])
lucir [43]
malcriar (*enviar* [29])
maldecir (*bendecir* [11])
malentender (*entender* [28])
malherir (*sentir* [65])
maltraer (*traer* [73])
manifestar (*pensar* [49])
mantener (*tener* [69])
mascar (*tocar* [71])
maullar (*rehusar* [57])
mecer (*vencer* [75])
medir (*pedir* [48])
mentir (*sentir* [65])
merecer (*conocer* [15])
merendar (*pensar* [49])
moler (*mover* [44])
morder (*mover* [44])
morir (p.p. muerto) (*dormir* [25])
mostrar (*contar* [16])
mover [44]
mugir (*exigir* [35])
mullir (*zambullir* [80])
nacer (*conocer* [15])
negar [45]

nevar (*pensar* [49])
obedecer (*conocer* [15])
obstruir (*destruir* [23])
obtener (*tener* [69])
ofrecer (*conocer* [15])
oír [46]
oler [47]
oscurecer (*conocer* [15])
padecer (*conocer* [15])
palidecer (*conocer* [15])
parecer (*conocer* [15])
pedir [48]
pensar [49]
perder (*entender* [28])
permanecer (*conocer* [15])
perpetuar (*graduar* [37])
perseguir (*seguir* [64])
plegar (*negar* [45])
poblar (*contar* [16])
poder [50]
poner [51]
poseer (*creer* [17])
predecir [52]
preferir (*sentir* [65])
presentir (*sentir* [65])
prevaler (*valer* [74])
prever (*ver* [77])
probar (*contar* [16])
producir (*conducir* [14])
prohibir [53]
promover (*mover* [44])
proseguir (*seguir* [64])
proteger [54]
proveer (*creer* [17])
provenir (*venir* [76])
provocar (*tocar* [71])
publicar (*tocar* [71])
pudrir/podrir [55]
quebrar (*pensar* [49])
querer [56]
realizar (*cruzar* [18])
recaer (*caer* [13])
rechazar (*cruzar* [18])
recoger (*proteger* [54])
recomendar (*pensar* [49])
recomenzar (*empezar* [27])
reconducir (*conducir* [14])
reconocer (*conocer* [15])
recordar (*contar* [16])
recostar (*contar* [16])
reducir (*conducir* [14])
reforzar (*almorzar* [6])

refregar (*negar* [45])
regir (*elegir* [26])
rehusar [57]
reír [58]
releer (*creer* [17])
relucir (*lucir* [43])
remendar (*pensar* [49])
remover (*mover* [44])
rendir (*pedir* [48])
renegar (*negar* [45])
reñir (*teñir* [70])
renovar (*contar* [16])
repetir (*pedir* [48])
replegar (*negar* [45])
reproducir (*conducir* [14])
requerir (*sentir* [65])
resarcir (*esparcir* [32])
resolver (p.p. resuelto)
  (*mover* [44])
restringir (*exigir* [35])
resurgir (*exigir* [35])
retorcer (*torcer* [72])
retrotraer (*traer* [73])
reunir [59]
reventar (*pensar* [49])
revertir (*sentir* [65])
revolcar (*volcar* [78])
robustecer (*conocer* [15])
rociar (*enviar* [29])
rodar (*contar* [16])
roer [60]
rogar [61]
ruborizar (*cruzar* [18])
saber [62]
sacar (*tocar* [71])
salir [63]
salpicar (*tocar* [71])
salpimentar (*pensar* [49])
satisfacer (*hacer* [39])
seducir (*conducir* [14])
seguir [64]
sembrar (*pensar* [49])
sentar (*pensar* [49])
sentir [65]
ser [66]
servir (*pedir* [48])
situar (*graduar* [37])
sobrecoger (*proteger* [54])
sobresalir (*salir* [63])
sobreseer (*creer* [17])
sofreír (*reír* [58])
soler [67]

soltar (*contar* [16])
sonar (*contar* [16])
sonreír (*reír* [58])
soñar (*contar* [16])
sosegar (*negar* [45])
sostener (*tener* [69])
subyacer (*yacer* [79])
sugerir (*sentir* [65])
sumergir (*exigir* [35])
suplicar (*tocar* [71])
surgir (*exigir* [35])
sustituir (*destruir* [23])
sustraer (*traer* [73])
tañer [68]
tatuar (*graduar* [37])
temblar (*pensar* [49])
tener [69]
tentar (*pensar* [49])
teñir [70]
tocar [71]
torcer [72]
tostar (*contar* [16])
traducir (*conducir* [14])
traer [73]
transferir (*sentir* [65])
trascender (*entender* [28])
traslucirse (*lucir* [43])
trastocar (*volcar* [78])
trastrocar (*volcar* [78])
trocar (*volcar* [78])
tropezar (*empezar* [27])
uncir (*esparcir* [32])
urgir (*exigir* [35])
valer [74]
valuar (*graduar* [37])
variar (*enviar* [29])
vencer [75]
venir [76]
ver [77]
verter (*entender* [28])
vestir (*pedir* [48])
vivificar (*tocar* [71])
vivir [3]
volar (*contar* [16])
volcar [78]
volver (p.p. vuelto) (*mover* [44])
yacer [79]
zambullir [80]
zurcir (*esparcir* [32])

Verb conjugation tables

Regular verbs: simple tenses

Infinitivo / Gerundio Participio	Pronombres personales	INDICATIVO Presente	Pretérito imperfecto	Pretérito perfecto simple	Futuro simple	Condicional simple	SUBJUNTIVO Presente	Pretérito imperfecto	IMPERATIVO
1 hablar hablando hablado	yo	hablo	hablaba	hablé	hablaré	hablaría	hable	hablara o hablase	
	tú/vos	hablas/hablás	hablabas	hablaste	hablarás	hablarías	hables	hablaras o hablases	habla/hablá
	Ud., él, ella	habla	hablaba	habló	hablará	hablaría	hable	hablara o hablase	hable
	nosotros/as	hablamos	hablábamos	hablamos	hablaremos	hablaríamos	hablemos	habláramos o hablásemos	hablemos
	vosotros/as	habláis	hablabais	hablasteis	hablaréis	hablaríais	habléis	hablarais o hablaseis	hablad
	Uds., ellos/as	hablan	hablaban	hablaron	hablarán	hablarían	hablen	hablaran o hablasen	hablen
2 comer comiendo comido	yo	como	comía	comí	comeré	comería	coma	comiera o comiese	
	tú/vos	comes/comés	comías	comiste	comerás	comerías	comas	comieras o comieses	come/comé
	Ud., él, ella	come	comía	comió	comerá	comería	coma	comiera o comiese	coma
	nosotros/as	comemos	comíamos	comimos	comeremos	comeríamos	comamos	comiéramos o comiésemos	comamos
	vosotros/as	coméis	comíais	comisteis	comeréis	comeríais	comáis	comierais o comieseis	comed
	Uds., ellos/as	comen	comían	comieron	comerán	comerían	coman	comieran o comiesen	coman
3 vivir viviendo vivido	yo	vivo	vivía	viví	viviré	viviría	viva	viviera o viviese	
	tú/vos	vives/vivís	vivías	viviste	vivirás	vivirías	vivas	vivieras o vivieses	vive/viví
	Ud., él, ella	vive	vivía	vivió	vivirá	viviría	viva	viviera o viviese	viva
	nosotros/as	vivimos	vivíamos	vivimos	viviremos	viviríamos	vivamos	viviéramos o viviésemos	vivamos
	vosotros/as	vivís	vivíais	vivisteis	viviréis	viviríais	viváis	vivierais o vivieseis	vivid
	Uds., ellos/as	viven	vivían	vivieron	vivirán	vivirían	vivan	vivieran o viviesen	vivan

Compound tenses

INDICATIVO

Pretérito perfecto compuesto		Pretérito pluscuamperfecto		Futuro compuesto		Condicional compuesto	
he	hablado	había	hablado	habré	hablado	habría	hablado
has	comido	habías	comido	habrás	comido	habrías	comido
ha	vivido	había	vivido	habrá	vivido	habría	vivido
hemos		habíamos		habremos		habríamos	
habéis		habíais		habréis		habríais	
han		habían		habrán		habrían	

SUBJUNTIVO

Pretérito perfecto compuesto		Pretérito pluscuamperfecto	
haya	hablado	hubiera o hubiese	hablado
hayas	comido	hubieras o hubieses	comido
haya	vivido	hubiera o hubiese	vivido
hayamos		hubiéramos o hubiésemos	
hayáis		hubierais o hubieseis	
hayan		hubieran o hubiesen	

Progressive tenses

INDICATIVO

	Presente	Pretérito imperfecto	Pretérito perfecto simple	Futuro simple	Condicional simple
	estoy	estaba	estuve	estaré	estaría
	estás	estabas	estuviste	estarás	estarías
	está	estaba	estuvo	estará	estaría
	estamos	estábamos	estuvimos	estaremos	estaríamos
	estáis	estabais	estuvisteis	estaréis	estaríais
	están	estaban	estuvieron	estarán	estarían

(+ hablando / comiendo / viviendo)

SUBJUNTIVO

Pretérito perfecto	Pretérito imperfecto
esté	estuviera o estuviese
estés	estuvieras o estuvieses
esté	estuviera o estuviese
estemos	estuviéramos o estuviésemos
estéis	estuvierais o estuvieseis
estén	estuvieran o estuviesen

(+ hablando / comiendo / viviendo)

Perfect progressive tenses are formed using a conjugated form of **haber** + **estado** + *gerundio*, as in **he estado comiendo**, **hubiera estado corriendo**, etc.

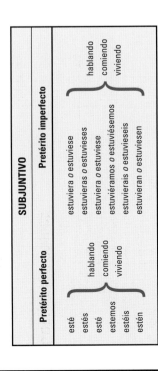

Verbs with stem changes, verbs with spelling changes, and irregular verbs

Infinitivo / Gerundio Participio	Pronombres personales	INDICATIVO Presente	Pretérito imperfecto	Pretérito perfecto simple	Futuro simple	Condicional simple	SUBJUNTIVO Presente	Pretérito imperfecto	IMPERATIVO
4 adquirir (1) (i:ie) adquiriendo adquirido	yo	**adquiero**	adquiría	adquirí	adquiriré	adquiriría	**adquiera**	adquiriera *o* adquiriese	
	tú/vos	**adquieres**/adquirís	adquirías	adquiriste	adquirirás	adquirirías	**adquieras**	adquirieras *o* adquirieses	**adquiere**/adquirí
	Ud., él, ella	**adquiere**	adquiría	adquirió	adquirirá	adquiriría	**adquiera**	adquiriera *o* adquiriese	**adquiera**
	nosotros/as	adquirimos	adquiríamos	adquirimos	adquiriremos	adquiriríamos	adquiramos	adquiriéramos *o* adquiriésemos	adquiramos
	vosotros/as	adquirís	adquiríais	adquiristeis	adquiriréis	adquiriríais	adquiráis	adquirierais *o* adquirieseis	adquirid
	Uds., ellos/as	**adquieren**	adquirían	adquirieron	adquirirán	adquirirían	**adquieran**	adquirieran *o* adquiriesen	**adquieran**
5 aislar (3) (i:í) aislando aislado	yo	**aíslo**	aislaba	aislé	aislaré	aislaría	**aísle**	aislara *o* aislase	
	tú/vos	**aíslas**/aislás	aislabas	aislaste	aislarás	aislarías	**aísles**	aislaras *o* aislases	**aísla**/aislá
	Ud., él, ella	**aísla**	aislaba	aisló	aislará	aislaría	**aísle**	aislara *o* aislase	**aísle**
	nosotros/as	aislamos	aislábamos	aislamos	aislaremos	aislaríamos	aislemos	aisláramos *o* aislásemos	aislemos
	vosotros/as	aisláis	aislabais	aislasteis	aislaréis	aislaríais	aisléis	aislarais *o* aislaseis	aislad
	Uds., ellos/as	**aíslan**	aislaban	aislaron	aislarán	aislarían	**aíslen**	aislaran *o* aislasen	**aíslen**

6 almorzar (1,2) (o:ue) (z:c) — almorzando / almorzado

Pronombres personales	Presente	Pretérito imperfecto	Pretérito perfecto simple	Futuro simple	Condicional simple	Subjuntivo Presente	Subjuntivo Pretérito imperfecto	Imperativo
yo	almuerzo	almorzaba	almorcé	almorzaré	almorzaría	almuerce	almorzara o almorzase	
tú/vos	almuerzas/almorzás	almorzabas	almorzaste	almorzarás	almorzarías	almuerces	almorzaras o almorzases	almuerza/almorzá
Ud., él, ella	almuerza	almorzaba	almorzó	almorzará	almorzaría	almuerce	almorzara o almorzase	almuerce
nosotros/as	almorzamos	almorzábamos	almorzamos	almorzaremos	almorzaríamos	almorcemos	almorzáramos o almorzásemos	almorcemos
vosotros/as	almorzáis	almorzabais	almorzasteis	almorzaréis	almorzaríais	almorcéis	almorzarais o almorzaseis	almorzad
Uds., ellos/as	almuerzan	almorzaban	almorzaron	almorzarán	almorzarían	almuercen	almorzaran o almorzasen	almuercen

7 andar (4) — andando / andado

Pronombres personales	Presente	Pretérito imperfecto	Pretérito perfecto simple	Futuro simple	Condicional simple	Subjuntivo Presente	Subjuntivo Pretérito imperfecto	Imperativo
yo	ando	andaba	anduve	andaré	andaría	ande	anduviera o anduviese	
tú/vos	andas/andás	andabas	anduviste	andarás	andarías	andes	anduvieras o anduvieses	anda/andá
Ud., él, ella	anda	andaba	anduvo	andará	andaría	ande	anduviera o anduviese	ande
nosotros/as	andamos	andábamos	anduvimos	andaremos	andaríamos	andemos	anduviéramos o anduviésemos	andemos
vosotros/as	andáis	andabais	anduvisteis	andaréis	andaríais	andéis	anduvierais o anduvieseis	andad
Uds., ellos/as	andan	andaban	anduvieron	andarán	andarían	anden	anduvieran o anduviesen	anden

8 asir (4) — asiendo / asido

Pronombres personales	Presente	Pretérito imperfecto	Pretérito perfecto simple	Futuro simple	Condicional simple	Subjuntivo Presente	Subjuntivo Pretérito imperfecto	Imperativo
yo	asgo	asía	así	asiré	asiría	asga	asiera o asiese	
tú/vos	ases/asís	asías	asiste	asirás	asirías	asgas	asieras o asieses	ase/así
Ud., él, ella	ase	asía	asió	asirá	asiría	asga	asiera o asiese	asga
nosotros/as	asimos	asíamos	asimos	asiremos	asiríamos	asgamos	asiéramos o asiésemos	asgamos
vosotros/as	asís	asíais	asisteis	asiréis	asiríais	asgáis	asierais o asieseis	asid
Uds., ellos/as	asen	asían	asieron	asirán	asirían	asgan	asieran o asiesen	asgan

9 avergonzar (1,2) (o:üe) (z:c) — avergonzando / avergonzado

Pronombres personales	Presente	Pretérito imperfecto	Pretérito perfecto simple	Futuro simple	Condicional simple	Subjuntivo Presente	Subjuntivo Pretérito imperfecto	Imperativo
yo	avergüenzo	avergonzaba	avergoncé	avergonzaré	avergonzaría	avergüence	avergonzara o avergonzase	
tú/vos	avergüenzas/avergonzás	avergonzabas	avergonzaste	avergonzarás	avergonzarías	avergüences	avergonzaras o avergonzases	avergüenza/avergonzá
Ud., él, ella	avergüenza	avergonzaba	avergonzó	avergonzará	avergonzaría	avergüence	avergonzara o avergonzase	avergüence
nosotros/as	avergonzamos	avergonzábamos	avergonzamos	avergonzaremos	avergonzaríamos	avergoncemos	avergonzáramos o avergonzásemos	avergoncemos
vosotros/as	avergonzáis	avergonzabais	avergonzasteis	avergonzaréis	avergonzaríais	avergoncéis	avergonzarais o avergonzaseis	avergonzad
Uds., ellos/as	avergüenzan	avergonzaban	avergonzaron	avergonzarán	avergonzarían	avergüencen	avergonzaran o avergonzasen	avergüencen

10 averiguar (3) (u:ü) — averiguando / averiguado

Pronombres personales	Presente	Pretérito imperfecto	Pretérito perfecto simple	Futuro simple	Condicional simple	Subjuntivo Presente	Subjuntivo Pretérito imperfecto	Imperativo
yo	averiguo	averiguaba	averigüé	averiguaré	averiguaría	averigüe	averiguara o averiguase	
tú/vos	averiguas/averiguás	averiguabas	averiguaste	averiguarás	averiguarías	averigües	averiguaras o averiguases	averigua/averiguá
Ud., él, ella	averigua	averiguaba	averiguó	averiguará	averiguaría	averigüe	averiguara o averiguase	averigüe
nosotros/as	averiguamos	averiguábamos	averiguamos	averiguaremos	averiguaríamos	averigüemos	averiguáramos o averiguásemos	averigüemos
vosotros/as	averiguáis	averiguabais	averiguasteis	averiguaréis	averiguaríais	averigüéis	averiguarais o averiguaseis	averiguad
Uds., ellos/as	averiguan	averiguaban	averiguaron	averiguarán	averiguarían	averigüen	averiguaran o averiguasen	averigüen

11 bendecir (4) — bendiciendo / bendecido o bendito

Pronombres personales	Presente	Pretérito imperfecto	Pretérito perfecto simple	Futuro simple	Condicional simple	Subjuntivo Presente	Subjuntivo Pretérito imperfecto	Imperativo
yo	bendigo	bendecía	bendije	bendeciré	bendeciría	bendiga	bendijera o bendijese	
tú/vos	bendices/bendecís	bendecías	bendijiste	bendecirás	bendecirías	bendigas	bendijeras o bendijeses	bendice/bendecí
Ud., él, ella	bendice	bendecía	bendijo	bendecirá	bendeciría	bendiga	bendijera o bendijese	bendiga
nosotros/as	bendecimos	bendecíamos	bendijimos	bendeciremos	bendeciríamos	bendigamos	bendijéramos o bendijésemos	bendigamos
vosotros/as	bendecís	bendecíais	bendijisteis	bendeciréis	bendeciríais	bendigáis	bendijerais o bendijeseis	bendecid
Uds., ellos/as	bendicen	bendecían	bendijeron	bendecirán	bendecirían	bendigan	bendijeran o bendijesen	bendigan

Infinitivo / Gerundio / Participio	Pronombres personales	INDICATIVO Presente	Pretérito imperfecto	Pretérito perfecto simple	Futuro simple	Condicional simple	SUBJUNTIVO Presente	Pretérito imperfecto	IMPERATIVO
12 caber (4) cabiendo cabido	yo	**quepo**	cabía	**cupe**	**cabré**	**cabría**	**quepa**	**cupiera** o **cupiese**	
	tú/vos	cabes/cabés	cabías	**cupiste**	**cabrás**	**cabrías**	**quepas**	**cupieras** o **cupieses**	cabe/cabé
	Ud., él, ella	cabe	cabía	**cupo**	**cabrá**	**cabría**	**quepa**	**cupiera** o **cupiese**	**quepa**
	nosotros/as	cabemos	cabíamos	**cupimos**	**cabremos**	**cabríamos**	**quepamos**	**cupiéramos** o **cupiésemos**	**quepamos**
	vosotros/as	cabéis	cabíais	**cupisteis**	**cabréis**	**cabríais**	**quepáis**	**cupierais** o **cupieseis**	cabed
	Uds., ellos/as	caben	cabían	**cupieron**	**cabrán**	**cabrían**	**quepan**	**cupieran** o **cupiesen**	**quepan**
13 caer (3, 4) (y) cayendo caído	yo	**caigo**	caía	caí	caeré	caería	**caiga**	**cayera** o **cayese**	
	tú/vos	caes/caés	caías	**caíste**	caerás	caerías	**caigas**	**cayeras** o **cayeses**	cae/caé
	Ud., él, ella	cae	caía	**cayó**	caerá	caería	**caiga**	**cayera** o **cayese**	**caiga**
	nosotros/as	caemos	caíamos	**caímos**	caeremos	caeríamos	**caigamos**	**cayéramos** o **cayésemos**	**caigamos**
	vosotros/as	caéis	caíais	**caísteis**	caeréis	caeríais	**caigáis**	**cayerais** o **cayeseis**	caed
	Uds., ellos/as	caen	caían	**cayeron**	caerán	caerían	**caigan**	**cayeran** o **cayesen**	**caigan**
14 conducir (2, 4) (c:zc) conduciendo conducido	yo	**conduzco**	conducía	**conduje**	conduciré	conduciría	**conduzca**	**condujera** o **condujese**	
	tú/vos	conduces/conducís	conducías	**condujiste**	conducirás	conducirías	**conduzcas**	**condujeras** o **condujeses**	conduce/conducí
	Ud., él, ella	conduce	conducía	**condujo**	conducirá	conduciría	**conduzca**	**condujera** o **condujese**	**conduzca**
	nosotros/as	conducimos	conducíamos	**condujimos**	conduciremos	conduciríamos	**conduzcamos**	**condujéramos** o **condujésemos**	**conduzcamos**
	vosotros/as	conducís	conducíais	**condujisteis**	conduciréis	conduciríais	**conduzcáis**	**condujerais** o **condujeseis**	conducid
	Uds., ellos/as	conducen	conducían	**condujeron**	conducirán	conducirían	**conduzcan**	**condujeran** o **condujesen**	**conduzcan**
15 conocer (2) (c:zc) conociendo conocido	yo	**conozco**	conocía	conocí	conoceré	conocería	**conozca**	conociera o conociese	
	tú/vos	conoces/conocés	conocías	conociste	conocerás	conocerías	**conozcas**	conocieras o conocieses	conoce/conocé
	Ud., él, ella	conoce	conocía	conoció	conocerá	conocería	**conozca**	conociera o conociese	**conozca**
	nosotros/as	conocemos	conocíamos	conocimos	conoceremos	conoceríamos	**conozcamos**	conociéramos o conociésemos	**conozcamos**
	vosotros/as	conocéis	conocíais	conocisteis	conoceréis	conoceríais	**conozcáis**	conocierais o conocieseis	conoced
	Uds., ellos/as	conocen	conocían	conocieron	conocerán	conocerían	**conozcan**	conocieran o conociesen	**conozcan**
16 contar (1) (o:ue) contando contado	yo	**cuento**	contaba	conté	contaré	contaría	**cuente**	contara o contase	
	tú/vos	**cuentas**/contás	contabas	contaste	contarás	contarías	**cuentes**	contaras o contases	**cuenta**/contá
	Ud., él, ella	**cuenta**	contaba	contó	contará	contaría	**cuente**	contara o contase	**cuente**
	nosotros/as	contamos	contábamos	contamos	contaremos	contaríamos	contemos	contáramos o contásemos	contemos
	vosotros/as	contáis	contabais	contasteis	contaréis	contaríais	contéis	contarais o contaseis	contad
	Uds., ellos/as	**cuentan**	contaban	contaron	contarán	contarían	**cuenten**	contaran o contasen	**cuenten**
17 creer (2, 3) (y) **creyendo** **creído**	yo	creo	creía	creí	creeré	creería	crea	**creyera** o **creyese**	
	tú/vos	crees/creés	creías	**creíste**	creerás	creerías	creas	**creyeras** o **creyeses**	cree/creé
	Ud., él, ella	cree	creía	**creyó**	creerá	creería	crea	**creyera** o **creyese**	crea
	nosotros/as	creemos	creíamos	**creímos**	creeremos	creeríamos	creamos	**creyéramos** o **creyésemos**	creamos
	vosotros/as	creéis	creíais	**creísteis**	creeréis	creeríais	creáis	**creyerais** o **creyeseis**	creed
	Uds., ellos/as	creen	creían	**creyeron**	creerán	creerían	crean	**creyeran** o **creyesen**	crean

Infinitivo / Gerundio / Participio	Pronombres personales	INDICATIVO Presente	Pretérito imperfecto	Pretérito perfecto simple	Futuro simple	Condicional simple	SUBJUNTIVO Presente	Pretérito imperfecto	IMPERATIVO
18 cruzar [1] (z:c) cruzando cruzado	yo	cruzo	cruzaba	**crucé**	cruzaré	cruzaría	**cruce**	cruzara *o* cruzase	
	tú/vos	cruzas/cruzás	cruzabas	cruzaste	cruzarás	cruzarías	**cruces**	cruzaras *o* cruzases	cruza/cruzá
	Ud., él, ella	cruza	cruzaba	cruzó	cruzará	cruzaría	**cruce**	cruzara *o* cruzase	**cruce**
	nosotros/as	cruzamos	cruzábamos	cruzamos	cruzaremos	cruzaríamos	**crucemos**	cruzáramos *o* cruzásemos	**crucemos**
	vosotros/as	cruzáis	cruzabais	cruzasteis	cruzaréis	cruzaríais	**crucéis**	cruzarais *o* cruzaseis	cruzad
	Uds., ellos/as	cruzan	cruzaban	cruzaron	cruzarán	cruzarían	**crucen**	cruzaran *o* cruzasen	**crucen**
19 dar [4] dando dado	yo	**doy**	daba	**di**	daré	daría	**dé**	**diera** *o* **diese**	
	tú/vos	das	dabas	**diste**	darás	darías	des	**dieras** *o* **dieses**	da
	Ud., él, ella	da	daba	**dio**	dará	daría	**dé**	**diera** *o* **diese**	**dé**
	nosotros/as	damos	dábamos	**dimos**	daremos	daríamos	demos	**diéramos** *o* **diésemos**	demos
	vosotros/as	**dais**	dabais	**disteis**	daréis	daríais	**deis**	**dierais** *o* **dieseis**	dad
	Uds., ellos/as	dan	daban	**dieron**	darán	darían	den	**dieran** *o* **diesen**	den
20 decir [1, 4] (e:i) diciendo dicho	yo	**digo**	decía	**dije**	**diré**	**diría**	**diga**	**dijera** *o* **dijese**	
	tú/vos	**dices/decís**	decías	**dijiste**	**dirás**	**dirías**	**digas**	**dijeras** *o* **dijeses**	**di/decí**
	Ud., él, ella	**dice**	decía	**dijo**	**dirá**	**diría**	**diga**	**dijera** *o* **dijese**	**diga**
	nosotros/as	decimos	decíamos	**dijimos**	**diremos**	**diríamos**	**digamos**	**dijéramos** *o* **dijésemos**	**digamos**
	vosotros/as	decís	decíais	**dijisteis**	**diréis**	**diríais**	**digáis**	**dijerais** *o* **dijeseis**	decid
	Uds., ellos/as	**dicen**	decían	**dijeron**	**dirán**	**dirían**	**digan**	**dijeran** *o* **dijesen**	**digan**
21 degollar [1, 3] (go:güe) degollando degollado	yo	**degüello**	degollaba	degollé	degollaré	degollaría	**degüelle**	degollara *o* degollase	
	tú/vos	**degüellas/degollás**	degollabas	degollaste	degollarás	degollarías	**degüelles**	degollaras *o* degollases	**degüella/degollá**
	Ud., él, ella	**degüella**	degollaba	degolló	degollará	degollaría	**degüelle**	degollara *o* degollase	**degüelle**
	nosotros/as	degollamos	degollábamos	degollamos	degollaremos	degollaríamos	degollemos	degolláramos *o* degollásemos	degollemos
	vosotros/as	degolláis	degollabais	degollasteis	degollaréis	degollaríais	degolléis	degollarais *o* degollaseis	degollad
	Uds., ellos/as	**degüellan**	degollaban	degollaron	degollarán	degollarían	**degüellen**	degollaran *o* degollasen	**degüellen**
22 delinquir [2] (qu:c) delinquiendo delinquido	yo	**delinco**	delinquía	delinquí	delinquiré	delinquiría	**delinca**	delinquiera *o* delinquiese	
	tú/vos	delinques/delinquís	delinquías	delinquiste	delinquirás	delinquirías	**delincas**	delinquieras *o* delinquieses	delinque/delinquí
	Ud., él, ella	delinque	delinquía	delinquió	delinquirá	delinquiría	**delinca**	delinquiera *o* delinquiese	**delinca**
	nosotros/as	delinquimos	delinquíamos	delinquimos	delinquiremos	delinquiríamos	**delincamos**	delinquiéramos *o* delinquiésemos	**delincamos**
	vosotros/as	delinquís	delinquíais	delinquisteis	delinquiréis	delinquiríais	**delincáis**	delinquierais *o* delinquieseis	delinquid
	Uds., ellos/as	delinquen	delinquían	delinquieron	delinquirán	delinquirían	**delincan**	delinquieran *o* delinquiesen	**delincan**
23 destruir [2] (y) destruyendo destruido	yo	**destruyo**	destruía	destruí	destruiré	destruiría	**destruya**	**destruyera** *o* **destruyese**	
	tú/vos	**destruyes/destruís**	destruías	destruiste	destruirás	destruirías	**destruyas**	**destruyeras** *o* **destruyeses**	**destruye/destruí**
	Ud., él, ella	**destruye**	destruía	**destruyó**	destruirá	destruiría	**destruya**	**destruyera** *o* **destruyese**	**destruya**
	nosotros/as	destruimos	destruíamos	destruimos	destruiremos	destruiríamos	**destruyamos**	**destruyéramos** *o* **destruyésemos**	**destruyamos**
	vosotros/as	destruís	destruíais	destruisteis	destruiréis	destruiríais	**destruyáis**	**destruyerais** *o* **destruyeseis**	destruid
	Uds., ellos/as	**destruyen**	destruían	**destruyeron**	destruirán	destruirían	**destruyan**	**destruyeran** *o* **destruyesen**	**destruyan**

Infinitivo / Gerundio Participio	Pronombres personales	INDICATIVO Presente	Pretérito imperfecto	Pretérito perfecto simple	Futuro simple	Condicional simple	SUBJUNTIVO Presente	Pretérito imperfecto	IMPERATIVO
24 discernir (1) (e:ie)	yo	**discierno**	discernía	discerní	discerniré	discerniría	**discierna**	discerniera o discerniese	
discerniendo	tú/vos	**disciernes**/discernís	discernías	discerniste	discernirás	discernirías	**disciernas**	discernieras o discernieses	**discierne**/discerní
discernido	Ud., él, ella	**discierne**	discernía	discernió	discernirá	discerniría	**discierna**	discerniera o discerniese	**discierna**
	nosotros/as	discernimos	discerníamos	discernimos	discerniremos	discerniríamos	discernamos	discerniéramos o discerniésemos	discernamos
	vosotros/as	discernís	discerníais	discernisteis	discerniréis	discerniríais	discernáis	discernierais o discernieseis	discernid
	Uds., ellos/as	**disciernen**	discernían	discernieron	discernirán	discernirían	**disciernan**	discernieran o discerniesen	**disciernan**
25 dormir (1) (o:ue)	yo	**duermo**	dormía	dormí	dormiré	dormiría	**duerma**	durmiera o durmiese	
durmiendo	tú/vos	**duermes**/dormís	dormías	dormiste	dormirás	dormirías	**duermas**	durmieras o durmieses	**duerme**/dormí
dormido	Ud., él, ella	**duerme**	dormía	**durmió**	dormirá	dormiría	**duerma**	durmiera o durmiese	**duerma**
	nosotros/as	dormimos	dormíamos	dormimos	dormiremos	dormiríamos	**durmamos**	durmiéramos o durmiésemos	**durmamos**
	vosotros/as	dormís	dormíais	dormisteis	dormiréis	dormiríais	**durmáis**	durmierais o durmieseis	dormid
	Uds., ellos/as	**duermen**	dormían	**durmieron**	dormirán	dormirían	**duerman**	durmieran o durmiesen	**duerman**
26 elegir (1, 2) (e:i) (g:j)	yo	**elijo**	elegía	elegí	elegiré	elegiría	**elija**	eligiera o eligiese	
eligiendo	tú/vos	**eliges**/elegís	elegías	elegiste	elegirás	elegirías	**elijas**	eligieras o eligieses	**elige**/elegí
elegido o electo	Ud., él, ella	**elige**	elegía	**eligió**	elegirá	elegiría	**elija**	eligiera o eligiese	**elija**
	nosotros/as	elegimos	elegíamos	elegimos	elegiremos	elegiríamos	**elijamos**	eligiéramos o eligiésemos	**elijamos**
	vosotros/as	elegís	elegíais	elegisteis	elegiréis	elegiríais	**elijáis**	eligierais o eligieseis	elegid
	Uds., ellos/as	**eligen**	elegían	**eligieron**	elegirán	elegirían	**elijan**	eligieran o eligiesen	**elijan**
27 empezar (1,2) (e:ie) (z:c)	yo	**empiezo**	empezaba	**empecé**	empezaré	empezaría	**empiece**	empezara o empezase	
empezando	tú/vos	**empiezas**/empezás	empezabas	empezaste	empezarás	empezarías	**empieces**	empezaras o empezases	**empieza**/empezá
empezado	Ud., él, ella	**empieza**	empezaba	empezó	empezará	empezaría	**empiece**	empezara o empezase	**empiece**
	nosotros/as	empezamos	empezábamos	empezamos	empezaremos	empezaríamos	**empecemos**	empezáramos o empezásemos	**empecemos**
	vosotros/as	empezáis	empezabais	empezasteis	empezaréis	empezaríais	**empecéis**	empezarais o empezaseis	empezad
	Uds., ellos/as	**empiezan**	empezaban	empezaron	empezarán	empezarían	**empiecen**	empezaran o empezasen	**empiecen**
28 entender (1) (e:ie)	yo	**entiendo**	entendía	entendí	entenderé	entendería	**entienda**	entendiera o entendiese	
entendiendo	tú/vos	**entiendes**/entendés	entendías	entendiste	entenderás	entenderías	**entiendas**	entendieras o entendieses	**entiende**/entendé
entendido	Ud., él, ella	**entiende**	entendía	entendió	entenderá	entendería	**entienda**	entendiera o entendiese	**entienda**
	nosotros/as	entendemos	entendíamos	entendimos	entenderemos	entenderíamos	entendamos	entendiéramos o entendiésemos	entendamos
	vosotros/as	entendéis	entendíais	entendisteis	entenderéis	entenderíais	entendáis	entendierais o entendieseis	entended
	Uds., ellos/as	**entienden**	entendían	entendieron	entenderán	entenderían	**entiendan**	entendieran o entendiesen	**entiendan**
29 enviar (3) (i:í)	yo	**envío**	enviaba	envié	enviaré	enviaría	**envíe**	enviara o enviase	
enviando	tú/vos	**envías**/enviás	enviabas	enviaste	enviarás	enviarías	**envíes**	enviaras o enviases	**envía**/enviá
enviado	Ud., él, ella	**envía**	enviaba	envió	enviará	enviaría	**envíe**	enviara o enviase	**envíe**
	nosotros/as	enviamos	enviábamos	enviamos	enviaremos	enviaríamos	enviemos	enviáramos o enviásemos	enviemos
	vosotros/as	enviáis	enviabais	enviasteis	enviaréis	enviaríais	enviéis	enviarais o enviaseis	enviad
	Uds., ellos/as	**envían**	enviaban	enviaron	enviarán	enviarían	**envíen**	enviaran o enviasen	**envíen**

Infinitivo / Gerundio / Participio	Pronombres personales	INDICATIVO Presente	Pretérito imperfecto	Pretérito perfecto simple	Futuro simple	Condicional simple	SUBJUNTIVO Presente	Pretérito imperfecto	IMPERATIVO
30 erguir (4) / **irguiendo** / erguido	yo	**irgo** o **yergo**	erguía	erguí	erguiré	erguiría	**irga** o **yerga**	**irguiera** o **irguiese**	
	tú/vos	**irgues** o **yergues**/erguís	erguías	erguiste	erguirás	erguirías	**irgas** o **yergas**	**irguieras** o **irguieses**	**irgue** o **yergue**/erguí
	Ud., él, ella	**irgue** o **yergue**	erguía	**irguió**	erguirá	erguiría	**irga** o **yerga**	**irguiera** o **irguiese**	**irga** o **yerga**
	nosotros/as	erguimos	erguíamos	erguimos	erguiremos	erguiríamos	**irgamos** o **yergamos**	**irguiéramos** o **irguiésemos**	**irgamos** o **yergamos**
	vosotros/as	erguís	erguíais	erguisteis	erguiréis	erguiríais	**irgáis** o **yergáis**	**irguierais** o **irguieseis**	erguid
	Uds., ellos/as	**irguen** o **yerguen**	erguían	**irguieron**	erguirán	erguirían	**irgan** o **yergan**	**irguieran** o **irguiesen**	**irgan** o **yergan**
31 errar (4) (y) / errando / errado	yo	**yerro** o erro	erraba	erré	erraré	erraría	**yerre** o erre	errara o errase	
	tú/vos	**yerras** o erras/errás	errabas	erraste	errarás	errarías	**yerres** o erres	erraras o errases	**yerra** o erra/errá
	Ud., él, ella	**yerra** o erra	erraba	erró	errará	erraría	**yerre** o erre	errara o errase	**yerre** o erre
	nosotros/as	erramos	errábamos	erramos	erraremos	erraríamos	erremos	erráramos o errásemos	erremos
	vosotros/as	erráis	errabais	errasteis	erraréis	erraríais	erréis	errarais o erraseis	errad
	Uds., ellos/as	**yerran** o erran	erraban	erraron	errarán	errarían	**yerren** o erren	erraran o errasen	**yerren** o erren
32 esparcir (2) (c:z) / esparciendo / esparcido	yo	**esparzo**	esparcía	esparcí	esparciré	esparciría	**esparza**	esparciera o esparciese	
	tú/vos	esparces/esparcís	esparcías	esparciste	esparcirás	esparcirías	**esparzas**	esparcieras o esparcieses	esparce/esparcí
	Ud., él, ella	esparce	esparcía	esparció	esparcirá	esparciría	**esparza**	esparciera o esparciese	**esparza**
	nosotros/as	esparcimos	esparcíamos	esparcimos	esparciremos	esparciríamos	**esparzamos**	esparciéramos o esparciésemos	**esparzamos**
	vosotros/as	esparcís	esparcíais	esparcisteis	esparciréis	esparciríais	**esparzáis**	esparcierais o esparcieseis	esparcid
	Uds., ellos/as	esparcen	esparcían	esparcieron	esparcirán	esparcirían	**esparzan**	esparcieran o esparciesen	**esparzan**
33 estar (4) / estando / estado	yo	**estoy**	estaba	**estuve**	estaré	estaría	**esté**	**estuviera** o **estuviese**	
	tú/vos	**estás**	estabas	**estuviste**	estarás	estarías	**estés**	**estuvieras** o **estuvieses**	**está**
	Ud., él, ella	**está**	estaba	**estuvo**	estará	estaría	**esté**	**estuviera** o **estuviese**	**esté**
	nosotros/as	estamos	estábamos	**estuvimos**	estaremos	estaríamos	estemos	**estuviéramos** o **estuviésemos**	estemos
	vosotros/as	estáis	estabais	**estuvisteis**	estaréis	estaríais	estéis	**estuvierais** o **estuvieseis**	estad
	Uds., ellos/as	**están**	estaban	**estuvieron**	estarán	estarían	**estén**	**estuvieran** o **estuviesen**	**estén**
34 europeizar (2,3) (z:c)(i:í) / europeizando / europeizado	yo	**europeizo**	europeizaba	**europeicé**	europeizaré	europeizaría	**europeice**	europeizara o europeizase	
	tú/vos	**europeizas**/europeizás	europeizabas	europeizaste	europeizarás	europeizarías	**europeices**	europeizaras o europeizases	**europeiza**/europeizá
	Ud., él, ella	**europeiza**	europeizaba	europeizó	europeizará	europeizaría	**europeice**	europeizara o europeizase	**europeice**
	nosotros/as	europeizamos	europeizábamos	europeizamos	europeizaremos	europeizaríamos	**europeicemos**	europeizáramos o europeizásemos	**europeicemos**
	vosotros/as	europeizáis	europeizabais	europeizasteis	europeizaréis	europeizaríais	**europeicéis**	europeizarais o europeizaseis	europeizad
	Uds., ellos/as	**europeizan**	europeizaban	europeizaron	europeizarán	europeizarían	**europeicen**	europeizaran o europeizasen	**europeicen**
35 exigir (2) (g:j) / exigiendo / exigido	yo	**exijo**	exigía	exigí	exigiré	exigiría	**exija**	exigiera o exigiese	
	tú/vos	exiges/exigís	exigías	exigiste	exigirás	exigirías	**exijas**	exigieras o exigieses	exige/exigí
	Ud., él, ella	exige	exigía	exigió	exigirá	exigiría	**exija**	exigiera o exigiese	**exija**
	nosotros/as	exigimos	exigíamos	exigimos	exigiremos	exigiríamos	**exijamos**	exigiéramos o exigiésemos	**exijamos**
	vosotros/as	exigís	exigíais	exigisteis	exigiréis	exigiríais	**exijáis**	exigierais o exigieseis	exigid
	Uds., ellos/as	exigen	exigían	exigieron	exigirán	exigirían	**exijan**	exigieran o exigiesen	**exijan**

36 extinguir (2) (gu:g) — extinguiendo / extinguido

Pronombres personales	INDICATIVO Presente	Pretérito imperfecto	Pretérito perfecto simple	Futuro simple	Condicional simple	SUBJUNTIVO Presente	Pretérito imperfecto	IMPERATIVO
yo	extingo	extinguía	extinguí	extinguiré	extinguiría	extinga	extinguiera o extinguiese	
tú/vos	extingues/extinguís	extinguías	extinguiste	extinguirás	extinguirías	extingas	extinguieras o extinguieses	extingue/extinguí
Ud., él, ella	extingue	extinguía	extinguió	extinguirá	extinguiría	extinga	extinguiera o extinguiese	extinga
nosotros/as	extinguimos	extinguíamos	extinguimos	extinguiremos	extinguiríamos	extingamos	extinguiéramos o extinguiésemos	extingamos
vosotros/as	extinguís	extinguíais	extinguisteis	extinguiréis	extinguiríais	extingáis	extinguierais o extinguieseis	extinguid
Uds., ellos/as	extinguen	extinguían	extinguieron	extinguirán	extinguirían	extingan	extinguieran o extinguiesen	extingan

37 graduar (3) (u:ú) — graduando / graduado

Pronombres personales	INDICATIVO Presente	Pretérito imperfecto	Pretérito perfecto simple	Futuro simple	Condicional simple	SUBJUNTIVO Presente	Pretérito imperfecto	IMPERATIVO
yo	gradúo	graduaba	gradué	graduaré	graduaría	gradúe	graduara o graduase	
tú/vos	gradúas/graduás	graduabas	graduaste	graduarás	graduarías	gradúes	graduaras o graduases	gradúa/graduá
Ud., él, ella	gradúa	graduaba	graduó	graduará	graduaría	gradúe	graduara o graduase	gradúe
nosotros/as	graduamos	graduábamos	graduamos	graduaremos	graduaríamos	graduemos	graduáramos o graduásemos	graduemos
vosotros/as	graduáis	graduabais	graduasteis	graduaréis	graduaríais	graduéis	graduarais o graduaseis	graduad
Uds., ellos/as	gradúan	graduaban	graduaron	graduarán	graduarían	gradúen	graduaran o graduasen	gradúen

38 haber (4) — habiendo / habido

Pronombres personales	INDICATIVO Presente	Pretérito imperfecto	Pretérito perfecto simple	Futuro simple	Condicional simple	SUBJUNTIVO Presente	Pretérito imperfecto	IMPERATIVO
yo	he	había	hube	habré	habría	haya	hubiera o hubiese	
tú/vos	has	habías	hubiste	habrás	habrías	hayas	hubieras o hubieses	
Ud., él, ella	ha	había	hubo	habrá	habría	haya	hubiera o hubiese	
nosotros/as	hemos	habíamos	hubimos	habremos	habríamos	hayamos	hubiéramos o hubiésemos	
vosotros/as	habéis	habíais	hubisteis	habréis	habríais	hayáis	hubierais o hubieseis	
Uds., ellos/as	han	habían	hubieron	habrán	habrían	hayan	hubieran o hubiesen	

39 hacer (4) — haciendo / hecho

Pronombres personales	INDICATIVO Presente	Pretérito imperfecto	Pretérito perfecto simple	Futuro simple	Condicional simple	SUBJUNTIVO Presente	Pretérito imperfecto	IMPERATIVO
yo	hago	hacía	hice	haré	haría	haga	hiciera o hiciese	
tú/vos	haces/hacés	hacías	hiciste	harás	harías	hagas	hicieras o hicieses	haz/hacé
Ud., él, ella	hace	hacía	hizo	hará	haría	haga	hiciera o hiciese	haga
nosotros/as	hacemos	hacíamos	hicimos	haremos	haríamos	hagamos	hiciéramos o hiciésemos	hagamos
vosotros/as	hacéis	hacíais	hicisteis	haréis	haríais	hagáis	hicierais o hicieseis	haced
Uds., ellos/as	hacen	hacían	hicieron	harán	harían	hagan	hicieran o hiciesen	hagan

40 ir (4) — yendo / ido

Pronombres personales	INDICATIVO Presente	Pretérito imperfecto	Pretérito perfecto simple	Futuro simple	Condicional simple	SUBJUNTIVO Presente	Pretérito imperfecto	IMPERATIVO
yo	voy	iba	fui	iré	iría	vaya	fuera o fuese	
tú/vos	vas	ibas	fuiste	irás	irías	vayas	fueras o fueses	ve/andá
Ud., él, ella	va	iba	fue	irá	iría	vaya	fuera o fuese	vaya
nosotros/as	vamos	íbamos	fuimos	iremos	iríamos	vayamos	fuéramos o fuésemos	vamos
vosotros/as	vais	ibais	fuisteis	iréis	iríais	vayáis	fuerais o fueseis	id
Uds., ellos/as	van	iban	fueron	irán	irían	vayan	fueran o fuesen	vayan

41 jugar (1,2) (u:ue) (g:gu) — jugando / jugado

Pronombres personales	INDICATIVO Presente	Pretérito imperfecto	Pretérito perfecto simple	Futuro simple	Condicional simple	SUBJUNTIVO Presente	Pretérito imperfecto	IMPERATIVO
yo	juego	jugaba	jugué	jugaré	jugaría	juegue	jugara o jugase	
tú/vos	juegas/jugás	jugabas	jugaste	jugarás	jugarías	juegues	jugaras o jugases	juega/jugá
Ud., él, ella	juega	jugaba	jugó	jugará	jugaría	juegue	jugara o jugase	juegue
nosotros/as	jugamos	jugábamos	jugamos	jugaremos	jugaríamos	juguemos	jugáramos o jugásemos	juguemos
vosotros/as	jugáis	jugabais	jugasteis	jugaréis	jugaríais	juguéis	jugarais o jugaseis	jugad
Uds., ellos/as	juegan	jugaban	jugaron	jugarán	jugarían	jueguen	jugaran o jugasen	jueguen

Infinitivo / Gerundio / Participio	Pronombres personales	INDICATIVO					SUBJUNTIVO		IMPERATIVO
		Presente	Pretérito imperfecto	Pretérito perfecto simple	Futuro simple	Condicional simple	Presente	Pretérito imperfecto	
42 llegar (2) (g:gu) llegando llegado	yo	llego	llegaba	**llegué**	llegaré	llegaría	**llegue**	llegara o llegase	
	tú/vos	llegas/llegás	llegabas	llegaste	llegarás	llegarías	**llegues**	llegaras o llegases	llega/llegá
	Ud., él, ella	llega	llegaba	llegó	llegará	llegaría	**llegue**	llegara o llegase	**llegue**
	nosotros/as	llegamos	llegábamos	llegamos	llegaremos	llegaríamos	**lleguemos**	llegáramos o llegásemos	**lleguemos**
	vosotros/as	llegáis	llegabais	llegasteis	llegaréis	llegaríais	**lleguéis**	llegarais o llegaseis	llegad
	Uds., ellos/as	llegan	llegaban	llegaron	llegarán	llegarían	**lleguen**	llegaran o llegasen	**lleguen**
43 lucir (2) (c:zc) luciendo lucido	yo	**luzco**	lucía	lucí	luciré	luciría	**luzca**	luciera o luciese	
	tú/vos	luces/lucís	lucías	luciste	lucirás	lucirías	**luzcas**	lucieras o lucieses	luce/lucí
	Ud., él, ella	luce	lucía	lució	lucirá	luciría	**luzca**	luciera o luciese	**luzca**
	nosotros/as	lucimos	lucíamos	lucimos	luciremos	luciríamos	**luzcamos**	luciéramos o luciésemos	**luzcamos**
	vosotros/as	lucís	lucíais	lucisteis	luciréis	luciríais	**luzcáis**	lucierais o lucieseis	lucid
	Uds., ellos/as	lucen	lucían	lucieron	lucirán	lucirían	**luzcan**	lucieran o luciesen	**luzcan**
44 mover (1) (o:ue) moviendo movido	yo	**muevo**	movía	moví	moveré	movería	**mueva**	moviera o moviese	
	tú/vos	**mueves**/movés	movías	moviste	moverás	moverías	**muevas**	movieras o movieses	**mueve**/mové
	Ud., él, ella	**mueve**	movía	movió	moverá	movería	**mueva**	moviera o moviese	**mueva**
	nosotros/as	movemos	movíamos	movimos	moveremos	moveríamos	movamos	moviéramos o moviésemos	movamos
	vosotros/as	movéis	movíais	movisteis	moveréis	moveríais	mováis	movierais o movieseis	moved
	Uds., ellos/as	**mueven**	movían	movieron	moverán	moverían	**muevan**	movieran o moviesen	**muevan**
45 negar (1, 2) (e:ie) (g:gu) negando negado	yo	**niego**	negaba	**negué**	negaré	negaría	**niegue**	negara o negase	
	tú/vos	**niegas**/negás	negabas	negaste	negarás	negarías	**niegues**	negaras o negases	**niega**/negá
	Ud., él, ella	**niega**	negaba	negó	negará	negaría	**niegue**	negara o negase	**niegue**
	nosotros/as	negamos	negábamos	negamos	negaremos	negaríamos	**neguemos**	negáramos o negásemos	**neguemos**
	vosotros/as	negáis	negabais	negasteis	negaréis	negaríais	**neguéis**	negarais o negaseis	negad
	Uds., ellos/as	**niegan**	negaban	negaron	negarán	negarían	**nieguen**	negaran o negasen	**nieguen**
46 oír (3, 4) (y) **oyendo** **oído**	yo	**oigo**	oía	oí	oiré	oiría	**oiga**	oyera u oyese	
	tú/vos	**oyes**/oís	oías	**oíste**	oirás	oirías	**oigas**	**oyeras** u **oyeses**	**oye**/oí
	Ud., él, ella	**oye**	oía	**oyó**	oirá	oiría	**oiga**	**oyera** u **oyese**	**oiga**
	nosotros/as	**oímos**	oíamos	**oímos**	oiremos	oiríamos	**oigamos**	**oyéramos** u **oyésemos**	**oigamos**
	vosotros/as	oís	oíais	**oísteis**	oiréis	oiríais	oigáis	**oyerais** u **oyeseis**	oíd
	Uds., ellos/as	**oyen**	oían	**oyeron**	oirán	oirían	oigan	**oyeran** u **oyesen**	oigan
47 oler (1) (o:hue) oliendo olido	yo	**huelo**	olía	olí	oleré	olería	**huela**	oliera u oliese	
	tú/vos	**hueles**/olés	olías	oliste	olerás	olerías	**huelas**	olieras u olieses	**huele**/olé
	Ud., él, ella	**huele**	olía	olió	olerá	olería	**huela**	oliera u oliese	**huela**
	nosotros/as	olemos	olíamos	olimos	oleremos	oleríamos	olamos	oliéramos u oliésemos	olamos
	vosotros/as	oléis	olíais	olisteis	oleréis	oleríais	oláis	olierais u olieseis	oled
	Uds., ellos/as	**huelen**	olían	olieron	olerán	olerían	**huelan**	olieran u oliesen	**huelan**

Infinitivo / Gerundio / Participio	Pronombres personales	INDICATIVO					SUBJUNTIVO		IMPERATIVO
		Presente	Pretérito imperfecto	Pretérito perfecto simple	Futuro simple	Condicional simple	Presente	Pretérito imperfecto	
48 pedir [1] (e:i) **pidiendo** pedido	yo	**pido**	pedía	pedí	pediré	pediría	**pida**	**pidiera** *o* **pidiese**	
	tú/vos	**pides**/pedís	pedías	pediste	pedirás	pedirías	**pidas**	**pidieras** *o* **pidieses**	**pide**/pedí
	Ud., él, ella	**pide**	pedía	**pidió**	pedirá	pediría	**pida**	**pidiera** *o* **pidiese**	**pida**
	nosotros/as	pedimos	pedíamos	pedimos	pediremos	pediríamos	**pidamos**	**pidiéramos** *o* **pidiésemos**	**pidamos**
	vosotros/as	pedís	pedíais	pedisteis	pediréis	pediríais	**pidáis**	**pidierais** *o* **pidieseis**	pedid
	Uds., ellos/as	**piden**	pedían	**pidieron**	pedirán	pedirían	**pidan**	**pidieran** *o* **pidiesen**	**pidan**
49 pensar [1] (e:ie) pensando pensado	yo	**pienso**	pensaba	pensé	pensaré	pensaría	**piense**	pensara *o* pensase	
	tú/vos	**piensas**/pensás	pensabas	pensaste	pensarás	pensarías	**pienses**	pensaras *o* pensases	**piensa**/pensá
	Ud., él, ella	**piensa**	pensaba	pensó	pensará	pensaría	**piense**	pensara *o* pensase	**piense**
	nosotros/as	pensamos	pensábamos	pensamos	pensaremos	pensaríamos	pensemos	pensáramos *o* pensásemos	pensemos
	vosotros/as	pensáis	pensabais	pensasteis	pensaréis	pensaríais	penséis	pensarais *o* pensaseis	pensad
	Uds., ellos/as	**piensan**	pensaban	pensaron	pensarán	pensarían	**piensen**	pensaran *o* pensasen	**piensen**
50 poder [1, 4] (o:ue) **pudiendo** podido	yo	**puedo**	podía	**pude**	podré	**podría**	**pueda**	**pudiera** *o* **pudiese**	
	tú/vos	**puedes**/podés	podías	**pudiste**	podrás	**podrías**	**puedas**	**pudieras** *o* **pudieses**	**puede**/podé
	Ud., él, ella	**puede**	podía	**pudo**	podrá	**podría**	**pueda**	**pudiera** *o* **pudiese**	**pueda**
	nosotros/as	podemos	podíamos	**pudimos**	**podremos**	**podríamos**	podamos	**pudiéramos** *o* **pudiésemos**	podamos
	vosotros/as	podéis	podíais	**pudisteis**	**podréis**	**podríais**	podáis	**pudierais** *o* **pudieseis**	poded
	Uds., ellos/as	**pueden**	podían	**pudieron**	**podrán**	**podrían**	**puedan**	**pudieran** *o* **pudiesen**	**puedan**
51 poner [4] poniendo **puesto**	yo	**pongo**	ponía	**puse**	**pondré**	**pondría**	**ponga**	**pusiera** *o* **pusiese**	
	tú/vos	pones/ponés	ponías	**pusiste**	**pondrás**	**pondrías**	**pongas**	**pusieras** *o* **pusieses**	**pon**/poné
	Ud., él, ella	pone	ponía	**puso**	**pondrá**	**pondría**	**ponga**	**pusiera** *o* **pusiese**	**ponga**
	nosotros/as	ponemos	poníamos	**pusimos**	**pondremos**	**pondríamos**	**pongamos**	**pusiéramos** *o* **pusiésemos**	**pongamos**
	vosotros/as	ponéis	poníais	**pusisteis**	**pondréis**	**pondríais**	**pongáis**	**pusierais** *o* **pusieseis**	poned
	Uds., ellos/as	ponen	ponían	**pusieron**	**pondrán**	**pondrían**	**pongan**	**pusieran** *o* **pusiesen**	**pongan**
52 predecir [1, 4] (e:i) **prediciendo** **predicho**	yo	**predigo**	predecía	**predije**	predeciré *o* prediré	predeciría *o* prediría	**prediga**	**predijera** *o* **predijese**	
	tú/vos	**predices**/predecís	predecías	**predijiste**	predecirás *o* predirás	predecirías *o* predirías	**predigas**	**predijeras** *o* **predijeses**	**predice**/predecí
	Ud., él, ella	**predice**	predecía	**predijo**	predecirá *o* predirá	predeciría *o* prediría	**prediga**	**predijera** *o* **predijese**	**prediga**
	nosotros/as	predecimos	predecíamos	**predijimos**	predeciremos *o* prediremos	predeciríamos *o* prediríamos	**predigamos**	**predijéramos** *o* **predijésemos**	**predigamos**
	vosotros/as	predecís	predecíais	**predijisteis**	predeciréis *o* prediréis	predeciríais *o* prediríais	**predigáis**	**predijerais** *o* **predijeseis**	predecid
	Uds., ellos/as	**predicen**	predecían	**predijeron**	predecirán *o* predirán	predecirían *o* predirían	**predigan**	**predijeran** *o* **predijesen**	**predigan**
53 prohibir [3] (i:í) prohibiendo prohibido	yo	**prohíbo**	prohibía	prohibí	prohibiré	prohibiría	**prohíba**	prohibiera *o* prohibiese	
	tú/vos	**prohíbes**/prohibís	prohibías	prohibiste	prohibirás	prohibirías	**prohíbas**	prohibieras *o* prohibieses	**prohíbe**/prohibí
	Ud., él, ella	**prohíbe**	prohibía	prohibió	prohibirá	prohibiría	**prohíba**	prohibiera *o* prohibiese	**prohíba**
	nosotros/as	prohibimos	prohibíamos	prohibimos	prohibiremos	prohibiríamos	prohibamos	prohibiéramos *o* prohibiésemos	prohibamos
	vosotros/as	prohibís	prohibíais	prohibisteis	prohibiréis	prohibiríais	prohibáis	prohibierais *o* prohibieseis	prohibid
	Uds., ellos/as	**prohíben**	prohibían	prohibieron	prohibirán	prohibirían	**prohíban**	prohibieran *o* prohibiesen	**prohíban**

Infinitivo / Gerundio / Participio	Pronombres personales	INDICATIVO Presente	Pretérito imperfecto	Pretérito perfecto simple	Futuro simple	Condicional simple	SUBJUNTIVO Presente	Pretérito imperfecto	IMPERATIVO
54 proteger (2) (g:j) protegiendo protegido	yo	**protejo**	protegía	protegí	protegeré	protegería	**proteja**	protegiera o protegiese	
	tú/vos	proteges/protegés	protegías	protegiste	protegerás	protegerías	**protejas**	protegieras o protegieses	protege/protegé
	Ud., él, ella	protege	protegía	protegió	protegerá	protegería	**proteja**	protegiera o protegiese	**proteja**
	nosotros/as	protegemos	protegíamos	protegimos	protegeremos	protegeríamos	**protejamos**	protegiéramos o protegiésemos	**protejamos**
	vosotros/as	protegéis	protegíais	protegisteis	protegeréis	protegeríais	**protejáis**	protegierais o protegieseis	proteged
	Uds., ellos/as	protegen	protegían	protegieron	protegerán	protegerían	**protejan**	protegieran o protegiesen	**protejan**
55 pudrir/podrir (4) pudriendo podrido	yo	pudro	pudría o podría	pudrí o podrí	pudriré o podriré	pudriría o podriría	pudra	pudriera o pudriese	
	tú/vos	pudres/pudrís	pudrías o podrías	pudriste o podriste	pudrirás o podrirás	pudrirías o podrirías	pudras	pudrieras o pudrieses	pudre/pudrí o podrí
	Ud., él, ella	pudre	pudría o podría	pudrió o podrió	pudrirá o podrirá	pudriría o podriría	pudra	pudriera o pudriese	pudra
	nosotros/as	pudrimos o podrimos	pudríamos o podríamos	pudrimos o podrimos	pudriremos o podriremos	pudriríamos o podriríamos	pudramos	pudriéramos o pudriésemos	pudramos
	vosotros/as	pudrís o podrís	pudríais o podríais	pudristeis o podristeis	pudriréis o podriréis	pudriríais o podriríais	pudráis	pudrierais o pudrieseis	pudrid o podrid
	Uds., ellos/as	pudren	pudrían o podrían	pudrieron o podrieron	pudrirán o podrirán	pudrirían o podrirían	pudran	pudrieran o pudriesen	pudran
56 querer (1, 4) (e:ie) queriendo querido	yo	**quiero**	quería	quise	querré	querría	**quiera**	quisiera o quisiese	
	tú/vos	**quieres**/querés	querías	quisiste	querrás	querrías	**quieras**	quisieras o quisieses	**quiere**/queré
	Ud., él, ella	**quiere**	quería	quiso	querrá	querría	**quiera**	quisiera o quisiese	**quiera**
	nosotros/as	queremos	queríamos	quisimos	querremos	querríamos	queramos	quisiéramos o quisiésemos	queramos
	vosotros/as	queréis	queríais	quisisteis	querréis	querríais	queráis	quisierais o quisieseis	quered
	Uds., ellos/as	**quieren**	querían	quisieron	querrán	querrían	**quieran**	quisieran o quisiesen	**quieran**
57 rehusar (3) (u:ú) rehusando rehusado	yo	**rehúso**	rehusaba	rehusé	rehusaré	rehusaría	**rehúse**	rehusara o rehusase	
	tú/vos	**rehúsas**/rehusás	rehusabas	rehusaste	rehusarás	rehusarías	**rehúses**	rehusaras o rehusases	**rehúsa**/rehusá
	Ud., él, ella	**rehúsa**	rehusaba	rehusó	rehusará	rehusaría	**rehúse**	rehusara o rehusase	**rehúse**
	nosotros/as	rehusamos	rehusábamos	rehusamos	rehusaremos	rehusaríamos	rehusemos	rehusáramos o rehusásemos	rehusemos
	vosotros/as	rehusáis	rehusabais	rehusasteis	rehusaréis	rehusaríais	rehuséis	rehusarais o rehusaseis	rehusad
	Uds., ellos/as	**rehúsan**	rehusaban	rehusaron	rehusarán	rehusarían	**rehúsen**	rehusaran o rehusasen	**rehúsen**
58 reír (1) (e:i) **riendo** **reído**	yo	**río**	reía	reí	reiré	reiría	**ría**	riera o riese	
	tú/vos	**ríes**/reís	reías	reíste	reirás	reirías	**rías**	rieras o rieses	**ríe**/reí
	Ud., él, ella	**ríe**	reía	rio	reirá	reiría	**ría**	riera o riese	**ría**
	nosotros/as	**reímos**	reíamos	**reímos**	reiremos	reiríamos	**riamos**	riéramos o riésemos	**riamos**
	vosotros/as	reís	reíais	**reísteis**	reiréis	reiríais	**riáis**	rierais o rieseis	reid
	Uds., ellos/as	**ríen**	reían	**rieron**	reirán	reirían	**rían**	rieran o riesen	rían

Infinitivo / Gerundio Participio	Pronombres personales	INDICATIVO Presente	Pretérito imperfecto	Pretérito perfecto simple	Futuro simple	Condicional simple	SUBJUNTIVO Presente	Pretérito imperfecto	IMPERATIVO
59 reunir (3) (u:ú)	yo	**reúno**	reunía	reuní	reuniré	reuniría	**reúna**	reuniera *o* reuniese	
	tú/vos	**reúnes/reunís**	reunías	reuniste	reunirás	reunirías	**reúnas**	reunieras *o* reunieses	**reúne/reuní**
	Ud., él, ella	**reúne**	reunía	reunió	reunirá	reuniría	**reúna**	reuniera *o* reuniese	**reúna**
reuniendo	nosotros/as	reunimos	reuníamos	reunimos	reuniremos	reuniríamos	reunamos	reuniéramos *o* reuniésemos	reunamos
reunido	vosotros/as	reunís	reuníais	reunisteis	reuniréis	reuniríais	reunáis	reunierais *o* reunieseis	reunid
	Uds., ellos/as	**reúnen**	reunían	reunieron	reunirán	reunirían	**reúnan**	reunieran *o* reuniesen	**reúnan**
60 roer (3,4) (y)	yo	roo *o* **roigo** *o* **royo**	roía	roí	roeré	roería	roa *o* **roiga** *o* **roya**	**royera** *o* **royese**	
	tú/vos	roes/roés	roías	roíste	roerás	roerías	roas *o* **roigas** *o* **royas**	**royeras** *o* **royeses**	roe/roé
	Ud., él, ella	roe	roía	**royó**	roerá	roería	roa *o* **roiga** *o* **roya**	**royera** *o* **royese**	roa *o* **roiga** *o* **roya**
royendo	nosotros/as	roemos	roíamos	**roímos**	roeremos	roeríamos	roamos *o* **roigamos** *o* **royamos**	**royéramos** *o* **royésemos**	roamos *o* **roigamos** *o* **royamos**
roído	vosotros/as	roéis	roíais	**roísteis**	roeréis	roeríais	roáis *o* **roigáis** *o* **royáis**	**royerais** *o* **royeseis**	roed
	Uds., ellos/as	roen	roían	**royeron**	roerán	roerían	roan *o* **roigan** *o* **royan**	**royeran** *o* **royesen**	roan *o* **roigan** *o* **royan**
61 rogar (1,2) (o:ue)(g:gu)	yo	**ruego**	rogaba	**rogué**	rogaré	rogaría	**ruegue**	rogara *o* rogase	
	tú/vos	**ruegas/rogás**	rogabas	rogaste	rogarás	rogarías	**ruegues**	rogaras *o* rogases	**ruega/rogá**
	Ud., él, ella	**ruega**	rogaba	rogó	rogará	rogaría	**ruegue**	rogara *o* rogase	**ruegue**
rogando	nosotros/as	rogamos	rogábamos	rogamos	rogaremos	rogaríamos	**roguemos**	rogáramos *o* rogásemos	**roguemos**
rogado	vosotros/as	rogáis	rogabais	rogasteis	rogaréis	rogaríais	**roguéis**	rogarais *o* rogaseis	rogad
	Uds., ellos/as	**ruegan**	rogaban	rogaron	rogarán	rogarían	**rueguen**	rogaran *o* rogasen	**rueguen**
62 saber (4)	yo	**sé**	sabía	**supe**	**sabré**	**sabría**	**sepa**	**supiera** *o* **supiese**	
	tú/vos	sabes/sabés	sabías	**supiste**	**sabrás**	**sabrías**	**sepas**	**supieras** *o* **supieses**	sabe/sabé
	Ud., él, ella	sabe	sabía	**supo**	**sabrá**	**sabría**	**sepa**	**supiera** *o* **supiese**	**sepa**
sabiendo	nosotros/as	sabemos	sabíamos	**supimos**	**sabremos**	**sabríamos**	**sepamos**	**supiéramos** *o* **supiésemos**	**sepamos**
sabido	vosotros/as	sabéis	sabíais	**supisteis**	**sabréis**	**sabríais**	**sepáis**	**supierais** *o* **supieseis**	sabed
	Uds., ellos/as	saben	sabían	**supieron**	**sabrán**	**sabrían**	**sepan**	**supieran** *o* **supiesen**	**sepan**
63 salir (4)	yo	**salgo**	salía	salí	**saldré**	saldría	**salga**	saliera *o* saliese	
	tú/vos	sales/salís	salías	saliste	**saldrás**	saldrías	**salgas**	salieras *o* salieses	**sal/salí**
	Ud., él, ella	sale	salía	salió	**saldrá**	saldría	**salga**	saliera *o* saliese	**salga**
saliendo	nosotros/as	salimos	salíamos	salimos	**saldremos**	saldríamos	**salgamos**	saliéramos *o* saliésemos	**salgamos**
salido	vosotros/as	salís	salíais	salisteis	**saldréis**	saldríais	**salgáis**	salierais *o* salieseis	salid
	Uds., ellos/as	salen	salían	salieron	**saldrán**	saldrían	**salgan**	salieran *o* saliesen	**salgan**

Infinitivo / Gerundio / Participio	Pronombres personales	INDICATIVO Presente	Pretérito imperfecto	Pretérito perfecto simple	Futuro simple	Condicional simple	SUBJUNTIVO Presente	Pretérito imperfecto	IMPERATIVO
64 seguir (1,2) (e:i) (gu:g) **siguiendo** seguido	yo	**sigo**	seguía	seguí	seguiré	seguiría	**siga**	**siguiera** o **siguiese**	
	tú/vos	**sigues**/**seguís**	seguías	seguiste	seguirás	seguirías	**sigas**	**siguieras** o **siguieses**	**sigue**/**seguí**
	Ud., él, ella	**sigue**	seguía	**siguió**	seguirá	seguiría	**siga**	**siguiera** o **siguiese**	**siga**
	nosotros/as	seguimos	seguíamos	seguimos	seguiremos	seguiríamos	**sigamos**	**siguiéramos** o **siguiésemos**	**sigamos**
	vosotros/as	seguís	seguíais	seguisteis	seguiréis	seguiríais	**sigáis**	**siguierais** o **siguieseis**	seguid
	Uds., ellos/as	**siguen**	seguían	**siguieron**	seguirán	seguirían	**sigan**	**siguieran** o **siguiesen**	**sigan**
65 sentir (1) (e:ie) **sintiendo** sentido	yo	**siento**	sentía	sentí	sentiré	sentiría	**sienta**	**sintiera** o **sintiese**	
	tú/vos	**sientes**/**sentís**	sentías	sentiste	sentirás	sentirías	**sientas**	**sintieras** o **sintieses**	**siente**/**sentí**
	Ud., él, ella	**siente**	sentía	**sintió**	sentirá	sentiría	**sienta**	**sintiera** o **sintiese**	**sienta**
	nosotros/as	sentimos	sentíamos	sentimos	sentiremos	sentiríamos	**sintamos**	**sintiéramos** o **sintiésemos**	**sintamos**
	vosotros/as	sentís	sentíais	sentisteis	sentiréis	sentiríais	**sintáis**	**sintierais** o **sintieseis**	sentid
	Uds., ellos/as	**sienten**	sentían	**sintieron**	sentirán	sentirían	**sientan**	**sintieran** o **sintiesen**	**sientan**
66 ser (4) siendo sido	yo	**soy**	era	**fui**	seré	sería	**sea**	**fuera** o **fuese**	
	tú/vos	**eres/sos**	eras	**fuiste**	serás	serías	**seas**	**fueras** o **fueses**	**sé**
	Ud., él, ella	**es**	era	**fue**	será	sería	**sea**	**fuera** o **fuese**	**sea**
	nosotros/as	**somos**	**éramos**	**fuimos**	seremos	seríamos	**seamos**	**fuéramos** o **fuésemos**	**seamos**
	vosotros/as	**sois**	erais	**fuisteis**	seréis	seríais	**seáis**	**fuerais** o **fueseis**	sed
	Uds., ellos/as	**son**	eran	**fueron**	serán	serían	**sean**	**fueran** o **fuesen**	**sean**
67 soler (1) (o:ue) soliendo solido	yo	**suelo**	solía	*soler is a defective verb (it does not exist in certain tenses)			**suela**		
	tú/vos	**sueles/solés**	solías				**suelas**		
	Ud., él, ella	**suele**	solía				**suela**		
	nosotros/as	solemos	solíamos				solamos		
	vosotros/as	soléis	solíais				soláis		
	Uds., ellos/as	**suelen**	solían				**suelan**		
68 tañer (4) **tañendo** tañido	yo	taño	tañía	tañí	tañeré	tañería	taña	**tañera** o **tañese**	
	tú/vos	tañes/**tañés**	tañías	tañiste	tañerás	tañerías	tañas	**tañeras** o **tañeses**	tañe/**tañé**
	Ud., él, ella	tañe	tañía	**tañó**	tañerá	tañería	taña	**tañera** o **tañese**	taña
	nosotros/as	tañemos	tañíamos	tañimos	tañeremos	tañeríamos	tañamos	**tañéramos** o **tañésemos**	tañamos
	vosotros/as	tañéis	tañíais	tañisteis	tañeréis	tañeríais	tañáis	**tañerais** o **tañeseis**	tañed
	Uds., ellos/as	tañen	tañían	**tañeron**	tañerán	tañerían	tañan	**tañeran** o **tañesen**	tañan
69 tener (1,4) (e:ie) teniendo tenido	yo	**tengo**	tenía	**tuve**	**tendré**	**tendría**	**tenga**	**tuviera** o **tuviese**	
	tú/vos	**tienes**/tenés	tenías	**tuviste**	**tendrás**	**tendrías**	**tengas**	**tuvieras** o **tuvieses**	**ten**/tené
	Ud., él, ella	**tiene**	tenía	**tuvo**	**tendrá**	**tendría**	**tenga**	**tuviera** o **tuviese**	**tenga**
	nosotros/as	tenemos	teníamos	**tuvimos**	**tendremos**	**tendríamos**	**tengamos**	**tuviéramos** o **tuviésemos**	**tengamos**
	vosotros/as	tenéis	teníais	**tuvisteis**	**tendréis**	**tendríais**	**tengáis**	**tuvierais** o **tuvieseis**	tened
	Uds., ellos/as	**tienen**	tenían	**tuvieron**	**tendrán**	**tendrían**	**tengan**	**tuvieran** o **tuviesen**	**tengan**

Infinitivo / Gerundio / Participio	Pronombres personales	INDICATIVO Presente	Pretérito imperfecto	Pretérito perfecto simple	Futuro simple	Condicional simple	SUBJUNTIVO Presente	Pretérito imperfecto	IMPERATIVO
70 teñir (1, 4) (e:i)	yo	**tiño**	teñía	teñí	teñiré	teñiría	**tiña**	**tiñera** o **tiñese**	
	tú/vos	**tiñes**/**teñís**	teñías	teñiste	teñirás	teñirías	**tiñas**	**tiñeras** o **tiñeses**	**tiñe**/**teñí**
	Ud., él, ella	**tiñe**	teñía	**tiñó**	teñirá	teñiría	**tiña**	**tiñera** o **tiñese**	**tiña**
tiñendo	nosotros/as	teñimos	teñíamos	teñimos	teñiremos	teñiríamos	**tiñamos**	**tiñéramos** o **tiñésemos**	**tiñamos**
teñido	vosotros/as	teñís	teñíais	teñisteis	teñiréis	teñiríais	**tiñáis**	**tiñerais** o **tiñeseis**	teñid
	Uds., ellos/as	**tiñen**	teñían	**tiñeron**	teñirán	teñirían	**tiñan**	**tiñeran** o **tiñesen**	**tiñan**
71 tocar (2) (c:qu)	yo	toco	tocaba	**toqué**	tocaré	tocaría	**toque**	tocara o tocase	
	tú/vos	tocas/tocás	tocabas	tocaste	tocarás	tocarías	**toques**	tocaras o tocases	toca/tocá
	Ud., él, ella	toca	tocaba	tocó	tocará	tocaría	**toque**	tocara o tocase	**toque**
tocando	nosotros/as	tocamos	tocábamos	tocamos	tocaremos	tocaríamos	**toquemos**	tocáramos o tocásemos	**toquemos**
tocado	vosotros/as	tocáis	tocabais	tocasteis	tocaréis	tocaríais	**toquéis**	tocarais o tocaseis	tocad
	Uds., ellos/as	tocan	tocaban	tocaron	tocarán	tocarían	**toquen**	tocaran o tocasen	**toquen**
72 torcer (1, 2) (o:ue) (c:z)	yo	**tuerzo**	torcía	torcí	torceré	torcería	**tuerza**	torciera o torciese	
	tú/vos	**tuerces**/**torcés**	torcías	torciste	torcerás	torcerías	**tuerzas**	torcieras o torcieses	**tuerce**/**torcé**
	Ud., él, ella	**tuerce**	torcía	torció	torcerá	torcería	**tuerza**	torciera o torciese	**tuerza**
torciendo	nosotros/as	torcemos	torcíamos	torcimos	torceremos	torceríamos	**torzamos**	torciéramos o torciésemos	**torzamos**
torcido o **tuerto**	vosotros/as	torcéis	torcíais	torcisteis	torceréis	torceríais	**torzáis**	torcierais o torcieseis	torced
	Uds., ellos/as	**tuercen**	torcían	torcieron	torcerán	torcerían	**tuerzan**	torcieran o torciesen	**tuerzan**
73 traer (4)	yo	**traigo**	traía	**traje**	traeré	traería	**traiga**	**trajera** o **trajese**	
	tú/vos	traes/traés	traías	**trajiste**	traerás	traerías	**traigas**	**trajeras** o **trajeses**	trae/traé
trayendo	Ud., él, ella	trae	traía	**trajo**	traerá	traería	**traiga**	**trajera** o **trajese**	**traiga**
traído	nosotros/as	traemos	traíamos	**trajimos**	traeremos	traeríamos	**traigamos**	**trajéramos** o **trajésemos**	**traigamos**
	vosotros/as	traéis	traíais	**trajisteis**	traeréis	traeríais	**traigáis**	**trajerais** o **trajeseis**	traed
	Uds., ellos/as	traen	traían	**trajeron**	traerán	traerían	**traigan**	**trajeran** o **trajesen**	**traigan**
74 valer (4)	yo	**valgo**	valía	valí	**valdré**	**valdría**	**valga**	valiera o valiese	
	tú/vos	vales/valés	valías	valiste	**valdrás**	**valdrías**	**valgas**	valieras o valieses	vale/valé
	Ud., él, ella	vale	valía	valió	**valdrá**	**valdría**	**valga**	valiera o valiese	**valga**
valiendo	nosotros/as	valemos	valíamos	valimos	**valdremos**	**valdríamos**	**valgamos**	valiéramos o valiésemos	**valgamos**
valido	vosotros/as	valéis	valíais	valisteis	**valdréis**	**valdríais**	**valgáis**	valierais o valieseis	valed
	Uds., ellos/as	valen	valían	valieron	**valdrán**	**valdrían**	**valgan**	valieran o valiesen	**valgan**
75 vencer (2) (c:z)	yo	**venzo**	vencía	vencí	venceré	vencería	**venza**	venciera o venciese	
	tú/vos	vences/vencés	vencías	venciste	vencerás	vencerías	**venzas**	vencieras o vencieses	vence/vencé
	Ud., él, ella	vence	vencía	venció	vencerá	vencería	**venza**	venciera o venciese	**venza**
venciendo	nosotros/as	vencemos	vencíamos	vencimos	venceremos	venceríamos	**venzamos**	venciéramos o venciésemos	**venzamos**
vencido	vosotros/as	vencéis	vencíais	vencisteis	venceréis	venceríais	**venzáis**	vencierais o vencieseis	venced
	Uds., ellos/as	vencen	vencían	vencieron	vencerán	vencerían	**venzan**	vencieran o venciesen	**venzan**

Infinitivo / Gerundio Participio	Pronombres personales	INDICATIVO Presente	Pretérito imperfecto	Pretérito perfecto simple	Futuro simple	Condicional simple	SUBJUNTIVO Presente	Pretérito imperfecto	IMPERATIVO
76 venir (1, 4) (e:ie) **viniendo** venido	yo	**vengo**	venía	**vine**	**vendré**	**vendría**	**venga**	**viniera** o **viniese**	
	tú/vos	**vienes**/venís	venías	**viniste**	**vendrás**	**vendrías**	**vengas**	**vinieras** o **vinieses**	**ven**/vení
	Ud., él, ella	**viene**	venía	**vino**	**vendrá**	**vendría**	**venga**	**viniera** o **viniese**	**venga** Ud.
	nosotros/as	venimos	veníamos	**vinimos**	**vendremos**	**vendríamos**	**vengamos**	**viniéramos** o **viniésemos**	**vengamos**
	vosotros/as	venís	veníais	**vinisteis**	**vendréis**	**vendríais**	**vengáis**	**vinierais** o **vinieseis**	**venid** (no **vengáis**)
	Uds., ellos/as	**vienen**	venían	**vinieron**	**vendrán**	**vendrían**	**vengan**	**vinieran** o **viniesen**	**vengan** Uds.
77 ver (4) viendo **visto**	yo	**veo**	**veía**	**vi**	veré	vería	**vea**	viera o viese	ve
	tú/vos	ves	**veías**	viste	verás	verías	**veas**	vieras o vieses	**vea**
	Ud., él, ella	ve	**veía**	**vio**	verá	vería	**vea**	viera o viese	**veamos**
	nosotros/as	vemos	**veíamos**	vimos	veremos	veríamos	veamos	viéramos o viésemos	ved
	vosotros/as	**veis**	**veíais**	visteis	veréis	veríais	**veáis**	vierais o vieseis	vean
	Uds., ellos/as	ven	**veían**	vieron	verán	verían	vean	vieran o viesen	
78 volcar (1, 2) (o:ue) (c:qu) volcando volcado	yo	**vuelco**	volcaba	**volqué**	volcaré	volcaría	**vuelque**	volcara o volcase	**vuelca**/volcá
	tú/vos	**vuelcas**/volcás	volcabas	volcaste	volcarás	volcarías	**vuelques**	volcaras o volcases	**vuelque**
	Ud., él, ella	**vuelca**	volcaba	volcó	volcará	volcaría	**vuelque**	volcara o volcase	**volquemos**
	nosotros/as	volcamos	volcábamos	volcamos	volcaremos	volcaríamos	**volquemos**	volcáramos o volcásemos	volcad
	vosotros/as	volcáis	volcabais	volcasteis	volcaréis	volcaríais	**volquéis**	volcarais o volcaseis	**vuelquen**
	Uds., ellos/as	**vuelcan**	volcaban	volcaron	volcarán	volcarían	**vuelquen**	volcaran o volcasen	
79 yacer (4) yaciendo yacido	yo	**yazco** o **yazgo** o **yago**	yacía	yací	yaceré	yacería	**yazca** o **yazga** o **yaga**	yaciera o yaciese	**yace** o **yaz**/yacé
	tú/vos	yaces/yacés	yacías	yaciste	yacerás	yacerías	**yazcas** o **yazgas** o **yagas**	yacieras o yacieses	**yazca** o **yazga** o **yaga**
	Ud., él, ella	yace	yacía	yació	yacerá	yacería	**yazca** o **yazga** o **yaga**	yaciera o yaciese	**yazcamos** o **yazgamos** o **yagamos**
	nosotros/as	yacemos	yacíamos	yacimos	yaceremos	yaceríamos	**yazcamos** o **yazgamos** o **yagamos**	yaciéramos o yaciésemos	yaced
	vosotros/as	yacéis	yacíais	yacisteis	yaceréis	yaceríais	**yazcáis** o **yazgáis** o **yagáis**	yacierais o yacieseis	**yazcan** o **yazgan** o **yagan**
	Uds., ellos/as	yacen	yacían	yacieron	yacerán	yacerían	**yazcan** o **yazgan** o **yagan**	yacieran o yaciesen	
80 zambullir (4) **zambullendo** zambullido	yo	zambullo	zambullía	zambullí	zambulliré	zambulliría	zambulla	**zambullera** o **zambullese**	
	tú/vos	zambulles/ zambullís	zambullías	zambulliste	zambullirás	zambullirías	zambullas	**zambulleras** o **zambulleses**	zambulle/zambullí
	Ud., él, ella	zambulle	zambullía	**zambulló**	zambullirá	zambulliría	zambulla	**zambullera** o **zambullese**	zambulla
	nosotros/as	zambullimos	zambullíamos	zambullimos	zambulliremos	zambulliríamos	zambullamos	**zambulléramos** o **zambullésemos**	zambullamos
	vosotros/as	zambullís	zambullíais	zambullisteis	zambulliréis	zambulliríais	zambulláis	**zambullerais** o **zambulleseis**	zambullid
	Uds., ellos/as	zambullen	zambullían	**zambulleron**	zambullirán	zambullirían	zambullan	**zambulleran** o **zambullesen**	zambullan

Introducción al vocabulario

Vocabulario activo

Este glosario contiene las palabras y expresiones que se presentan como vocabulario activo en **REVISTA**. Los números indican la lección en la que se presenta dicha palabra o expresión.

Sobre el alfabeto español

En el alfabeto español la **ñ** es una letra independiente que sigue a la **n**.

Abreviaturas empleadas en este glosario

adj.	adjetivo	*interj.*	interjección	*pl.*	plural
adv.	adverbio	*loc.*	locución	*sing.*	singular
f.	femenino	*m.*	masculino	*v.*	verbo

Español-Inglés

A

a cuestas *adv.* on one's back **5**
a regañadientes *adv.* reluctantly **6**
abandonar *v.* to leave **2**
abono *m.* season pass **4**
abochornado/a *adj.* embarrassed **6**
abuso *m.* abuse **6**
abuso de poder *m.* abuse of power **4**
acatar *v.* to obey **6**
acobardarse *v.* to be daunted by **3**
aconsejable *adj.* advisable **5**
acosador(a) *m., f.* bully **6**
acoso *m.* harassment **3**; bullying **6**
adjudicarse *v.* to get **4**
agazapar *v.* to crouch **6**
agregar *v.* to add **3**
aguantar *v.* to bear, to stand (someone) **5**; to endure **5**
agujero *m.* hole **4**
airado/a *adj.* irate **6**
aislamiento *m.* isolation **3**
almacenamiento *m.* storage **3**
amabilidad *f.* kindness **2**
amargura *f.* bitterness **1**
ambición *f.* ambition **2**
amenazante *adj.* threatening **2**
amenazar *v.* to threaten **4**; **6**
anillo de compromiso *m.* engagement ring **2**
animar *v.* to cheer up **1**
apabullante *adj.* overwhelming **2**
aparición (de un fantasma) *f.* apparition (of a ghost) **1**
apasionante *adj.* exciting **1**
apatía *f.* apathy **3**
apestar *v.* to stink **6**
aplastar *v.* to squash **1**
apoderarse *v.* to take possession **4**
apreciar *v.* to appreciate **2**

aprendizaje *m.* learning **1**
aprobar *v.* to pass (an exam) **4**
aprovechar *v.* to make the most of **3**
apuesta *f.* bet **4**
apurarse *v.* to hurry **6**
arder *v.* to burn **4**
arrebatar *v.* to snatch **1**
arrepentirse *v.* to regret **2**
arrojar *v.* to throw **4**
asaltar *v.* to storm **4**
asequible *adj.* attainable **2**
asesinar *v.* to murder **4**
asomarse *v.* to peek **6**
asombro *m.* surprise **6**
aspecto *m.* appearance **1**; **3**
astronauta *m., f.* astronaut **1**
asustarse *v.* to be frightened **1**; **3**
atacar *v.* to attack **1**
aterrizaje *m.* landing **1**
aterrizar *v.* to land **1**
atrapado/a *adj.* trapped **3**
atrasar *v.* to be slow **1**
atreverse *v.* to dare **6**
atropellar *v.* to run over **2**
autoestima *f.* self-esteem **2**; **5**
avería *f.* damage **3**
averiguar *v.* to find out **3**

B

baboso/a *adj.* stupid **6**
balompié *m.* soccer **4**
batir *v.* to beat **4**
bichos *m. pl.* bugs; animals **1**
bienestar *m.* well-being **2**
billetera *f.* wallet **4**
brillo *m.* lipstick **6**
broma *f.* prank **3**
bronca *f.* anger **3**
brote *m.* outbreak **6**
burla *f.* mockery, joke **5**
burlarse de *v.* to make fun of **1**; **3**
burro de planchar *m.* ironing board **6**

C

cabaña *f.* hut **5**
cachorro/a *m., f.* puppy **3**
cadena *f.* chain **6**
cajón *m.* drawer **2**
camioneta *f.* pickup truck **1**
campaña *f.* campaign **4**
campeonato *m.* championship **4**
capaz *adj.* able **3**
capricho *m.* whim **2**
casco *m.* helmet **1**
castigar *v.* to punish **6**
castigo *m.* punishment **4**
ceder *v.* to give up **4**
cercanía *f.* closeness **5**
certidumbre *f.* certainty **5**
chismear *v.* to gossip **5**
chiste *m.* joke **3**
choque *m.* crash **1**
cicatriz *f.* scar **1**
cinta *f.* videotape **3**
circula el rumor *loc.* rumor has it **3**
cita *f.* date **5**
clave *f.* key **2**
cobertura *f.* coverage **6**
cobrar *v.* to gain (importance, etc.) **5**
cochineo *m.* mess **6**
codiciar *v.* to covet **6**
cohete *m.* rocket **1**
cojera *f.* limp, lameness **6**
colgar *v.* to hang up **5**
cometer *v.* to commit **4**
compadecer *v.* to sympathize with **6**
cómplice *m., f.* accomplice **4**
comportarse *v.* to behave **2**
comprensión *f.* understanding **2**
comprometerse *v.* to get engaged **5**
concebir *v.* to conceive **1**
confabularse *v.* to plot, to conspire **6**
configuración *f.* setting **3**
conjeturar *v.* to speculate **4**
conmover *v.* to move (emotionally) **2**

conmovido/a *adj.* (emotionally) moved **1**
conquistar *v.* to win the heart of **2**
consejo *m.* advice **3**
constatar *v.* to confirm **6**
consumismo *m.* consumerism **5**
consulta *f.* inquiry **2**
convenir *v.* to be advisable **5**
convertirse *v.* to become **6**
cordón *m.* cord **1**
correrse la voz *v.* to spread the news **1**
correspondido/a *adj.* reciprocated **5**
cortejar *v.* to court, to woo **2**
coscorrón *m.* light blow to head **6**
costumbre *f.* habit; custom **6**
cuenta *f.* account **3**
cueva *f.* cave **1**
culpa *f.* fault **5**
curioso/a *adj.* curious **3**
cursi *adj.* corny **6**

D

dar a luz *v.* to give birth **4**
dar rabia *v.* to infuriate **6**
darse cuenta *v.* to realize **2**
datos personales *m. pl.* personal information **2**
de buenas a primeras *loc.* suddenly **1**
decepción *f.* disappointment **1**
demostrar *v.* to show **2**
depresión *f.* depression **2**
derrota *f.* defeat **6**
derrotado/a *adj.* defeated **6**
desafiar *v.* to challenge **3**
desaconsejar *v.* to advise against **6**
desalado/a *adj.* anxious **6**
desamor *m.* coldness; indifference **5**
desanimar *v.* to discourage **6**
descartar *v.* to discard **4**
desconfianza *f.* distrust **5**
descortesía *f.* rudeness **6**
descubrimiento *m.* discovery **2**
descuidado/a *adj.* careless **1**
desechable *adj.* disposable **5**
desesperar(se) *v.* to become exasperated; to despair **2**
desgraciado/a *adj.* unhappy, unfortunate **2**
deshabitado/a *adj.* uninhabited **1**
desilusionar *v.* to disappoint **2**
desistir *v.* to give up **2**
deslumbrante *adj.* dazzling **2**
desmayarse *v.* to faint **5**
despegue *m.* launch **1**
despojar *v.* to rob **2**
despreciar *v.* to despise **2**
desprecio *m.* scorn **2**
desprotegido/a *adj.* unprotected **4**

destrozar *v.* to ruin **4**
desvincular *v.* to separate **5**
dictadura *f.* dictatorship **4**
dictamen *m.* ruling **6**
dilatar *v.* to prolong **1**
dirigirse a *v.* to address **6**
disco duro *m.* hard drive **3**
discurso *m.* speech **4**
disgustado/a *adj.* displeased **6**
disiparse *v.* to clear **1**
disponibilidad *f.* availability **4**
distinto/a *adj.* different **2**
distorsión *f.* distortion **2**
DNI (Documento Nacional de Identidad) *m.* ID **2**
dudoso/a *adj.* doubtful **3**
duelo *m.* mourning **6**
duradero/a *adj.* lasting **2**
durar *v.* to last **5**
duro/a *adj.* harsh **4**

E

echar de menos *v.* to miss (someone) **5**
ecuación *f.* equation **2**
edad madura *f.* middle age **6**
eje *m.* axis **6**
ejercer autoridad *v.* to exert authority **4**
elenco *m.* cast **3**
embestida *f.* charge, onslaught **5**
embrujo *m.* spell **6**
emparar *v.* to catch **6**
empuñar *v.* to clutch **6**
enamoramiento *m.* falling in love **5**
encajar *v.* to fit **5**
encargarse de *v.* to be in charge of **4**
encender *v.* to switch on **3**
encerrado/a *adj.* locked in **5**
encuentro *m.* meeting **1**
enganchado/a *adj.* stuck **3**
engaño *m.* deception **4**
enterarse *v.* to find out **1**
entorno *m.* social setting/environment **6**
entrenamiento *m.* training **1**
entristecer *v.* to sadden **2**
entusiasmo *m.* enthusiasm **2**
época *f.* time (period) **2**
escándalo *m.* racket **1**
escéptico/a *adj.* skeptical **1**
escoba *f.* broom **1**
esconder *v.* to hide **2**
esperanza *f.* hope **2**
espontáneamente *adv.* spontaneously **5**
estafador(a) *m., f.* con artist **4**
estafar *v.* to rip off **4**
estar bajo sospecha *v.* to be under

suspicion **6**
estar localizable *v.* to be available **6**
estreno *m.* premiere **3**
estupidez *f.* stupidity **2**; stupid thing **6**
evadir *v.* to avoid **2**
exigente *adj.* demanding **5**
exigir *v.* to demand **1**
expectativa *f.* expectation **2**
expulsar *v.* to throw out **6**
extrañar *v.* to miss **5**
extraterrestre *m., f.* alien **1**

F

facilitar *v.* to provide **2**
factura *f.* bill **2**
falla *f.* flaw **4**
falta de respeto *f.* disrespect **6**
fantasma *m.* ghost **1**
fidelidad *f.* faithfulness; loyalty **5**
fiel *adj.* faithful; loyal **5**
flojo/a *adj.* lazy **6**
fomentar *v.* to promote **3**
fonda *f.* food stand **6**
formarse *v.* to be trained **3**
fracasar *v.* to fail **5**
fuerza *f.* strength **3**
funcionar *v.* to work out **5**

G

garra *f.* claw **1**
generosidad *f.* generosity **2**
gerencia *f.* management **4**
gobernar *v.* to govern **4**
grúa *f.* tow truck **1**
guardia urbano/a *m., f.* city police **3**
guerra *f.* war **4**

H

hacer caso *v.* to pay attention **5**
halagado/a *adj.* flattered **5**
harto/a *adj.* fed up **4**
hendido/a *adj.* cleft, split **1**
herencia *f.* legacy **6**
hito *m.* milestone **1**
hueco/a *adj.* hollow **2**
humildad *f.* humility **2**
hundirse *v.* to sink **4**

I

igual *adj.* same **4**
imperar *v.* to prevail **6**
inasible *adj.* elusive **2**
inauguración *f.* opening ceremony **4**
incertidumbre *f.* uncertainty **1**
incomprensión *f.* lack of understanding **2**
indemnización *f.* severance pay **4**
inercia *f.* inertia **3**

infelicidad *f.* unhappiness **2**
influencia *f.* influence **1**
influir en *v.* to influence **1**
influjo *m.* influence **6**
ingrato/a *adj.* ungrateful **5**
injusto/a *adj.* unfair **4**
inmaduro/a *adj.* immature **2**
inmortal *adj.* immortal **1**
inmutable *adj.* unchanging **5**
innecesario/a *adj.* unnecessary **6**
inoportuno/a *adj.* untimely **6**
inquietar *v.* to trouble **1**
inseguro/a *adj.* uncertain **5**
insólito/a *adj.* unusual **1**
insultar *v.* to insult **6**
integridad *f.* integrity **2**
intercambiar *v.* to exchange **3**
intimidar *v.* to intimidate **4**
intransigente *adj.* unyielding **2**
intruso/a *m., f.* intruder **2**
investigador(a) *m., f.* researcher **2**
invitación de amistad *f.* friend
  request **3**
ironía *f.* irony **3**
irritante *adj.* irritating **6**

J

jubilación *f.* retirement **5**
jugar a ser *v.* to play make-believe **1**
juicio *m.* trial **4**
juramento *m.* oath **5**
jurar *v.* to swear **3**
justificación *f.* justification **5**
justo/a *adj.* fair **4**

L

ladrón, ladrona *m., f.* thief **2**
lágrima *f.* tear **3**
lapso *m.* lapse (of time) **5**
largar *v.* to release **4**
lealtad *f.* loyalty **2**
lentitud *f.* slowness **1**
letargo *m.* lethargy **3**
liarse con *v.* to get involved with **5**
liberarse *v.* to free oneself **4**
librepensador(a) *m., f.* freethinker **3**
lindo/a *adj.* pretty **3**
linterna *f.* flashlight **1**
locamente *adv.* madly **2**
lucha *f.* struggle **4**
luchar por *v.* to fight for **2**
lujo *m.* luxury **6**

M

maduro/a *adj.* mature **2**
magia *f.* magic **1**
magnate *m.* tycoon **4**
malestar *m.* discomfort **6**
mandamiento *m.* commandment **6**

manga de *f.* a bunch of **4**
manifestación *f.* demonstration **4**
marciano/a *m., f.* Martian **1**
Marte Mars **1**
matar *v.* to kill **1**
medios *m. pl.* means **2**
merecer *v.* to deserve **5**
meta *f.* goal **2**
miedo *m.* fear **1**
mnemotécnico/a *adj.* mnemonic,
  intended to assist memory **5**
moda *f.* fashion **3**
moderación *f.* restraint **3**
molesto/a *adj.* annoyed **5**
monstruo *m.* monster **1**
moribundo/a *adj.* dying **1**
mostrador *m.* counter **3**
(teléfono) móvil (Esp.) *m.* cell
  (phone) **2**
mudo/a *adj.* silent **3**
multa *f.* fine **3**
Mundial *m.* World Cup **4**
muñeca *f.* wrist **1**
muro *m.* wall **4**

N

nada *f.* nothingness **1**
nave *f.* (space)ship **1**
nene/a *m., f.* child **3**
noviazgo *m.* dating **5**

O

obedecer *v.* to obey **4**
objetos de valor *m. pl.* valuables **4**
obligar *v.* to oblige (to do
  something), to force **4**
obsoleto/a *adj.* obsolete **3**
ocultar *v.* to hide **2**
odiar *v.* to hate **2**
olvidar *v.* to forget **5**
olvido *m.* forgetting **2**
ordenador (Esp.) *m.* computer **2**

P

papel *m.* role **3**
parecerse a *v.* to look like **2**
parecido *m.* resemblance **2**
pareja *f.* couple **5**
parroquiano/a *m., f.* customer **6**
pasadizo *m.* passage **1**
pasividad *f.* passivity **3**
patente *adj.* clear **3**
pecado *m.* sin **4**
pegamento *m.* glue **6**
pena *f.* sorrow **5**
pensativo/a *adj.* pensive **5**
percatarse de *v.* to notice **6**
perder(se) *v.* to miss (out) **1**
perdón *m.* forgiveness **5**

perdurar *v.* to last **5**
pereza *f.* laziness **3**
perezoso/a *adj.* lazy **3**
perfil *m.* profile **3**
picotear *v.* to peck at **3**
pila *f.* battery **3**
pitufino/a *m., f.* runt **6**
plantear *v.* to bring up **6**
platea *f.* front seats **4**
platillo volador *m.* flying saucer **1**
pobreza *f.* poverty **1**
podrido/a *adj.* fed up **1**
porquería *f.* mess **6**
preocupante *adj.* worrying **3**
presagio *m.* omen **1**
prescindir *v.* to do without **3; 6**
presionar *v.* to pressure **4**
preso/a *m., f.* prisoner **4**
presupuesto *m.* estimate **3**
privacidad *f.* privacy **3**
prolongado/a *adj.* lengthy **6**
prometido/a *m., f.* fiancé(e) **5**
publicar *v.* to post **3**
puñado *m.* handful **5**

Q

queja *f.* complaint **4; 6**
quejumbroso/a *adj.* whiny **4**

R

rabia *f.* rage **3**
ramo *m.* bouquet **5**
ratón *m.* mouse **1**
razonable *adj.* reasonable **5**
rechazar *v.* to reject **2; 6**
rechazo *m.* rebuff **5**
reclamar *v.* to demand **6**
recogedor *m.* dustpan **1**
reconocer *v.* to recognize **2**
recreo *m.* recess **6**
recuerdo *m.* souvenir **1; memory 1**
recurso *m.* resource **3**
reflejo *m.* reflection **2**
régimen *m.* regime **4**
reglamento *m.* rules, regulations **4; 6**
relación *f.* relationship **5**
relámpago *m.* lightning **1**
rencor *m.* resentment **6**
renovar *v.* to renew **5**
renunciar *v.* to give up **6**
reparaciones *f. pl.* repairs **3**
restos *m. pl.* remains **4**
retrasar *v.* to postpone, to delay **6**
reunión *f.* gathering **6**
riesgo *m.* risk **3**
riguroso/a *adj.* rigorous **1**
robar *v.* to steal **4**
rodear *v.* to surround **1**
rompimiento *m.* breakup **5**
rostro *m.* face **2**

S

saborear *v.* to savor **2**
sacar el mejor partido de *v.* to make the most of **3**
sacar provecho de *v.* to turn to one's advantage **4**
sangre *f.* blood **1**
sátira *f.* satire **3**
secuestrar *v.* to kidnap **4**
seguir adelante *v.* to go on **5**
seguridad *f.* security; certainty **1**; safety **2**
seguro/a *adj.* confident **1**
selección *f.* national team **4**
señal *f.* sign **3**; signal **6**
servicio técnico *m.* repair shop **3**
sincerarse *v.* to be honest; to open one's heart **5**
síndrome de abstinencia *m.* withdrawal symptoms **6**
sobornar *v.* to bribe **4**
sobreponerse *v.* to overcome **3; 6**
soledad *f.* loneliness **4; 5**
solicitar *v.* to request **6**
sombrío/a *adj.* gloomy **4**
soñar con *v.* to dream of **1**
soportar *v.* to put up with **6**
sucumbir *v.* to succumb **5**
suelo *m.* ground **1**
sueño *m.* dream **1**
sumar *v.* to add **2**
superar *v.* to exceed **2**
suplicar *v.* to plead **2**

T

taquillero/a *adj.* box-office hit **3**
tasa de natalidad *f.* birth rate **6**
telediario *m.* television news **4**
tembloroso/a *adj.* trembling **4**
temer *v.* to fear **1**
tender a *v.* to tend to **6**
tentar *v.* to tempt **4**
tercero *m.* third party **6**
tesoro *m.* treasure **5**
tinieblas *f. pl.* darkness **1**
tocadiscos *m.* record player **3**
tolerar *v.* to tolerate **2**
tormenta *f.* storm **1**
tortilla *f.* omelet **4**
tragarse *v.* to swallow **4**
trasladar *v.* to move **4**
treta *f.* trick **4**
tribunal *m.* court **4**
truco *m.* trick **5**

U

unir *v.* to unite **5**
usuario/a *m., f.* customer **2**; user **3; 6**

V

vaciar *v.* to empty **2**
valer *v.* to be acceptable **5**
valorar *v.* to value **2**
vanidad *f.* vanity **2**
varón *m.* male **4**
vencer *v.* to expire **5**
venganza *f.* revenge **1**
ventaja *f.* advantage **3**
videocasetera *f.* VCR **3**
vidriera *f.* glass display case **6**
vínculo *m.* bond **5**
viñeta *f.* comic panel **1**
visión *f.* view **6**

Z

zozobra *f.* anxiety **1**

Inglés-Español

A

able capaz *adj.* **3**
abuse abuso *m.* **6**
abuse of power abuso *m.* de poder **4**
acceptable (be) valer *v.* **5**
accomplice cómplice *m., f.* **4**
account cuenta *f.* **3**
add sumar *v.* **2**; agregar *v.* **3**
address dirigirse a *v.* **6**
advantage ventaja *f.* **3**
advice consejo *m.* **3**
advisable aconsejable *adj.* **5**
advisable (be) convenir *v.* **5**
advise against desaconsejar *v.* **6**
alien extraterrestre *m., f.* **1**
ambition ambición *f.* **2**
anger bronca *f.* **3**
animals bichos *m. pl.* **1**
annoyed molesto/a *adj.* **5**
anxiety zozobra *f.* **1**
anxious desalado/a *adj.* **6**
apathy apatía *f.* **3**
apparition (of a ghost) aparición *f.* (de un fantasma) **1**
appearance aspecto *m.* **1; 3**
appreciate apreciar *v.* **2**
astronaut astronauta *m., f.* **1**
attack atacar *v.* **1**
attainable asequible *adj.* **2**
availability disponibilidad *f.* **4**
(be) available estar *v.* localizable **6**
avoid evadir *v.* **2**
axis eje *m.* **6**

B

back: on one's back a cuestas *adv.* **5**
battery pila *f.* **3**
bear aguantar *v.* **5**
beat batir *v.* **4**
become convertirse *v.* **6**
behave comportarse *v.* **2**
bet apuesta *f.* **4**
bill factura *f.* **2**
birth rate tasa de natalidad *f.* **6**
bitterness amargura *f.* **1**
blood sangre *f.* **1**
bond vínculo *m.* **5**
bouquet ramo *m.* **5**
box-office hit taquillero/a *adj.* **3**
breakup rompimiento *m.* **5**
bribe sobornar *v.* **4**
bring up plantear *v.* **6**
broom escoba *f.* **1**
bugs bichos *m.* **1**
bully acosador(a) *m., f.* **6**
bullying acoso *m.* **6**
bunch of manga de *f.* **4**
burn arder *v.* **4**

C

campaign campaña *f.* **4**
careless descuidado/a *adj.* **1**
cast elenco *m.* **3**
catch emparar *v.* **6**
cave cueva *f.* **1**
cell (phone) (teléfono) móvil (Esp.) *m.* **2**
certainty seguridad *f.* **1**; certidumbre *f.* **5**
chain cadena *f.* **6**
challenge desafiar *v.* **3**
championship campeonato *m.* **4**
charge embestida *f.* **5**
cheat engañar *v.* **2**
cheer up animar *v.* **1**
child nene/a *m., f.* **3**
city police guardia *m., f.* urbano/a **3**
claw garra *f.* **1**
clear disiparse *v.* **1**; patente *adj.* **3**
cleft hendido/a *adj.* **1**
closeness cercanía *f.* **5**
clutch empuñar *v.* **6**
coldness desamor *m.* **5**
comic panel viñeta *f.* **1**
commandment mandamiento *m.* **6**
commit cometer *v.* **4**
complaint queja *f.* **4; 6**
computer ordenador (Esp.) *m.* **2**
con artist estafador(a) *m., f.* **4**
conceive concebir *v.* **1**
confident seguro/a *adj.* **1**
confirm constatar *v.* **6**
conspire confabularse *v.* **6**
consumerism consumismo *m.* **5**
couple pareja *f.* **5**
cord cordón *m.* **1**
corny cursi *adj.* **6**
counter mostrador *m.* **3**
court cortejar *v.* **2**; tribunal *m.* **4**
covet codiciar *v.* **6**
coverage cobertura *f.* **6**
crash choque *m.* **1**
crouch agazapar *v.* **6**
curious curioso/a *adj.* **3**
custom costumbre *f.* **6**
customer usuario/a *m., f.* **2**; parroquiano/a *m., f.* **6**

D

damage avería *f.* **3**
dare atreverse *v.* **6**
darkness tinieblas *f. pl.* **1**
date cita *f.* **5**
dating noviazgo *m.* **5**
daunted: be daunted by acobardarse *v.* **3**
dazzling deslumbrante *adj.* **2**
deception engaño *m.* **4**
defeat derrota *f.* **6**

defeated derrotado/a *adj.* **6**
delay retrasar *v.* **6**
demand exigir *v.* **1**; reclamar *v.* **6**
demanding exigente *adj.* **5**
demonstration manifestación *f.* **4**
depression depresión *f.* **2**
deserve merecer *v.* **5**
despair desesperar(se) *v.* **2**
despise despreciar *v.* **2**
dictatorship dictadura *f.* **4**
different distinto/a *adj.* **2**
disappoint desilusionar *v.* **2**
disappointment decepción *f.* **1**
discard descartar *v.* **4**
discomfort malestar *m.* **6**
discourage desanimar *v.* **6**
discovery descubrimiento *m.* **2**
displeased disgustado/a *adj.* **6**
disposable desechable *adj.* **5**
disrespect falta de respeto *f.* **6**
distortion distorsión *f.* **2**
distrust desconfianza *f.* **5**
do without prescindir *v.* **6**
doubtful dudoso/a *adj.* **3**
drawer cajón *m.* **2**
dream sueño *m.* **1**
dream of soñar con *v.* **1**
dustpan recogedor *m.* **1**
dying moribundo/a *adj.* **1**

E

elusive inasible *adj.* **2**
embarrassed abochornado/a *adj.* **6**
empty vaciar *v.* **2**
endure aguantar *v.* **5**
engagement ring anillo *m.* de compromiso **2**
enthusiasm entusiasmo *m.* **2**
environment entorno *m.* **6**
equation ecuación *f.* **2**
estimate presupuesto *m.* **3**
exasperated (become) desesperar(se) *v.* **2**
exceed superar *v* **2**
exert authority ejercer *v.* autoridad **4**
exchange intercambiar *v.* **3**
exciting apasionante *adj.* **1**
expectation expectativa *f.* **2**
expire vencer *v.* **5**

F

face rostro *m.* **2**
fail fracasar *v.* **5**
faint desmayarse *v.* **5**
fair justo/a *adj.* **4**
faithful leal *adj.* **5**
faithfulness fidelidad *f.* **5**
falling in love enamoramiento *m.* **5**
fashion moda *f.* **3**
fault culpa *f.* **5**
fear miedo *m.* **1**; temer *v.* **1**

fed up podrido/a *adj.* **1**;
harto/a *adj.* **4**
fiancé(e) prometido/a *m., f.* **5**
fight for luchar por *v.* **2**
find out enterarse *v.* **1**; averiguar *v.* **3**
fine multa *f.* **3**
fit encajar *v.* **5**
flashlight linterna *f.* **1**
flattered halagado/a *adj.* **5**
flaw falla *f.* **4**
flying saucer platillo *m.* volador **1**
food stand fonda *f.* **6**
force obligar *v.* **4**
forget olvidar *v.* **5**
forgetting olvido *m.* **2**
forgiveness perdón *m.* **5**
free oneself liberarse *v.* **4**
freethinker librepensador(a) *m., f.* **3**
friend request invitación *f.* de
amistad **3**
frightened (be) asustarse *v.* **1; 3**
front seats platea *f.* **4**

G

gain (importance, etc.) cobrar *v.* **5**
gathering reunión *f.* **6**
generosity generosidad *f.* **2**
get adjudicarse *v.* **4**
get engaged comprometerse *v.* **5**
get involved with liarse con *v.* **5**
ghost fantasma *m.* **1**
give birth dar a luz *v.* **4**
give up desistir *v.* **2**; ceder *v.* **4**;
renunciar *v.* **6**
glass display case vidriera *f.* **6**
gloomy sombrío/a *adj.* **4**
glue pegamento *m.* **6**
go on seguir adelante *v.* **5**
goal meta *f.* **2**
gossip chismear *v.* **5**
govern gobernar *v.* **4**
ground suelo *m.* **1**

H

habit costumbre *f.* **6**
handful puñado *m.* **5**
hang up colgar *v.* **5**
harassment acoso *m.* **3**
hard drive disco *m.* duro **3**
harsh duro/a *adj.* **4**
hate odiar *v.* **2**
helmet casco *m.* **1**
hide ocultar *v.* **2**; esconder *v.* **2**
hole agujero *m.* **4**
hollow hueco/a *adj.* **2**
honest (be) sincerarse *v.* **5**
hope esperanza *f.* **2**
humility humildad *f.* **2**
hurry apurarse *v.* **6**
hut cabaña *f.* **5**

I

ID DNI *m.* (Documento Nacional
de Identidad) **2**
immature inmaduro/a *adj.* **2**
immortal inmortal *adj.* **1**
in charge of (be) encargarse de *v.* **4**
indifference desamor *m.* **5**
inertia inercia *f.* **3**
influence influencia *f.* **1**; influjo *m.*
6; influir en *v.* **1**
infuriate dar rabia *v.* **6**
inquiry consulta *f.* **2**
insult insultar *v.* **6**
integrity integridad *f.* **2**
intimidate intimidar *v.* **4**
intruder intruso/a *m., f.* **2**
irate airado/a *adj.* **6**
ironing board burro de planchar
m. **6**
irony ironía *f.* **3**
irritating irritante *adj.* **6**
isolation aislamiento *m.* **3**

J

joke chiste *m.* **3**; burla *f.* **5**
justification justificación *f.* **5**

K

key clave *f.* **2**
kidnap secuestrar *v.* **4**
kill matar *v.* **1**
kindness amabilidad *f.* **2**

L

lack of understanding
incomprensión *f.* **2**
lameness cojera *f.* **6**
land aterrizar *v.* **1**
landing aterrizaje *m.* **1**
lapse (of time) lapso *m.* **5**
last durar *v.* **5**; perdurar *v.* **5**
lasting duradero/a *adj.* **2**
launch despegue *m.* **1**
laziness pereza *f.* **3**
lazy perezoso/a *adj.* **3**; flojo/a *adj.* **6**
learning aprendizaje *m.* **1**
leave abandonar *v.* **2; 5**
legacy herencia *f.* **6**
lengthy prolongado/a *adj.* **6**
lethargy letargo *m.* **3**
light blow to head coscorrón *m.* **6**
lightning relámpago *m.* **1**
limp cojera *f.* **6**
lipstick brillo *m.* **6**
locked in encerrado/a *adj.* **5**
loneliness soledad *f.* **4**
look like parecerse a *v.* **2**
loyal fiel *adj.* **5**

loyalty lealtad *f.* **2**; fidelidad *f.* **5**
luxury lujo *m.* **6**

M

madly locamente *adv.* **2**
magic magia *f.* **1**
make fun of burlarse de *v.* **1; 3**
make the most of aprovechar *v.*,
sacar *v.* el mejor partido de **3**
male varón *m.* **4**
management gerencia *f.* **4**
Mars Marte **1**
Martian marciano/a *m., f.* **1**
mature maduro/a *adj.* **2**
means medios *m. pl.* **2**
meeting encuentro *m.* **1**
memory recuerdo *m.* **1**
mess cochino *m.* **6**; porquería *f.* **6**
middle age edad *f.* madura **6**
milestone hito *m.* **1**
miss extrañar *v.* **5**; echar de menos
v. **5**
miss (out) perder(se) *v.* **1**
mnemonic mnemotécnico/a *adj.* **5**
mockery burla *f.* **5**
monster monstruo *m.* **1**
mourning duelo *m.* **6**
mouse ratón *m.* **1**
move (*emotionally*) conmover *v.* **2**;
trasladar *v.* **4**
moved (*emotionally*) conmovido/a
adj. **1**
murder asesinar *v.* **4**

N

national team selección *f.* **4**
nothingness nada *f.* **1**
notice percatarse de *v.* **6**

O

oath juramento *m.* **5**
obey obedecer *v.* **4**; acatar *v.* **6**
oblige (to do something) obligar *v.* **4**
obsolete obsoleto/a *adj.* **3**
omelet tortilla *f.* **4**
omen presagio *m.* **1**
onslaught embestida *f.* **5**
open one's heart sincerarse *v.* **5**
opening ceremony inauguración *f.* **4**
outbreak brote *m.* **6**
overcome sobreponerse *v.* **3**
overwhelming apabullante *adj.* **2**

P

pass (an exam) aprobar *v.* **4**
passage pasadizo *m.* **1**
passivity pasividad *f.* **3**
pay attention hacer caso *v.* **5**
peck at picotear *v.* **3**

peek asomarse *v.* **1**
pensive pensativo/a *adj.* **5**
personal information datos *m. pl.* personales **2**
pickup truck camioneta *f.* **1**
play make-believe jugar a ser *v.* **1**
plead suplicar *v.* **2**
plot confabularse *v.* **6**
post publicar *v.* **3**
postpone retrasar *v.* **6**
poverty pobreza *f.* **1**
prank broma *f.* **3**
premiere estreno *m.* **3**
pressure presionar *v.* **4**
pretty lindo/a *adj.* **3**
prevail imperar *v.* **6**
prisoner preso/a *m., f.* **4**
privacy privacidad *f.* **3**
profile perfil *m.* **3**
prolong dilatar *v.* **1**
promote fomentar *v.* **3**
provide facilitar *v.* **2**
punish castigar *v.* **6**
punishment castigo *m.* **4**
puppy cachorro/a *m., f.* **3**
put up with soportar *v.* **6**

R

racket escándalo *m.* **1**
rage rabia *f.* **3**
realize darse cuenta *v.* **2**
reasonable razonable *adj.* **5**
rebuff rechazo *m.* **5**
recess recreo *m.* **6**
reciprocated correspondido/a *adj.* **5**
recognize reconocer *v.* **2**
record player tocadiscos *m.* **3**
reflection reflejo *m.* **2**
regime régimen *m.* **4**
regret arrepentirse *v.* **2**
regulations reglamento *m.* **4; 6**
reject rechazar *v.* **2; 6**
relationship relación *f.* **5**
release largar *v.* **4**
reluctantly a regañadientes *adv.* **6**
remains restos *m. pl.* **4**
renew renovar *v.* **5**
repair shop servicio *m.* técnico **3**
repairs reparaciones *f. pl.* **3**
request solicitar *v.* **6**
researcher investigador(a) *m., f.* **2**
resemblance parecido *m.* **2**
resentment rencor *m.* **6**
resource recurso *m.* **3**
restraint moderación *f.* **3**
retirement jubilación *f.* **5**
revenge venganza *f.* **1**
rigorous riguroso/a *adj.* **1**
rip off estafar *v.* **4**
risk riesgo *m.* **3**
rob despojar *v.* **2**

rocket cohete *m.* **1**
role papel *m.* **3**
rudeness descortesía *f.* **6**
ruin destrozar *v.* **4**
rules reglamento *m.* **6**
ruling dictamen *m.* **6**
rumor has it circula el rumor *loc.* **3**
run over atropellar *v.* **2**
runt pitufino/a *m., f.* **6**

S

sadden entristecer *v.* **2**
safety seguridad *f.* **2**
same igual *adj.* **4**
satire sátira *f.* **3**
savor saborear *v.* **1**
scar cicatriz *f.* **1**
scorn desprecio *m.* **2**
season pass abono *m.* **4**
security seguridad *f.* **1**
self-esteem autoestima *f.* **2; 5**
separate desvincular *v.* **5**
setting configuración *f.* **3**
severance pay indemnización *f.* **4**
(space)ship nave *f.* **1**
show demostrar *v.* **2**
sign señal *f.* **3**
signal señal *f.* **6**
silent mudo/a *adj.* **3**
sin pecado *m.* **4**
sink hundirse *v.* **4**
skeptical escéptico/a *adj.* **1**
slow (be) atrasar *v.* **1**
slowness lentitud *f.* **1**
snatch arrebatar *v.* **1**
soccer balompié *m.* **4**
social setting entorno *m.* **6**
sorrow pena *f.* **5**
souvenir recuerdo *m.* **1**
spaceship nave *f.* **1**
speculate conjeturar *v.* **4**
speech discurso *m.* **4**
spell embrujo *m.* **2**
spontaneously espontáneamente *adv.* **5**
spread the news correrse *v.* la voz **1**
squash aplastar *v.* **1**
stand (someone) aguantar *v.* **5**
steal robar *v.* **4**
stink apestar *v.* **6**
storage almacenamiento *m.* **3**
storm asaltar *v.* **4;** tormenta *f.* **1**
strength fuerza *f.* **3**
struggle lucha *f.* **4**
stuck enganchado/a *adj.* **3**
stupid baboso/a *adj.* **6**
stupid thing estupidez **6**
stupidity estupidez *f.* **2**
succumb sucumbir *v.* **5**
suddenly de buenas a primeras *loc.* **1**
surprise asombro *m.* **6**

surround rodear *v.* **1**
swallow tragarse *v.* **4**
swear jurar *v.* **3**
switch on encender *v.* **3**
sympathize with compadecer *v.* **6**

T

take possession apoderarse *v.* **4**
tear lágrima *f.* **3**
television news telediario *m.* **4**
tempt tentar *v.* **4**
tend to tender a *v.* **6**
thief ladrón, ladrona *m., f.* **2**
third party tercero *m.* **6**
threaten amenazar *v.* **4; 6**
threatening amenazante *adj.* **2**
throw arrojar *v.* **4**
throw out expulsar *v.* **6**
time (period) época *f.* **2**
tolerate tolerar *v.* **2**
tow truck grúa *f.* **1**
trained (be) formarse *v.* **3**
training entrenamiento *m.* **1**
trapped atrapado/a *adj.* **3**
treasure tesoro *m.* **5**
trembling tembloroso/a *adj.* **4**
trial juicio *m.* **4**
trick treta *f.* **4;** truco *m.* **5**
trouble inquietar *v.* **1**
turn to one's advantage sacar provecho de *v.* **4**
tycoon magnate *m.* **4**

U

uncertain inseguro/a *adj.* **5**
uncertainty incertidumbre *f.* **1**
unchanging inmutable *adj.* **5**
under suspicion (be) estar bajo sospecha *v.* **6**
understanding comprensión *f.* **2**
unfair injusto/a *adj.* **4**
unfortunate desgraciado/a *adj.* **2**
ungrateful ingrato/a *adj.* **5**
unhappiness infelicidad *f.* **2**
unhappy desgraciado/a *adj.* **2**
uninhabited deshabitado/a *adj.* **1**
unite unir *v.* **5**
unnecessary innecesario/a *adj.* **6**
untimely inoportuno/a *adj.* **6**
unusual insólito/a *adj.* **1**
unyielding intransigente *adj.* **2**
user usuario/a *m., f.* **3; 6**

V

valuables objetos de valor *m. pl.* **4**
value valorar *v.* **2**
vanity vanidad *f.* **2**
VCR videocasetera *f.* **3**
videotape cinta *f.* **3**
view visión *f.* **6**

W

wall muro *m.* **4**
wallet billetera *f.* **4**
war guerra *f.* **4**
well-being bienestar *m.* **2**
whim capricho *m.* **2**
whiny quejumbroso/a *adj.* **4**
win the heart of conquistar *v.* **2**
withdrawal symptoms síndrome *m.*
de abstinencia **6**
woo cortejar *v.* **2**
work out funcionar *v.* **5**
World Cup Mundial *m.* **4**
worrying preocupante *adj.* **3**
wrist muñeca *f.* **1**

Short Film Credits

page 6	By permission of Juan Pablo Zaramella and Mario Rulloni.
page 38	Courtesy of Content Line S.L.
page 68	Courtesy of Nacho Solana.
page 100	Courtesy of Content Line S.L.
page 130	Courtesy of Content Line S.L.
page 160	Courtesy of Luis Àngel Ramíez of NivelDiez Film + Post.

Comic Credits

page 31	© Joaquín Salvador Lavado (QUINO) Déjenme inventar -Ediciones de La Flor, 1983
page 61	© Ricardo Reyes. www.soulcomics.com
page 92	Courtesy of Antonio Fraguas de Pablo "Forges".
page 123	Courtesy of Alberto Jose Montt/www.dosisidiarias.com.
page 153	Courtesy of El Listo.
page 184	Courtesy of Maitena Burundarena.

Literature Credits

page 15	© Eduardo Hughes Galeano
page 19	© Luis R. Santos
page 26	Gabriel García Márquez, fragmento de El Olor De La Guayaba. © Herederos de Gabriel García Márquez y Plinio Apuleyo Mendoza, 1982.
page 52	Inevitable - Un Vestido Rojo (2004) Ed. La Serpiente Emplumada, Bogota - Colombia pag. 166
page 52	Los Tiempos Cambian - Cuento de Amor en Cinco Actos (2003) Ed. La Serpiente Emplumada pag. 38
page 53	Decepcion - Un Vestido Rojo y Otros Cuentos (2008), Ed. La Serpiente Emplumada, Bogota, Colombia pag. 189
page 56	© Claribel Alegría. © libertarias Prodhufi, S.A.
page 87	Courtesy of Hernán Casciari.
page 109	© MANUEL VICENT/EDICIONES EL PAÍS, SL 1998
page 113	© Juan Gelman
page 118	Pablo Neruda, "Oda a un millonario muerto", Tercer Libro de Las Odas. © 1957, Fundación Pablo Neruda
page 139	Courtesy of psicoblog.com.
page 143	Courtesy of Mex Urtizberea.
page 148	© Ángeles Mastretta.
page 169	© ROSA MONTERO/EDICIONES EL PAÍS, SL 2016.
page 174	© Daniel Samper Pizano.
page 179	Courtesy of Julio Ramón Ribeyro Jr.

Photo and Art Credits

Cover: Westend61/Getty Images;

SE FM
iii: Digital Skillet/iStockphoto; **x:** (laptop) Guteksk7/Fotolia, (tablet) Can Yesil/Fotolia;
xix: (t) Corbis/Veer; (inset, t) Fancy Photography/Veer; (b) Corbis/Veer; (inset, b) Corbis/Veer.

IAE FM
IAE-3: Digital Skillet/iStockphoto.

Lesson 1
2: Florence Barreau/Getty Images; **14:** Con O'Donoghue/Alamy; **15:** Christie's Images/Corbis/Getty Images; **18:** Courtesy of Selenny Polanco Lovera; **19:** Steven Weinberg/Getty Images; 21: Diverse Images/UIG/Getty Images; **22:** James Gritz/Getty Images; **25:** Graziano Arici/Age Fotostock; **30:** Colita/Corbis/Getty Images.

Lesson 2
34: José Blanco; **47:** Anikasalsera/123RF; **51:** Matilde Suárez; **52:** Josh Pulman/Getty Images; **53:** Josh Pulman/Getty Images; **55:** Courtesy of Ediciones Libertarias Prodhufi; **56:** (mirror) Dmitrygolikov/Fotolia; (eyes) Muro/Fotolia; **60:** Courtesy of Ricardo Reyes.

Lesson 3
64: Andrews Hobbs/Getty Images; **77:** Featureflash/Shutterstock; **80:** (l) Maria Pavlova/iStockphoto; (m) Aldomurillo/iStockphoto; (r) Rui Vale de Sousa/Fotolia; **81:** Courtesy of Iñigo Javaloyes; **82:** Bruce Rolff/Shutterstock; **84:** (l) Hemant Mehta/India Picture/Corbis; (r) Monkey Business Images/Getty Images; **86:** Courtesy of Hernan Casciari; **88:** (dog) BillionPhotos/Fotolia; (background) Tochkar/Fotolia; **92:** Reprinted by permission of Antonio Fraguas de Pablo-Forges; **95:** Dimitrios Kambouris/E/NBCU/Getty Images.

Lesson 4
96: David Ramos/Getty Images; **108:** Adela Macswiney/Notimex/Newscom; **109:** Oxford Science Archive/Heritage Images/Newscom; **113:** Rafael Del Rio/Picture Alliance/DPA/Newscom; **117:** Jean-Régis Roustan/Roger-Viollet/The Image Works; **118:** Andy Baker/Getty Images; **122:** Courtesy of Alberto Montt; 125: Tom Grill/Corbis.

Lesson 5
126: Richard Dunkley/Trevillion Images; **138:** Courtesy of Maite Nicuesa; **139:** Trinette Reed/Media Bakery; **142:** La Nación/Argentina/GDA; **143:** Pixland/Jupiterimages; **144:** Pixland/Jupiterimages; **146:** (l) Velazquez, Diego Rodriguez (1599–1660) Las Meninas (with Velazquez' self-portrait) or the Family of Philip IV, 1656. Oil on canvas, 276 x 318 cm. Museo del Prado, Madrid, Spain. Photo credit: Ali Burafi; (m) José Blanco; (r) Ali Burafi; **147:** Angel Bocalandro/Cover/Getty Images; **148:** Color Day Production/Getty Images; **152:** Courtesy of Xavier Agueda; **155:** Chuck Savage/Corbis/Getty Images.

Lesson 6
156: Thomas Cockrem/Alamy; **168:** Quim Llenas/Getty Images; **169:** Quim Llenas/Getty Images; **173:** Esteban Cobo/EFE; 174: Juan Silva/Getty Images; **178:** Sergio Urday GDA/Newscom; **183:** Gustavo Cuevas/EFE; **186:** J. Emilio Flores/Corbis/Getty Images.

Sobre el autor

JOSÉ A. BLANCO fundó Vista Higher Learning en 1998. Nativo de Barranquilla, Colombia, Blanco se graduó en Literatura en la Universidad de California, Santa Cruz, y tiene una maestría en Estudios Hispánicos de la Universidad de Brown. Ha trabajado como escritor, editor y traductor para Houghton Mifflin y D.C. Heath and Company, y ha enseñado español a nivel secundario y universitario. Blanco también es coautor de otros programas de Vista Higher Learning: **VISTAS, VIVA, AVENTURAS** y **PANORAMA** de nivel introductorio; y **VENTANAS, FACETAS, ENFOQUES, ENLACES, IMAGINA** y **SUEÑA** de nivel intermedio.